Data science

fondamentaux
et études de cas

Data science :
fondamentaux et études de cas

Machine learning avec Python et R

Éric Biernat
Michel Lutz

EYROLLES

ÉDITIONS EYROLLES
61, bd Saint-Germain
75240 Paris Cedex 05
www.editions-eyrolles.com

Préface

Cela fait maintenant plus de trente ans que je m'adonne à ma passion : comprendre les secrets de l'intelligence et concevoir des machines et des algorithmes permettant aux machines d'apprendre, et pas seulement d'être programmées. Ces années ont été parsemées d'idées fabuleuses et de promesses extraordinaires. Mais nombreux ont été les échecs et les difficultés à franchir. Ainsi, l'intelligence artificielle (IA) est pendant longtemps restée confinée à occuper les chercheurs ou à nourrir les fantasmes des réalisateurs hollywoodiens, avec peu d'impact sur la société.

Mais depuis quelques années, nous vivons une époque de renaissance de l'IA. Un nombre grandissant de projets de recherche donnent des résultats impressionnants. Mais contrairement aux progrès passés, ces nouvelles avancées conduisent à des applications qui sont rapidement disséminées dans l'industrie et parmi un large public.

Ces succès récents de l'IA sont largement dus aux progrès des techniques d'apprentissage machine, qui permettent à un logiciel d'apprendre automatiquement à partir de données au lieu d'être explicitement programmé. Ces techniques permettent désormais d'incroyables réalisations en reconnaissance d'image, compréhension de la parole, traduction automatique, et compréhension de texte, à travers des applications avec lesquelles beaucoup d'entre nous interagissent quotidiennement. Ces progrès sont advenus non seulement grâce à l'augmentation de la puissance de calcul des machines et la disponibilité de grandes quantités de données, mais aussi grâce à l'adoption de nouvelles méthodes d'apprentissage machine. En tête de ces nouvelles méthodes se trouve ce qu'on appelle le *deep learning* ou apprentissage profond, que l'on peut voir comme une version rajeunie des réseaux de neurones artificiels tombés aux oubliettes dans les années 90, faute de données et d'ordinateurs puissants.

Ces réalisations nous concernent tous. Désormais convaincus par les bénéfices qu'elles peuvent en tirer, les entreprises deviennent de grandes consommatrices d'algorithmes d'IA, utilisés pour améliorer leurs processus de prise de décision. Elles remplacent leurs modèles statistiques par ces approches d'apprentissage profond plus performantes.

Le grand public lui-même est directement touché. Chaque utilisateur Facebook, Google ou Twitter par exemple, utilise des services issus de l'IA à chaque fois qu'il enrichit son compte utilisateur. Aux États-Unis, chacune des centaines de millions de photos postées sur Facebook est passée au crible d'un réseau convolutif, un modèle d'apprentissage profond, qui va reconnaître automatiquement les objets contenus dans l'image, afin de montrer aux utilisateurs des images susceptibles de l'intéresser.

Sans doute, cette tendance va aller en s'accélérant, alimentée par des progrès scientifiques et technologiques qui ne sont pas près de s'arrêter, alimentés par les investissements considérables des organismes de rechercher et des grandes compagnies dans l'IA, l'apprentissage machine, et l'apprentissage profond.

Ce livre donne un ensemble de clés à toute personne désireuse de s'initier sérieusement à l'apprentissage machine. Pour s'en approprier les fondamentaux, un savant cocktail scientifique et technique est nécessaire : des bases scientifiques et mathématiques d'une part, des compétences en informatique et en programmation de l'autre. Il faut ajouter à cela de réelles capacités d'analyse et de créativité, pour comprendre les enjeux d'application et traduire des problèmes humains en problèmes de modélisation quantitative.

Beaucoup d'entreprises, dont Facebook, recherchent des chercheurs et ingénieurs ayant ces multiples talents. Ce livre, original dans son style et son contenu, peut vous aider à les développer. Après l'avoir lu, vous disposerez d'une solide connaissance des méthodes de machine learning les plus répandues aujourd'hui dans la majorité des applications grand public et professionnelles, des plus simples aux plus avancées. Vous en connaîtrez les principes, exposés de façon accessible et décontractée, sans pour autant que soit sacrifiée la rigueur scientifique.

L'un des autres atouts de ce livre est qu'il s'appuie sur l'expérience concrète d'Eric et de Michel. Par leur approche terrain du machine learning, ils peuvent partager des exemples issus de la vie réelle, des conseils pratiques de mise en œuvre, des garde-fous, du code directement utilisable. En ce sens, ce livre est un bon complément aux ouvrages académiques plus théoriques que vous pourrez trouver par ailleurs sur le sujet.

Si je dois lui faire un reproche, c'est qu'il ne parle pas de deep learning, mon domaine de recherche privilégié. Même s'il est vrai que les champs d'applications concrets du deep learning sont encore très spécialisés, je suis convaincu qu'ils vont se généraliser dans les années à venir. Eric, Michel, je compte sur vous pour en parler dans la 2e édition de ce livre !

Yann LeCun,
Directeur de Facebook Artificial Intelligence Research
Professeur à New York University

Table des matières

Avant-propos

Pourquoi ce livre ?

La *data science*, objet de ce livre, est une discipline encore jeune au carrefour de plusieurs domaines. Cleveland (2001) la définit comme une extension de l'analyse de données vers d'autres champs techniques, tels que l'informatique et l'expertise métier, qui sont aujourd'hui nécessaires pour récolter, manipuler et exploiter les données disponibles dans nos environnements professionnels et personnels[1]. Le domaine de l'analyse de données lui-même doit être nuancé, car il englobe des approches différentes. Breiman (2001) propose notamment une distinction entre deux cultures : l'analyse statistique classique, dans la lignée des grands penseurs de cette discipline (Gauss, Pearson et tant d'autres), et l'analyse algorithmique. Toujours selon Breiman, la culture classique se base sur la présomption que les données analysées sont générées par des processus stochastiques que l'on cherche à décrire. La culture algorithmique, s'intéresse aux processus sous-jacents aux données se concentrant à en extraire de l'information avec des modèles qui peuvent être des boîtes noires.

Un bon *data scientist* doit savoir naviguer entre ces différentes disciplines : statistique, algorithmie, informatique, sans a priori théorique. Ce qui prime, c'est sa faculté à trouver une réponse adéquate à un problème fonctionnel donné. En ce sens, sa principale qualité sera sa capacité à comprendre son terrain d'action et à trouver la meilleure solution parmi les nombreux choix techniques (plateformes informatiques, logiciels, etc.) et théoriques (méthodes statistiques et algorithmiques) possibles, compte tenu de contraintes de temps et de budget.

Dans le cadre de ce livre, nous ne pourrons bien sûr pas aborder le sujet de façon exhaustive. Nous avons délimité son périmètre de la façon suivante. Tout d'abord, nous avons considéré que le premier rôle du *data scientist* est de savoir comment extraire de l'information de données brutes, pour répondre à un problème donné. Nous nous focaliserons donc sur les questions d'analyse de données, et non pas sur les contraintes techniques d'implémentation[2]. Ensuite, nous avons décidé

---

1. On peut aussi se référer au diagramme de Venn de la *data science*, proposé par Drew Conway : https://s3.amazonaws.com/aws.drewconway.com/viz/venn_diagram/data_science.html

2. Même si elles restent importantes, notamment dans un contexte de *big data*. Lorsque les données deviennent volumineuses, non structurées ou traitées en temps réel, la question de l'implémentation informatique devient de plus en plus importante. Toutefois, nous considérons qu'avant d'en arriver à ces considérations, il faut savoir quelles transformations on souhaite appliquer aux données.

d'aborder cette question principalement sous son angle algorithmique. D'une part, parce que les méthodes statistiques usuelles et leurs applications font déjà l'objet d'une activité de publication pléthorique, et nous n'aurions sans doute pas beaucoup à apporter de plus.

D'autre part, parce que l'approche algorithmique connaît actuellement un formidable essor, notamment dans le champ du *machine learning* (« apprentissage automatique » en français[3]). Nous croyons fortement à ces pratiques et souhaitons contribuer à leur diffusion. On trouve désormais des algorithmes robustes et démocratisés grâce à de très bonnes implémentations logicielles qui donnent d'excellents résultats dans bien des domaines, notamment par leur capacité à traiter des masses de données de plus en plus volumineuses. Souvent moins contraints par les fortes hypothèses théoriques des approches statistiques usuelles, ces modèles laissent entrapercevoir de formidables perspectives dans le domaine de l'analyse de données. Nous pensons que c'est là que se situe l'avenir de la *data science*, et ce n'est d'ailleurs pas pour rien que les géants du web (Google, Yahoo, Facebook, etc.) investissent massivement dans ce secteur.

Enfin, il existe encore trop peu d'ouvrages abordant la question du *machine learning* sous un angle pratique, avec une explication pédagogique du fonctionnement de ses principaux algorithmes et des démonstrations concrètes de leur utilisation. C'est ce vide que ce livre espère combler, afin d'aider les *data scientists* à mieux tirer partie de la puissance du *machine learning*.

À qui s'adresse-t-il ?

Ce livre s'adresse aux *data scientists*, mais aussi à toute personne curieuse d'avoir une vue d'ensemble de l'état de l'art du *machine learning* en 2015, dans le cadre d'une utilisation professionnelle. Concrètement, nous souhaitons aider le lecteur à répondre à la question suivante : « *si je dois aborder un problème de* data science, *comment dois-je m'y prendre ?* ». Un minimum de théorie est bien sûr nécessaire pour choisir le bon algorithme, comprendre comment il fonctionne et ce qu'on peut en attendre, connaître ses limitations. N'oublions pas que les résultats d'un travail de *data science* peuvent être utilisés pour prendre des décisions dans le monde réel, un peu de rigueur théorique est donc nécessaire ! Aussi, un minimum de bagage mathématique est requis pour lire ce livre, même si nous nous sommes efforcés de le rendre aussi accessible et pédagogique que possible, quitte à sacrifier un peu de rigueur scientifique. Chaque fois que cela a été possible, nous avons insisté sur l'intuition plutôt que sur la démonstration.

---

3. Remarque concernant l'usage de la langue anglaise : nous avons volontairement pris le parti de ne pas systématiquement traduire tous les termes techniques propres au monde de la *data science*, parce que cette discipline est très influencée par la culture anglo-saxonne et scientifique, dont la langue principale est devenue l'anglais. De plus, il n'existe parfois tout simplement pas de termes français pour désigner certains concepts, ou alors ils sont trop peu utilisés – même en France – pour être compris par la communauté des *data scientists*. Par exemple, les entreprises que nous avons accompagnées furent les premières déstabilisées lorsque nous leur avons proposé d'utiliser le terme « mégadonnées », préconisé par le Journal Officiel de la République Française, à la place de *big data*. En conséquence, nous présentons d'avance nos excuses aux Académiciens et aux puristes de la langue française, mais ce livre parlera de *machine learning*, de *cross-validation*, d'*online learning*, et de beaucoup d'autres termes exotiques que nous avons hâte de vous présenter !

Au-delà de l'état de l'art, ce livre intéressera également tous ceux qui souhaitent savoir concrètement comment mettre en œuvre un projet de *machine learning*. Connaître les algorithmes, c'est bien… mais on en fait quoi ? Pour cela, un ensemble de *tips* doivent être connus pour enrichir, manipuler et exploiter avec succès la donnée brute et interpréter correctement les résultats. Ce sont ces astuces de praticiens, issues de nos expériences de *data scientists* chez OCTO Technology, qui font aussi la valeur de ce livre. Nous sommes persuadés que ces détails font la différence entre la personne qui aura seulement suivi des cours théoriques de *machine learning* et le vrai *data scientist* qui met les mains dans le code et manipule les données avec virtuosité.

En lisant ce livre, le lecteur aura donc toutes les clés pour s'attaquer concrètement à un sujet de *data science* : analyser un problème fonctionnel d'un point de vue *machine learning*, appliquer astucieusement un modèle d'apprentissage, savoir coder pour optimiser ses résultats et comprendre ce qu'il fait et pourquoi il le fait. Et parce que la *data science* s'apprend avant tout par la pratique, nous partirons d'exemples concrets issus de cas rencontrés lors de nos missions ou sur les champs de bataille des *data scientists* : Datascience[4] pour les combats nationaux et Kaggle[5] pour les luttes internationales.

En parallèle de cela, nous avons essayé autant que possible d'ouvrir les horizons et d'aiguiser la curiosité du lecteur avec des éléments de bibliographie, des anecdotes, des exemples divers, des ponts vers la statistique « classique » et vers d'autres champs de l'analyse de données, etc. Ce livre ne prétend pas être un ouvrage de référence rigide et fermé. Au contraire, c'est une fenêtre ouverte sur le vaste monde de l'analyse de données. Si vous estimez que certaines méthodes importantes y manquent, tant mieux : c'est que vous vous forgez votre propre personnalité de *data scientist* et nous serons ravis d'en parler avec vous lors d'un *Meetup* ou d'une conférence !

Qui sont les auteurs ?

Ce livre est le fruit d'un travail d'écriture commun réalisé par Éric Biernat et Michel Lutz, tous deux *data scientists* chez OCTO Technology, l'un des leaders français sur le marché de la *data science* et des *big data*.

Après un parcours initial en gestion et finance, Michel s'est lancé un nouveau challenge en soutenant une thèse de doctorat en génie industriel. Durant ses années de recherches visant à utiliser des méthodes de mathématiques appliquées dans un contexte industriel, il a développé une certaine orthodoxie statistique qui a été bien bousculée lorsqu'il a découvert le monde de la *data science* (« *comment ça, les résidus n'ont pas à être iid. ?* »). Désormais, il se plonge avec enthousiasme dans les techniques de *machine learning* grâce à son activité de consultant chez OCTO Technology.

Éric dirige l'activité *Big Data Analytics* chez OCTO Technology. Il a embrassé le mouvement *Big Data Analytics* en 2011 et ne l'a plus lâché depuis, en accompagnant ses clients qui souhaitent tirer profit des opportunités offertes par cette science. *Kaggle master*, Éric s'illustre régulièrement lors de compétitions de *data science* et intervient dans de nombreux cycles de conférences sur

---

la thématique des *big data*, dans la presse spécialisée ou auprès de comités exécutifs où il crie à qui veut bien l'entendre que *big data* et la *data science* sont en train de changer le monde que nous connaissions…

Comment lire ce livre ?

Le lecteur peut choisir de lire cet ouvrage de façon linéaire. Dans ce cas, les concepts liés à la *data science* et au *machine learning* seront progressivement introduits, avec une complexité croissante. C'est le mode de lecture recommandé pour les novices.

Le lecteur plus expérimenté pourra sauter indépendamment d'un chapitre à l'autre, en fonction de son intérêt. Autant que possible, nous avons rédigé chaque chapitre de façon à ce qu'il puisse être lu indépendamment des autres.

Afin d'organiser votre lecture, sachez que ce livre s'articule selon les trois grandes parties suivantes.

- « Le B.A.-ba du *data scientist* » : cette partie intéressera particulièrement les lecteurs novices. Elle pose les grands principes de l'approche *machine learning*. Elle vous permettra de savoir dans quel état d'esprit vous placer et quels sont les principaux réflexes à acquérir pour aborder un problème de *data science*. Nous en profiterons également pour aborder la question de l'« outillage » du *data scientist*, c'est-à-dire les moyens informatiques à sa disposition.

- « Les algorithmes et leurs usages : visite guidée » : sous la forme d'un bestiaire, cette partie présente en détail toute la machinerie algorithmique à la disposition du *data scientist*, pour convertir des données brutes en informations exploitables qui pourront être utilisées pour décrire et prédire. Cette partie est divisée en deux sous-parties dont la première introduit les algorithmes « basiques » (attention, ils n'en sont pas pour autant inefficaces !), que tout apprenti *data scientist* doit connaître. La seconde sous-partie présente l'« artillerie lourde », les algorithmes plébiscités par les grognards de la *data science*, généralement victorieux des épiques confrontations sur *Kaggle*. Toutefois, cette partie va au-delà de la simple énumération d'algorithmes. Au fur et à mesure de leur explication, nous introduisons des problèmes fondamentaux de la *data science*. Par exemple, la question du compromis biais-variance est développée lorsqu'est présentée la régression polynomiale.

- « La *data science* en pratique : au-delà des algorithmes » : parce que connaître les algorithmes ne suffit pas à faire de la *data science*, cette partie vous montrera concrètement comment mettre en œuvre une étude de A à Z. Pour cela, quelques principes généraux sont évoqués dans une première sous-partie, puis nous passons rapidement à des chapitres 100 % pratiques, sous la forme d'études de cas détaillées avec code informatique à l'appui. Finalement, une troisième et dernière sous-partie donne quelques indications utiles pour la modélisation des séries temporelles, un type de données un peu particulier. Outre les aspects purement opérationnels, cette partie du livre parlera d'un certain nombre de concepts fondamentaux de la *data science*, tels que la sélection de variables, le traitement des valeurs manquantes ou le *blending*. Les grands principes sont introduits par l'exemple et éventuellement par quelques chapitres introductifs, et le lecteur curieux et désireux d'aller plus loin pourra ensuite approfondir ces aspects grâce à la bibliographie fournie.

Remerciements

Tout d'abord, nous remercions tous nos collègues d'OCTO qui nous ont aidé à finaliser ce livre grâce à leurs remarques éclairées : Romain Ayres, Issam El Alaoui, Ludovic Cinquin, Matthieu Lagacherie, Simon Maby, Thomas Vial.

Plus généralement, merci à la société OCTO Technology, et tout particulièrement à son PDG François Hisquin, qui nous a apporté tout son soutien pour ce projet et qui nous a laissé du temps pour le mener à bien. Sans cela, ce livre n'aurait jamais pu voir le jour et nous lui en sommes infiniment reconnaissants.

Un immense merci à Yann LeCun, tout d'abord pour ses contributions inestimables au monde de l'intelligence artificielle, puis pour avoir pris de son précieux temps afin de préfacer cet ouvrage. C'est un très grand honneur pour nous.

Nous adressons également nos très chaleureux et amicaux remerciements à Vincent Gautier (société Fine By Me, Paris), qui a réalisé avec brio toutes les illustrations de ce livre non directement issues de nos logiciels d'analyse de données (c'est-à-dire toutes celles qui sont présentées dans un encadré). Avec patience et intelligence, il a su transformer nos gribouillages cryptiques en schémas clairs et intelligibles.

Beaucoup d'autres personnes ont aussi indirectement mais fortement contribué au contenu de cet ouvrage : nos clients, nos collègues, nos confrères, nos amis du monde académique, avec qui nous échangeons constamment de nouvelles idées, et toute la communauté web et *Meetup* de *machine learners*, Pythoneux et autres R-*addicts* avec qui nous sommes toujours en connexion pour constamment faire évoluer nos connaissances.

Bien entendu, nous remercions les éditions Eyrolles, qui nous ont apporté tout leur soutien et leur confiance pour la rédaction de ce livre.

Et enfin, tout ce travail n'aurait évidemment jamais vu le jour sans la compréhension de nos épouses, Audrey et Charlène, qui supportent avec beaucoup de patience nos discussions informatico-statistiques, ainsi que tout le temps que nous passons en tête-à-tête avec nos *laptops*...

Références

Les articles suivants ont été utilisés pour proposer une définition de la *data science* :

- Cleveland WS. 2001. Data science: an action plan for expanding the technical area of the field of statistics. *Bell Labs Statistics Research Report.*
- Breiman L. 2001. Statistical modeling: the two cultures. *Statistical Science.*

Nous avons parlé des pratiques des géants du web. Sachez qu'OCTO y a consacré l'ouvrage suivant :

- OCTO Technology. 2012. *Les géants du web : culture, pratiques, architecture.* Octo.

## PREMIÈRE PARTIE

Le B.A.-ba du data scientist

1

Savoir poser un problème de data science

Introduction

Nous avons tous des problèmes… tout le temps… notre voiture ne démarre pas, notre patron nous fatigue, notre enfant ne fait pas ses nuits, etc. Hélas ! Au risque de vous décevoir, sachez que le *machine learning* ne permet pas de résoudre tous les problèmes. En revanche, il permet d'apporter des éléments de réponse à certains d'entre eux. Par exemple, aucun algorithme ne changera pour vous le démarreur de votre automobile. Néanmoins, si vous disposez de suffisamment de données concernant le fonctionnement de votre véhicule, un algorithme pourrait détecter une panne et vous suggérer de changer le démarreur. Peut-être même pourrait-il vous le suggérer avant même que le démarreur ne rende l'âme ! Mais pour cela, il est nécessaire de traduire votre problème humain en éléments qui puissent être analysés par un algorithme de *machine learning*. Autrement dit, vous devez être capable de poser votre problème sous la forme d'un problème de *data science*. Globalement, la démarche est simple : (1) il vous faut des données ; (2) vous devez savoir ce que vous voulez en faire, puis (3) comment le faire. Ce chapitre va vous donner des éléments pratiques pour répondre à ces questions. Après l'avoir lu, vous saurez mieux qualifier et rechercher des données. Vous saurez aussi poser votre problème de *data science* selon un vocabulaire précis. Enfin, vous saurez comment structurer vos données pour qu'un algorithme de *machine learning* puisse leur être appliqué.

Préliminaire : qu'est-ce que le machine learning ?

Même s'il est actuellement dopé par les nouvelles technologies et de nouveaux usages, le *machine learning* n'est pas un domaine d'étude récent. On en trouve une première définition dès 1959, due à Arthur Samuel, l'un des pionniers de l'intelligence artificielle, qui définit le *machine learning* comme le champ d'étude visant à donner la capacité à une machine d'apprendre sans être explicitement programmée. En 1997, Tom Mitchell, de l'université de Carnegie Mellon, propose une définition plus précise :

« A computer program is said to learn from experience E with respect to some class of tasks T and performance measure P, if its performance at tasks in T, as measured by P, improves with experience E ».

Tom Mitchell illustre ensuite cette définition par quelques exemples (tableau 1-1).

Tableau 1-1. **Quelques exemples de machine learning proposés par Mitchell**

Cas d'application	Checkers learning	Handwriting recognition	Robot driving learning
Tasks T	Playing checkers	Recognizing and classifying handwritten words within images	Driving on public four-lane highways using vision sensors
Performance measure P	Percent of games won against opponents	Percent of words correctly classified	Average distance traveled before an error (as judged by human overseer)
Training experience E	Playing practice games againts itself	A database of handwritten words with given classifications	A sequence of images and steering commands recorded while observing a human driver

Un robot qui apprend à conduire ? Cela peut paraître un peu loin de vos préoccupations… mais illustrons brièvement ce que peut faire le *machine learning* avec un cas simple, sans doute plus proche de votre quotidien : un filtre antispam. Dans un premier temps, on peut imaginer que la « machine » (votre service de messagerie) va « analyser » la façon dont vous allez classer vos mails entrants en spam ou pas. Grâce à cette période d'« apprentissage », la machine va déduire quelques grands critères de classification. Par exemple, la probabilité que la machine classe un mail en spam va augmenter si le mail contient des termes tels qu'« argent », « rencontre facile » ou « viagra » et si l'expéditeur du mail n'est pas dans votre carnet d'adresses. A contrario, la probabilité de classement en spam va baisser si l'expéditeur est connu et que les mots du mail sont plus « classiques ».

On laissera le lecteur choisir la définition du *machine learning* avec laquelle il est à l'aise. Le tout est de bien comprendre la métaphore de l'apprentissage de la machine (à opposer à une programmation impérative de type règle « IF… THEN… ELSE… »), qui permettra à la machine d'apprendre à partir de données réelles. Avec le *machine learning*, on passe d'une informatique impérative basée sur des hypothèses à une informatique probabiliste basée sur des informations réelles. Mais pour se lancer dans cette aventure, il nous faut avant tout des données !

Au commencement était la donnée...

Un prérequis indispensable

La *data science* est une démarche empirique qui se base sur des données pour apporter une réponse à des problèmes. Donc, avant toute chose, assurez-vous d'avoir des données... Cela peut paraître idiot de le préciser, mais nous voyons souvent dans nos projets que l'accès aux données utiles à l'analyse n'est pas toujours aisé. Tantôt elles ne sont pas disponibles ou certaines manipulations techniques (jointure, etc.) ne sont pas faisables, ou encore interdites pour des raisons de confidentialité, tantôt le service informatique n'est pas capable de les extraire, tantôt elles n'existent tout simplement pas.

De plus, même si l'objectif de ce livre n'est pas de parler de *big data*, ayez en tête qu'en *machine learning*, la plupart du temps, plus il y a de données, mieux c'est ! En effet, le *machine learning* s'appuie souvent sur des algorithmes de *data-mining* connus depuis longtemps, souvent développés avant les années 2000. Hélas ! Leurs performances ont bien souvent été limitées par le manque de données disponibles ou de capacités informatiques pour traiter de larges volumes de données. C'est que certains problèmes de *data science* ne donnent parfois des résultats probants qu'à partir de plusieurs centaines de millions d'observations (on parle parfois d'analyse de signaux faibles, car non observables sur des ensembles de données réduits tels que ceux traités par les études statistiques classiques). Aujourd'hui, la hausse des capacités de stockage et la profusion de données numériques qu'elles engendrent, couplées à des moyens de calcul informatique de plus en plus puissants, font revenir ces algorithmes sur le devant de la scène. Ayez donc conscience que les gros volumes de données ne sont pas un problème pour votre travail, mais au contraire une formidable opportunité d'y trouver des informations précieuses !

Très bien, vous savez maintenant qu'il vous faut des données, peut-être même beaucoup de données... mais il se peut que ce terme soit un peu abstrait pour vous, alors clarifions-le dès à présent.

Que sont les données ?

Un bon vieux dictionnaire de statistique indique qu'une donnée est « *le résultat d'une observation faite sur une population ou sur un échantillon*[1] » (Dodge, 2007). Une donnée est donc un nombre, une caractéristique, qui m'apporte une information sur un individu, un objet ou une observation. Par exemple, 33 est un nombre sans intérêt[2], mais si quelqu'un vous dit « J'ai 33 ans », 33 devient une donnée qui vous permettra d'en savoir un peu plus sur lui.

---

1. La remarque du statisticien : dans ce livre, on ne s'intéressera pas aux problématiques d'échantillonnage propres à la statistique et étudiant les possibilités de tirer des conclusions au sujet d'une population en en analysant un sous-ensemble. En *machine learning*, on recherche des informations utiles dans un ensemble de données, sans se poser de questions sur ce qu'elles reflètent d'une population plus vaste (point de vue *data-mining*).

2. Pour le commun des mortels, bien sûr. Cédric Villani dira sans doute que c'est un nombre très intéressant, car c'est le plus grand entier naturel qui ne peut pas être exprimé comme une somme de nombres triangulaires différents, ou que c'est le deuxième nombre uniforme de la classe U3 et que c'est aussi un nombre semi-premier, mais nous nous écartons là du propos de ce livre !

Généralement, on lie les données à des variables parce que le nombre/la caractéristique varie si on observe plusieurs objets/individus/observations. En effet, si on s'intéresse à l'âge de tous les lecteurs de ce livre, on sait qu'il est défini par un nombre compris entre, disons, 15 et 90, et qu'il variera d'un lecteur à l'autre. Ainsi, si l'on nomme $X_{\hat{a}ge}$ la variable « âge du lectorat », les données mesurant cet âge sont égales à $x_{1\hat{a}ge}$, $x_{2\hat{a}ge}$, ..., $x_{m\hat{a}ge}$, où $x_{1\hat{a}ge}$ est l'âge du lecteur 1, $x_{2\hat{a}ge}$ l'âge du lecteur 2, et ainsi de suite jusqu'à $x_{m\hat{a}ge}$, où m représente le nombre total de lecteurs.

Tel est le matériau brut que va manipuler le *data scientist* : des variables exprimées concrètement par des données et qui lui permettent de décrire un ensemble d'objets/individus/observations. Ces données peuvent prendre diverses formes que nous allons désormais détailler.

Les principaux types de données

On distingue généralement les données quantitatives des données qualitatives.

Les données quantitatives sont des valeurs qui décrivent une quantité mesurable, sous la forme de nombres sur lesquels on peut faire des calculs (moyenne, etc.) et des comparaisons (égalité/différence, infériorité/supériorité, etc.). Elles répondent typiquement à des questions du type « combien ». On fait parfois la différence entre :

- les données quantitatives continues, qui peuvent prendre n'importe quelle valeur dans un ensemble de valeurs : la température, le PIB, le taux de chômage, en sont des exemples ;
- et les données quantitatives discrètes, qui ne peuvent prendre qu'un nombre limité de valeurs dans un ensemble de valeurs : le nombre d'enfants par famille, le nombre de pièces d'un logement, etc.

Les données qualitatives décrivent quant à elles des qualités ou des caractéristiques. Elles répondent à des questions de la forme « quel type » ou « quelle catégorie ». Ces valeurs ne sont plus des nombres, mais un ensemble de modalités. On ne peut pas faire de calcul sur ces valeurs, même dans l'éventualité où elles prendraient l'apparence d'une série numérique. Elles peuvent toutefois être comparées entre elles et éventuellement triées. On distingue :

- les données qualitatives nominales (ou catégorielles), dont les modalités ne peuvent être ordonnées. Par exemple : la couleur des yeux (bleu, vert, marron, etc.), le sexe (homme, femme), la région d'appartenance (68, 38, etc.) ;
- et les données qualitatives ordinales, dont les modalités sont ordonnées selon un ordre « logique ». Par exemple : les tailles de vêtements (S, M, L, XL), le degré d'accord à un test d'opinion (fortement d'accord, d'accord, pas d'accord, fortement pas d'accord).

Le tableau 1-2 résume ces différents types de données ainsi que les opérations qu'ils supportent.

Tableau 1-2. Les opérations supportées par chaque type de données

Type de données	Opérations supportées
Quantitatives continues	Calculs, égalité/différence, infériorité/supériorité
Quantitatives discrètes	Calculs, égalité/différence, infériorité/supériorité
Qualitatives nominales	Égalité/différence
Qualitatives ordinales	Égalité/différence, infériorité/supériorité

Maintenant que vous savez la différence entre les diverses données, vous vous demandez peut-être où les chercher... Bonne question en effet ! Voici quelques pistes qui pourront vous aider.

D'où viennent les données ?

La réponse à cette question n'est pas bien difficile : elles viennent de partout ! C'est d'ailleurs bien pour cela qu'on observe de nos jours un tel engouement pour la *data science*, le *machine learning* et l'analyse de données en général. Précisons tout de même un peu. En premier lieu, distinguons les données dites privées des données publiques.

Les données privées sont tout simplement les données qui en théorie n'appartiennent qu'à vous ou à votre organisation. Si vous travaillez en entreprise, ce pourrait être les bases de données internes de votre société, les divers documents électroniques ou numérisés disponibles (e-mails, fichiers informatiques, documents scannés, images et vidéos, etc.). Ce pourrait être aussi les fichiers de *logs*[3] générés par vos machines (serveurs informatiques, équipements de production, etc.) et par vos applications informatiques (progiciels, applications web, etc.), les informations remontées par les capteurs et objets connectés, et bien d'autres. Il y a déjà beaucoup de connaissances à en tirer.

Toutefois, les plus ambitieux d'entre vous pourraient aussi avoir envie d'aller plus loin en exploitant des données publiques, c'est-à-dire accessibles à tous. Dans ce cas, vous disposez d'une source de données quasi infinie : Internet. Pour cela, trois modes de collecte de données existent.

- Les *open data*, qui correspondent à la mise à disposition gratuite de données de la société civile, sur des sites tels que www.data.gov, www.data.gouv.fr, http://opendata.alsace.fr, etc.

- Les *open* API (*Application Programming Interface*), qui sont des technologies permettant d'accéder à des données sur Internet. Elles vous permettent de récupérer par exemple des données mises à disposition par Google, Twitter, etc. Pour en savoir plus sur les API disponibles, consultez par exemple l'annuaire http://www.programmableweb.com.

- Et bien sûr, le Web en tant que tel est lui aussi directement source de données. Pour cela, il faut un minimum d'expertise en programmation pour être capable de faire ce que l'on nomme du web *scraping*, qui consiste à récupérer des données directement à partir des pages des sites Internet.

Nous avons également parlé d'images, de vidéos. Vous vous demandez peut-être ce que cela a à voir avec les types de données qui vous ont été présentés précédemment. En fait, lorsqu'on traite informatiquement des objets de types images et vidéos, on leur applique des traitements visant à les réduire à une suite de nombres interprétables par un algorithme de *machine learning*. Vous en verrez des exemples dans la suite de ce livre. Ces objets, assez complexes à manipuler, sont dits non structurés. À l'opposé, les données les plus faciles à traiter sont celles qui proviennent directement des bases de données : indexées[4], prêtes à être traitées, elles sont dites structurées. Sachez qu'il existe un niveau de structuration intermédiaire, dit semi-structuré. Celui-ci correspond à divers formats de fichiers informatiques simples à traiter, mais qui ne bénéficient pas de l'indexation

---

3. Un fichier de *log* est un fichier enregistrant tous les événements recensés par une machine ou une application.

4. L'index est la structure qu'un système de gestion de bases de données informatique impose à ses données. Il permet de les retrouver rapidement et de simplifier toutes les opérations qu'on peut leur appliquer (recherche, tri, jointure, agrégation).

propre aux données extraites des bases de données informatiques. Le tableau 1-3 résume ces différents niveaux de structuration.

Tableau 1-3. **Les différents niveaux de structuration des données**

Niveau de structuration	Modèle de données	Exemples	Facilité de traitement
Structuré	Système de données relationnel objet/colonne	Base de données d'entreprise…	Facile (indexé)
Semi-structuré	XML, JSON, CSV, logs	API Google, API Twitter, web, logs…	Facile (non indexé)
Non structuré	Texte, image, vidéo	web, e-mails, documents…	Complexe

Voilà, vous savez identifier la matière première du *data scientist* et vous savez où la chercher. À présent, vous brûlez sans doute d'impatience de pouvoir l'exploiter grâce aux nombreux algorithmes conçus pour cela. Mais avant de les passer en revue, laissez-nous vous donner une idée générale de ce que savent faire tous ces algorithmes.

Les algorithmes : pour faire quoi ?

Sous les données, des liens… plus ou moins certains !

Quel que soit l'algorithme qu'il utilise, le *data scientist* n'a qu'une seule idée en tête : découvrir des liens dans ses données (on parle souvent de *pattern*). Dans le cadre de l'emploi de méthodes de *machine learning*, on suppose donc qu'il existe un lien au sein des données et que nos algorithmes vont nous aider à le trouver.

Attention, il s'agit d'une hypothèse forte : par défaut, il n'y a généralement pas de lien dans les données. Cela peut paraître surprenant, car nous avons plutôt tendance à en voir partout ! Ce phénomène bien connu en recherche s'appelle le biais de publication (Cucherat *et al.*, 1997). En science, il désigne le fait que les chercheurs et les revues scientifiques ont plus tendance à publier des expériences ayant obtenu un résultat positif (statistiquement significatif) que des expériences ayant obtenu un résultat négatif. Ce biais de publication donne aux lecteurs une perception biaisée (vers le positif) de l'état de la recherche.

En plus du biais de publication, un ensemble de phénomènes bien connus en statistiques peuvent aussi amener à conclure artificiellement à des liens dans les données.

- La corrélation fallacieuse, pour désigner des séries de données corrélées entre elles alors qu'elles n'ont a priori aucune raison de l'être. Deux explications peuvent être apportées à ce type de corrélation :
  - soit les séries n'ont aucun lien entre elles, mais sont toutes deux corrélées à une troisième variable cachée (Pearl, 1998) ;
  - soit de grands jeux de données génèrent naturellement des corrélations, sans aucune relation de causalité : si l'on considère un grand nombre de variables totalement indépendantes, on observera toujours un petit nombre de corrélations significatives (Granville, 2013) !

- La corrélation fallacieuse au sens de K. Pearson, utilisée dans le contexte très spécifique des données de composition. Dans un article de 1897, appliquée à la mesure d'organes humains, il montra que deux variables indépendantes X et Y peuvent sembler corrélées si rapportées à une troisième variable Z. La taille du fémur est indépendante de la taille du tibia, mais le ratio taille du fémur/taille de l'humérus est corrélé au ratio taille du tibia/taille de l'humérus ! L'analyse des données de compositions est un champ assez spécifique des statistiques, c'est pourquoi c'est la dernière fois que nous en parlerons dans ce livre.

- La régression fallacieuse, dans le cadre de l'estimation d'une régression linéaire simple ou multiple. On peut observer des modèles qui semblent très explicatifs, mais faux du fait de l'influence du temps sur le modèle (Granger et Newbold, 1974).

- Le paradoxe de Bertrand, qui nous montre que les résultats issus de nos analyses peuvent être influencés par les méthodes et les mécanismes qui produisent les variables (Bertrand, 2010).

- Le mauvais usage de la *p-value,* indicateur souvent utilisé sans précaution par certains statisticiens pour évaluer une significativité statistique et qui aboutit très facilement à rejeter une hypothèse nulle de façon totalement artificielle lorsque le nombre d'observations est grand (Lin *et al.*, 2013).

Les précautions d'usage ayant été exposées, nous supposerons un lien dans les données dans la suite de cet ouvrage, complexe peut-être, mais bel et bien présent. D'ailleurs, ces écueils sont plutôt la conséquence de mauvaises applications des méthodes statistiques classiques dans des contextes inappropriés, notamment de larges volumes de données. Néanmoins, voyez-y une invitation à la prudence : on gagne toujours à réfléchir à deux fois aux résultats de ses analyses et à remettre en question ses conclusions ! De toute manière, une approche *machine learning* est toujours une prise de position probabiliste qui implique de renoncer à une vision déterministe et figée du monde. Elle va inférer des règles, avec des marges d'incertitude et potentiellement changeantes.

Ces considérations métaphysiques étant faites, parlons plus concrètement de la façon dont les liens entre les données peuvent être découverts.

Une taxinomie des algorithmes

Les algorithmes ne sont pas tous destinés aux mêmes usages. On les classe usuellement selon deux composantes[5] :

- le mode d'apprentissage : on distingue les algorithmes supervisés des algorithmes non supervisés ;

- le type de problème à traiter : on distingue les algorithmes de régression de ceux de classification.

Tous les algorithmes qui seront présentés dans ce livre sont définis selon ces deux axes, comme l'indique le tableau 1-4.

---

5. Comme toute classification, celle-ci est nécessairement imparfaite : on trouvera toujours des algorithmes qui appartiennent à plusieurs classes, ou d'autres qui n'y trouvent pas leur place. Néanmoins, elle a l'avantage de donner une vision unifiée et simplifiée de la multitude d'algorithmes existants et c'est pourquoi nous l'utiliserons dans ce livre.

Tableau 1-4. **Taxinomie des algorithmes présentés dans ce livre**

Algorithme	Mode d'apprentissage	Type de problème à traiter
Régression linéaire univariée	Supervisé	Régression
Régression linéaire multivariée	Supervisé	Régression
Régression polynomiale	Supervisé	Régression
Régression régularisée	Supervisé	Régression
Naive Bayes	Supervisé	Classification
Régression logistique	Supervisé	Classification
Clustering hiérarchique	Non supervisé	-
Clustering non hiérarchique	Non supervisé	-
Arbres de décision	Supervisé	Régression ou classification
Random forest	Supervisé	Régression ou classification
Gradient boosting	Supervisé	Régression ou classification
Support Vector Machine	Supervisé	Régression ou classification
Analyse en composantes principales	Non supervisé	-

Donnons un peu plus de détails sur la signification de cette taxinomie.

Algorithmes supervisés et non supervisés

La différence entre algorithmes supervisés et non supervisés est fondamentale. Les algorithmes supervisés extraient de la connaissance à partir d'un ensemble de données contenant des couples entrée-sortie. Ces couples sont déjà « connus », dans le sens où les sorties sont définies a priori. La valeur de sortie peut être une indication fournie par un expert : par exemple, des valeurs de vérité de type OUI/NON ou MALADE/SAIN. Ces algorithmes cherchent à définir une représentation compacte des associations entrée-sortie, par l'intermédiaire d'une fonction de prédiction.

A contrario, les algorithmes non supervisés n'intègrent pas la notion d'entrée-sortie. Toutes les données sont équivalentes (on pourrait dire qu'il n'y a que des entrées). Dans ce cas, les algorithmes cherchent à organiser les données en groupes[6]. Chaque groupe doit comprendre des données similaires et les données différentes doivent se retrouver dans des groupes distincts. Dans ce cas, l'apprentissage ne se fait plus à partir d'une indication qui peut être préalablement fournie par un expert, mais uniquement à partir des fluctuations observables dans les données.

Le petit exemple qui suit illustre les principes de ces deux familles d'algorithmes. Imaginons un ensemble d'individus décrits par deux variables d'entrée, X_1 et X_2. Dans le cas d'un apprentissage supervisé, il faudra leur adjoindre une variable de sortie Y, qui pourra par exemple prendre deux valeurs $\{O, X\}$. L'algorithme proposera alors une fonction de prédiction de la forme

---

6. On distingue plusieurs familles d'algorithmes non supervisés, dont les grands classiques sont : 1) la détection d'anomalies, qui correspond à un type d'analyse assez particulier que nous avons choisi de ne pas aborder dans cet ouvrage ; 2) la réduction de dimension, abordée dans ce livre au chapitre sur l'analyse en composantes principales ; 3) le *clustering*, sans doute la famille d'algorithmes non supervisés la plus répandue.

$Y = f(X_1, X_2)$. Dans le cas de l'apprentissage non supervisé, plus de Y : l'algorithme va trouver tout seul, comme un grand, deux groupes d'individus distincts, juste à partir des positions dans le plan défini par X_1 et X_2, et ce sans aucune autre indication. La figure 1-1 illustre ces deux formes d'apprentissage.

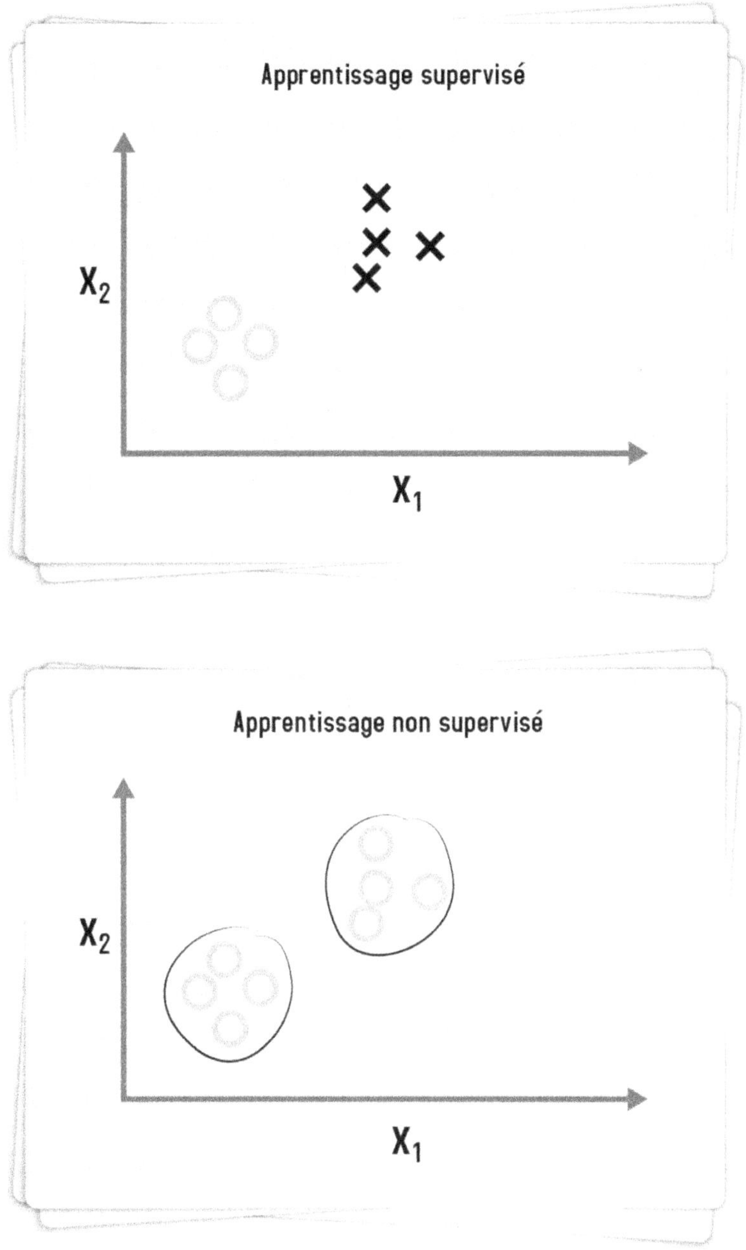

Figure 1-1 – *Apprentissages supervisé et non supervisé*

Généralement, les algorithmes supervisés sont plus performants, mais pour les utiliser, il faut être capable de spécifier une valeur de sortie, et cette information d'expert n'est pas toujours disponible.

Insistons sur ce point. À l'ère des *big data*, la donnée ne coûte pas cher. Vous avez sans doute, à force de le lire partout dans la presse ou en écoutant les consultants passer dans votre bureau, retenu les fameux « 3V » des *big data* (Volume – Variété – Vélocité), faible descripteur de ce que sont vraiment les *big data*. Alors oui, bien évidemment, le volume de données disponibles explose. Mais ces données ont-elles une valeur métier pour vous, êtes-vous capable de les valoriser ? C'est moins sûr. Nous y reviendrons plus tard, mais songez que pour obtenir un résultat probant pour un problème relativement simple de classification binaire équilibré (autant de 0 que de 1), il faudra déjà quelques dizaines de milliers de lignes. Chacune de ces lignes devra être parfaitement labélisée d'un point de vue métier. Disposez-vous des moyens humains pour constituer vos bases de données supervisées ? C'est une question non négligeable. Rassurez-vous toutefois avec cette information : une grande partie des efforts de la sphère académique se concentre aujourd'hui sur les algorithmes non supervisés, qui cherchent précisément à vous épargner de douloureuses et ennuyeuses journées de travail à labéliser à la main plusieurs millions de lignes.

Pour finir, notez qu'il existe une catégorie bien moins courante d'algorithmes hybrides basés sur une approche dite semi-supervisée. C'est une approche intermédiaire qui se base à la fois sur des observations de type entrée-sortie et sur des observations sans variable de sortie, mais elle ne sera pas développée dans ce livre.

Algorithmes de régression et de classification

La distinction régression/classification se fait au sujet des algorithmes supervisés. Elle distingue deux types de valeurs de sorties qu'on peut chercher à traiter. Dans le cadre d'un problème de régression, Y peut prendre une infinité de valeurs dans l'ensemble continu des réels (noté $Y \in \mathbb{R}$). Ce peut être des températures, des tailles, des PIB, des taux de chômage, ou tout autre type de mesure n'ayant pas de valeurs finies a priori.

Dans le cadre d'un problème de classification, Y prend un nombre fini k de valeurs ($Y = \{1, ..., k\}$). On parle alors d'étiquettes attribuées aux valeurs d'entrée. C'est le cas des valeurs de vérité de type OUI/NON ou MALADE/SAIN évoqués précédemment.

Voici à nouveau un petit exemple illustratif, à partir de la figure 1-2.

- L'image du haut répond au problème suivant : quel est le prix d'une maison en fonction de sa taille ? Ce prix peut prendre une infinité de valeurs dans $\mathbb{R}$, c'est un problème de régression.

- L'image du bas s'intéresse quant à elle à un autre problème : selon sa taille, une tumeur est-elle dangereuse ou bénigne ? Ici, on va chercher à classer les observations en fonction de valeurs de réponse possibles en nombre limité : OUI, NON (éventuellement PEUT-ÊTRE). C'est un problème de classification.

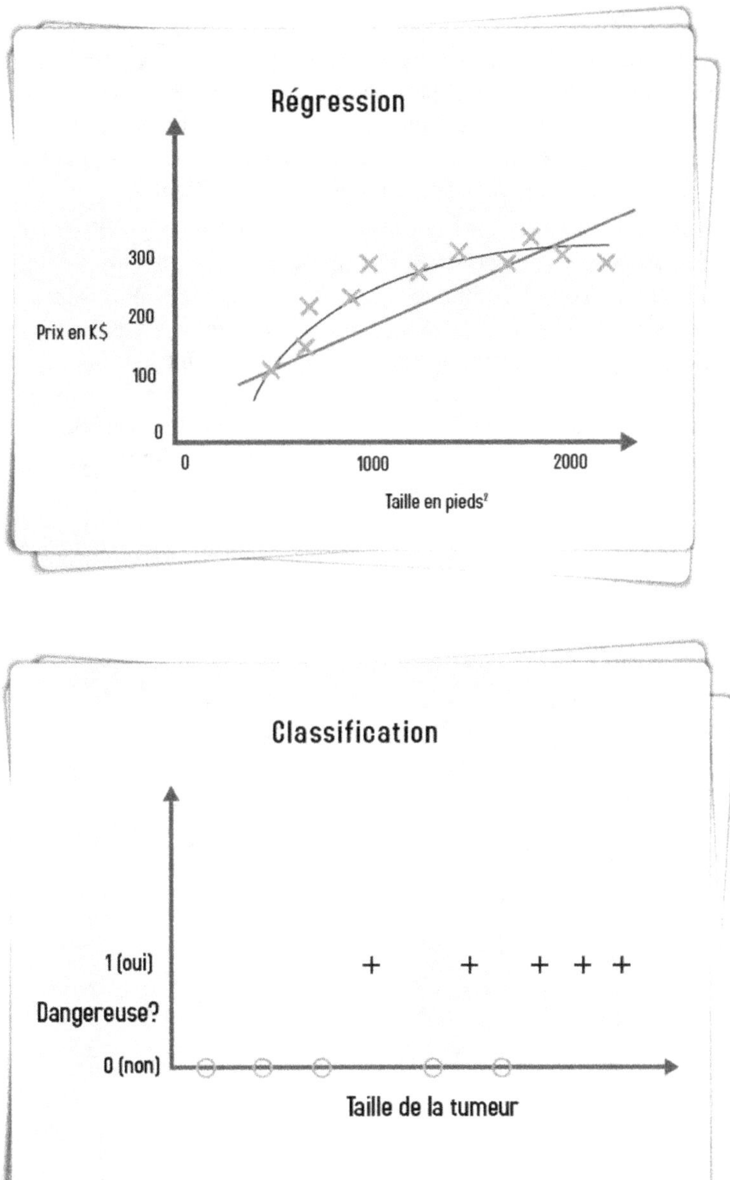

Figure 1-2 – *Algorithmes de régression et algorithmes de classification*

Pour les plus curieux

Les types d'algorithmes présentés dans cet ouvrage correspondent à deux paradigmes spécifiques du *machine learning* : l'induction (apprentissage supervisé) et le *clustering* (apprentissage non supervisé). D'autres paradigmes plus spécialisés existent : apprentissage par analogie, par renforcement, algorithmes génétiques, etc. Dans son cours d'introduction à l'intelligence artificielle, Chakraboty (2010) donne plus de détails sur ces divers paradigmes.

À titre indicatif et pour aiguiser votre curiosité, parlons brièvement de l'apprentissage par renforcement, qui semble promu à un bel avenir. Les algorithmes de cette famille consistent à apprendre un comportement face à diverses situations au cours du temps en optimisant une « récompense » quantitative. Ces algorithmes correspondent à un agent intelligent qui apprend au fil des expériences, en essayant de maximiser sa récompense. Pour avoir une idée du potentiel de l'approche, consultez le lien suivant (http://sarvagyavaish.github.io/FlappyBirdRL), qui explique comment un tel agent intelligent peut apprendre à jouer à *Flappy Bird* ! Sur cette thématique, vous pouvez aussi consulter le récent article de Mnih *et al.* (2015), rédigé par une équipe de DeepMind, société de Google spécialisée dans l'intelligence artificielle.

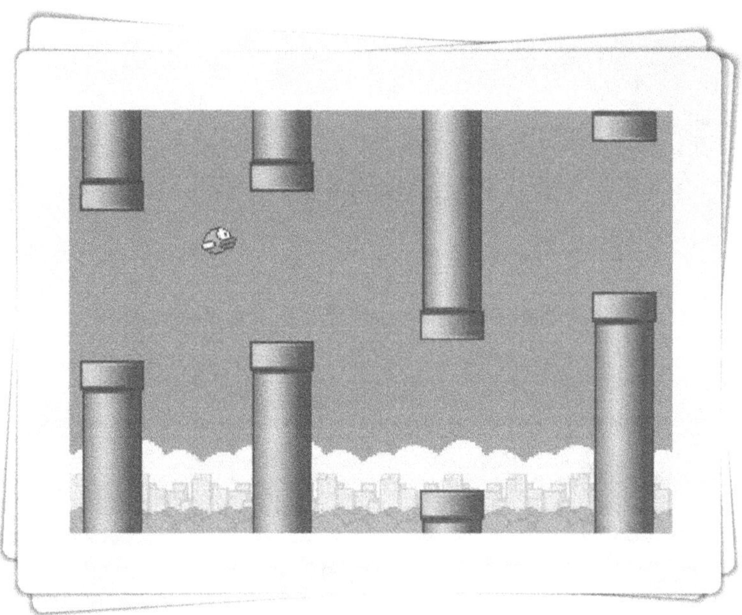

Figure 1-3 – *Le machine learning peut même vous aider à améliorer vos scores à Flappy Bird !*

Eh bien voilà ! Nous y sommes presque ! Vous savez qualifier les données utiles à votre étude et vous savez ce que vous pouvez et voulez en faire. Avant d'appliquer l'algorithme ultime qui répondra à tous vos problèmes, il vous reste à structurer vos données de façon à ce qu'elles puissent être digérées par un algorithme de *machine learning*.

Algorithmes et structures de données

Représentation matricielle des données

Nous avons vu que dans le monde du *machine learning*, tout objet, individu, observation, est décrit par un ensemble de variables $X_1, X_2, ..., X_j, j$ allant de 1 à n. Évidemment, tout l'intérêt du *machine learning* sera de trouver des régularités dans les données grâce à l'observation d'un grand nombre i d'individus[7], allant de 1 à m. La valeur de la variable X_1 de l'individu 1 se note x_{11}. Le cas général se note ainsi : x_{ij}, c'est-à-dire la valeur de la variable X_j de l'individu x_i.

Ces n variables décrivant m individus sont représentés dans ce qu'on appelle une matrice X de dimensions *(m,n)*. On la représente comme suit :

$$X = \begin{pmatrix} x_{11} & \cdots & x_{1n} \\ \vdots & \ddots & \vdots \\ x_{m1} & \cdots & x_{mn} \end{pmatrix}$$

Chaque colonne correspond à une variable et chaque ligne correspond à un individu. Pour être encore plus clair, cette matrice est directement équivalente à la manière dont vous pourriez organiser vos données dans un tableur (figure 1-4).

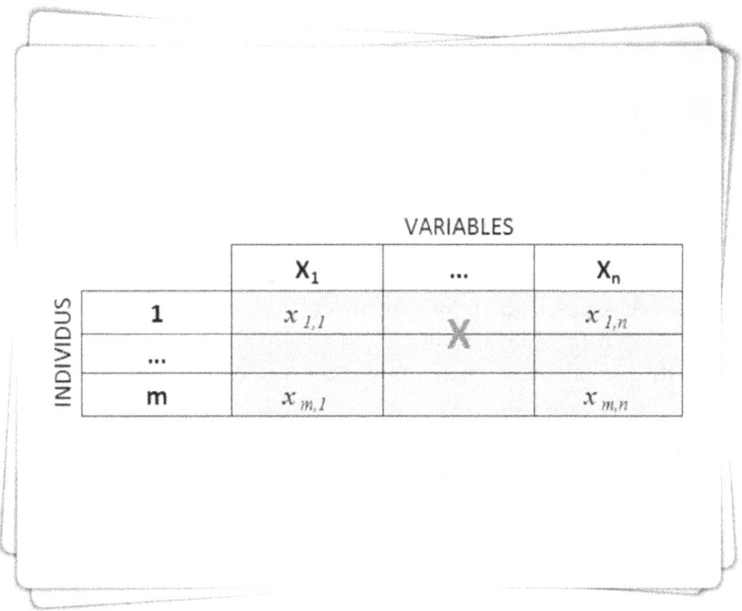

Figure 1-4 – *Une matrice, c'est un tableau, tout simplement !*

---

7. Ou objets, etc. : le lecteur aura compris qu'on se passera de cette énumération systématique pour faciliter la lecture !

Si le tableau n'a qu'une colonne (soit une seule variable) on ne parle plus de matrice, mais de vecteur. Le *machine learning* a pour seul objectif la manipulation de vecteurs et de matrices pour en dégager des représentations synthétiques des données observées.

Que font les algorithmes ?

Quel que soit l'algorithme utilisé, le but sera toujours le même. Les algorithmes non supervisés vont chercher à produire des représentations compactes des données, en regroupant les individus similaires compte tenu des valeurs de la matrice X. Pour cela, la matrice X est suffisante. Les algorithmes ont simplement besoin de moyens de mesurer les proximités entre les individus. Nous reparlerons de cela en détail lors de la présentation des algorithmes.

Pour les algorithmes supervisés, c'est un peu différent. X va représenter les valeurs d'entrée (on parle aussi d'attributs ou de *features*). Il faudra leur adjoindre, pour chaque individu, un vecteur Y représentant les valeurs de sortie ; il sera donc de dimension *(m,1)*. Le but du jeu est de décrire une relation liant X à Y. Pour cela, nous avons besoin d'un deuxième vecteur, nommé Θ (dans le cas d'un modèle linéaire, mais nous préciserons tout cela dans les chapitres à venir). Les valeurs de Θ, qu'on nomme paramètres ou poids du modèle, sont associées à celles de X, pour expliquer Y. Il faut ainsi une valeur de Θ pour chaque variable, Θ sera donc de dimension *(n,1)*. Grossièrement, cela revient à écrire :

$$
\begin{pmatrix} y_1 \\ \vdots \\ y_m \end{pmatrix} = \begin{pmatrix} x_{11} & \cdots & x_{1n} \\ \vdots & \ddots & \vdots \\ x_{m1} & \cdots & x_{mn} \end{pmatrix} \begin{pmatrix} \Theta_1 \\ \vdots \\ \Theta_n \end{pmatrix}
$$

ou, sous une forme condensée : $Y=X\Theta$. Tout l'art du *machine learning* sera de trouver les bonnes valeurs de Θ, qui ne sont pas données mais inférées à partir des données. Lorsqu'on recherche ces valeurs Θ, on parle d'entraînement ou d'apprentissage du modèle. Pour un problème donné, différents algorithmes donneront des valeurs de Θ plus ou moins efficaces pour modéliser les données.

Mesurer des distances, apprendre les paramètres d'un modèle, voilà tout ce que le *data scientist* cherche à faire. Mais il existe de multiples façons de le faire. Nous allons vous les présenter dans la partie suivante, par une petite visite guidée des principaux algorithmes rencontrés dans le monde du *machine learning*.

Avant d'entrer dans le vif du sujet, nous aborderons un dernier point préliminaire dans le chapitre suivant : la question des outils informatiques. En effet, l'ordinateur est le meilleur allié du *data scientist* pour manipuler les données, avoir accès à des codes d'algorithmes prêts à l'emploi, etc.

> **À RETENIR Savoir poser un problème de data science**
>
> L'objectif du *machine learning* est d'apprendre à partir de données issues d'observations réelles.
>
> Les données peuvent être de diverses natures et provenir de différentes sources. Selon le cas, elles sont plus ou moins complexes à manipuler.
>
> Les algorithmes visent à en extraire des régularités qui permettront l'apprentissage. On distingue :
>
> - les algorithmes supervisés (quand il existe une valeur à prédire) des algorithmes non supervisés (quand il n'y a pas de valeur à prédire) ;
> - les algorithmes de régression (quand la valeur à prédire est continue) des algorithmes de classification (quand la valeur à prédire est catégorielle).
>
> Pour utiliser ces algorithmes, les données doivent être mises en forme sous une représentation matricielle.

Références

Les références suivantes ont été utilisées pour proposer une définition du *machine learning* :

- Samuel AL. 1959. Some studies in machine learning using the game of checkers. *IBM Journal*, 3:3, p. 210-229.

- Mitchell TM. 1997. *Machine learning*. McGraw Hill.

Concernant les différents types de variables, rien de bien nouveau, ces distinctions sont présentées dans n'importe quel livre d'introduction à la statistique. Pour vous rafraîchir la mémoire :

- Pagès J. 2005. *Statistiques générales pour utilisateurs. Vol. 1 – Méthodologie*. Presses Universitaires de Rennes.

- Dodge Y. 2007. *Statistique – Dictionnaire encyclopédique* . Springer.

Pour toutes les personnes effrayées par les risques de liens artificiels dans les données, voici les références introductives mentionnées :

- Cucherat M., Boissel JP., Leizorovicz A. 1997. *Manuel pratique de méta-analyse des essais thérapeutiques.*

- Pearl J. 1998. Why there is no statistical test for confounding, why many think there is, and why they are almost right. *University of California – Cognitive Systems Laboratory Technical report.*

- Granville V. 2013. http://www.analyticbridge.com/profiles/blogs/the-curse-of-big-data.

- Pearson K. 1897. Mathematical Contributions to the Theory of Evolution – On a Form of Spurious Correlation Which May Arise When Indices Are Used in the Measurement of Organs. *Proceedings of the Royal Society of London*, 187.

- Granger CWJ. et Newbold P. 1974. Spurious Regression in Econometrics. *Journal of Econometrics*, 2, p. 111-120.

- Bertrand J. 2010. *Calcul des probabilités*. Nabu Press.

- Lin M., Lucas HC., Shmueli G. 2013. Too big to fail: large samples and the p-value problem. *Information Systems Research*, 24:4, p. 906-917.

Les algorithmes supervisés/non supervisés et de régression/de classification vont être détaillés en long et en large dans la partie qui suit, nous n'en dirons donc pas plus ici. Pour des informations plus générales concernant l'intelligence artificielle, voici un lien vers le cours introductif de Chakraboty mentionné dans ce chapitre :

- Chakraboty RC. 2010. http://www.myreaders.info/html/artificial_intelligence.html.

Et l'article de DeepMind au sujet de l'apprentissage par renforcement :

- Mnih V., Ka K., Silver D., Rusu DA., Veness J., Bellemare MG., Graves A., Riedmiller M., Fidjeland AK., Ostrovski G., Petersen S., Beattie C., Sadik A., Antonoglou A., King H., Kumaran D., Wierstra D., Legg S., Hassabis D. 2015. Human-level control through deep reinforcement learning, *Nature*, 518, p. 523-533.

Nous avons vu que la manipulation de matrices est au cœur du *machine learning*. Même si ce n'est pas indispensable à la compréhension de ce livre, ceux qui aimeraient se rafraîchir la mémoire peuvent lire le petit ouvrage suivant :

- Bouteloup J. *Calcul matriciel élémentaire*. PUF, Que sais-je ?

2

Les outils informatiques

Quels logiciels ?

Les logiciels que vous allez pouvoir expérimenter dans votre activité de *data scientist* sont pléthoriques. Citons-en quelques exemples[1] (liste absolument non exhaustive !).

- Les logiciels de bureautique :
  - Excel.
- Les logiciels généralistes à interface graphique :
  - SAS ;
  - SPSS ;
  - Tanagra ;
  - Statistica ;
  - RapidMiner.
- Les logiciels généralistes en ligne de commande :
  - R ;
  - Python (pour être précis, Python est un langage de programmation généraliste. Néanmoins il dispose d'un écosystème scientifique qui en fait un outil de choix pour le *data scientist*,

---

1. Notez que les différents logiciels cités ne sont pas exclusifs. Bien au contraire, le *data scientist* passe bien souvent de l'un à l'autre dans sa pratique quotidienne. Par exemple, un développement permettant de requêter des données brutes stockées dans Hadoop est réalisé puis, une fois extraites et organisées, les données sont traitées dans un environnement R ou Python pour le *machine learning*.

grâce à des librairies telles que SciPy, NumPy, scikit-learn, etc. Ces bibliothèques sont packagées dans la suite scientifique Anaconda par exemple.) ;

– Matlab ou Octave.

- Les logiciels spécialisés :
  - requêtage SQL : Oracle SQL Developer, PL/SQL Developer ;
  - requêtage Hadoop : Hive, Pig ;
  - visualisation : D3JS ;
  - implémentations spécifiques d'algorithmes particuliers : *Vowpal Wabbit* pour l'*online learning*, SPMF pour la fouille de séquences, etc.

Cette dernière catégorie un peu fourre-tout est hors du périmètre de ce livre, les implémentations d'algorithmes spécialisés mis à part. En effet, ce livre se centre sur les aspects *machine learning* de la *data science*, donc les questions de manipulation de données avec SQL ou Hadoop ne seront pas abordées[2] (vous trouverez par ailleurs une abondante littérature sur ces thématiques). De même en ce qui concerne la visualisation : nous traiterons des visualisations utiles lors d'un projet ayant recours à de l'apprentissage statistique, mais nous ne parlerons pas en détail de la *data visualisation*, qui est un sujet à part entière.

Cette précision étant faite, quel logiciel utiliser ? Excel permet de faire pas mal de choses, mais on aimerait quand même pouvoir aller plus loin dans le cadre de ce livre ! Les logiciels généralistes à interface graphique offrent souvent de très bonnes fonctionnalités, mais elles induisent une contrainte d'utilisation, le « clic-bouton », qui contrarie souvent l'âme de *hacker* du *data scientist* préférant coder que cliquer. C'est pourquoi l'on se centrera dans ce livre sur les logiciels généralistes en ligne de commande. Ce type de logiciel nécessite un temps de prise en main un peu plus long que pour les logiciels à interface graphique, mais qui sera ensuite largement compensé. En effet, une fois les bases du langage acquises, on gagne largement en rapidité et en souplesse d'utilisation, ainsi qu'en liberté d'exécution et en créativité.

Ainsi, tous les exemples développés dans cet ouvrage s'appuieront presque exclusivement sur les langages R et Python, que nous utilisons quotidiennement dans nos missions[3]. *Open source*, puissants et très répandus dans la communauté des *data scientists*, ils offrent une très large variété de fonctions dans les nombreuses librairies qui leurs sont associées. On constate souvent que la syntaxe de R est préférée par les *data scientists* issus du monde de la statistique, tandis que les informaticiens préfèrent celle de Python. On entend aussi souvent que Python est plus polyvalent et adapté aux contraintes d'un usage en production, mais que R reflète mieux l'état de

---

2. Notons toutefois que certains de ces outils proposent parfois quelques fonctions d'analyse de données, mais cet usage particulier est assez peu répandu dans la communauté des *data scientists.*

3. Remarque : ce livre ne fournit pas d'introduction à ces langages de programmation. Nous considérons que le lecteur dispose des connaissances suffisantes pour comprendre le code fourni (rarement très compliqué). Au cas où vous ne disposeriez pas de ces compétences, une petite recherche sur Google ou sur un site de MOOC devrait vous fournir tous les cours introductifs nécessaires pour que vous puissiez vous lancer rapidement dans l'aventure de la *data science* !

l'art scientifique en termes d'analyse de données. Notez qu'ils ont tous deux l'énorme avantage de bénéficier de librairies offrant un cadre unifié pour le *machine learning* qui permet de mettre en œuvre tout le processus de l'analyse, de la préparation des données à la comparaison des modèles : scikit-learn pour Python[4], caret pour R[5]. Les deux possèdent également de très belles interfaces de développement (Spyder et RStudio, respectivement) et intègrent de puissants outils permettant de générer des rapports de grande qualité (IPython Notebook et R Mardown). Qui plus est, les deux logiciels communiquent aisément entre eux à l'aide de librairies telles que RPy[2] (pour utiliser R sous Python) et rPython (pour utiliser Python sous R). Au final, les deux sont très bons et c'est à vous de faire votre choix. Dans certains cas, c'est l'un qui s'avérera le plus adapté à votre problème, dans d'autres ce sera le second.

Pour finir, précisons que nous n'entrerons pas dans le détail de toutes les implémentations spécifiques d'algorithmes particuliers (logiciels spécialisés) à la disposition du *data scientist*. Les algorithmes disponibles dans R ou Python seront largement suffisants pour la majeure partie des exemples que nous proposerons. Toutefois, lorsque nous ferons appel à une implémentation nécessitant un autre logiciel, nous en ferons la mention explicite.

Quel environnement de travail ?

L'autre question qui se pose est la suivante : avec quelle machine faire de la *data science* ? Pour répondre à cette question, il faut distinguer le stockage, le prétraitement des données et leur analyse. Le stockage correspond à la conservation des données brutes dans des systèmes qui pourront les mettre aisément à disposition. À moins que vous n'ayez l'opportunité de travailler directement à partir de bases SQL locales ou de fichiers CSV, ces activités seront rarement effectuées sur votre ordinateur dans les contextes de *big data* actuels. Le stockage est généralement déporté sur des architectures dédiées au traitement et généralement distribuées, de type Hadoop. De même, ces architectures sont très souvent utilisées pour le prétraitement des données brutes. Rappelez-vous : dans le chapitre précédent, nous avons expliqué que les algorithmes qui seront présentés dans ce livre s'appliquent à des données mises sous un format matriciel. Dans la réalité, les données préexistent rarement sous cette forme bien ordonnée. Pour cela, il vous faudra parser, joindre, filtrer, agréger des données, parmi d'autres tâches plus ou moins ingrates. Eh bien dès que le volume des données est un tant soit peu volumineux[6], on a tout intérêt à exécuter ces tâches directement à partir des infrastructures de stockage distribuées. Celles-ci disposent notamment de paradigmes de traitement permettant de réaliser efficacement et assez rapidement ces fonctions (*MapReduce* pour citer le plus célèbre d'entre eux). Cette étape de l'analyse des données est hors du périmètre de ce livre. Nous nous focalisons sur le traitement des données une fois mises au format matriciel.

---

4. http://scikit-learn.org/

5. http://topepo.github.io/caret/index.html

6. Adjectif plutôt subjectif ! Pour vos donner quelques éléments de quantification : on considère généralement qu'on entre dans ce domaine quand le volume de données est supérieur à 1 téraoctet, ou quand leur traitement ne peut plus être réalisé en RAM.

Pour le traitement *machine learning* des données, nous considérerons que vous travaillez sur votre ordinateur personnel. Notez que cette alternative est satisfaisante dans bon nombre de cas. En effet, une fois les données correctement prétraitées, leur volume est souvent suffisamment raisonnable pour qu'elles puissent être manipulées avec un ordinateur bien configuré (au moins 4 cœurs et 16 Go de mémoire vive – ce dernier point est très important, car la RAM sera dans la plupart des cas le premier facteur limitant qui vous empêchera d'appliquer un algorithme de *machine learning* à vos données –). Sachez néanmoins que si une telle configuration n'est pas suffisante, vous pourriez avoir à utiliser un serveur de calcul qui vous offrira alors une puissance de travail formidable et vous permettra de traiter des jeux de données de plus grande ampleur pour des algorithmes de complexité équivalente. La figure 2-1 résume cet environnement général de travail.

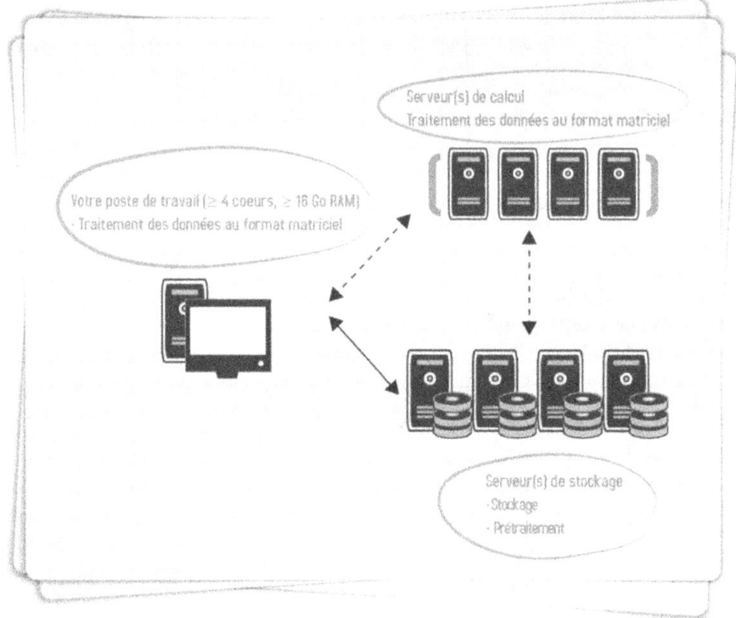

Figure 2-1 – *L'environnement de travail du data scientist (traitement batch)*

Deux formes de traitement particulières ne seront pas développées du point de vue informatique.

- Le traitement en parallèle des calculs (que vous utilisiez un ordinateur personnel ou un serveur de calcul) : on peut effectivement répartir les calculs entre les cœurs d'un processeur ou entre les nœuds d'un serveur distribué. Sachez toutefois que tous les algorithmes ne peuvent être parallélisés et que la parallélisation nécessite parfois d'adapter le code du programme d'analyse.

- Le traitement en ligne des calculs : tout ce que nous venons de dire ne concerne que le traitement hors-ligne, dit *batch*. Il existe une alternative en ligne de traitement. Avec les traitements en ligne, il n'est plus nécessaire de charger tout un jeu de données en mémoire : les données sont traitées à la volée, au fur et à mesure de leur mise à disposition du système informatique.

Cette approche est intéressante, car elle permet de traiter de très gros volumes de données, puisqu'il n'est plus nécessaire de les charger en RAM dans leur intégralité.

Leur mise en application peut nécessiter des adaptations des environnements de travail spécifiques. Nous ferons de temps à autre référence à ces approches sous leur perspective *machine learning*, mais nous ne développerons jamais les aspects techniques.

Dernière question que vous pourriez vous poser : quel système d'exploitation pour votre ordinateur personnel ? En réalité, cela importe peu. Python et R fonctionnent parfaitement, que vous soyez sous Windows, Linux ou MAC OS. Bon nombre de *data scientists* préfèrent les environnements Linux ou MAC OS pour leur interface système (*bash*) riche et souple d'utilisation, qui permet d'afficher ou de réaliser des prétraitements simples grâce à de puissantes fonctions, sans avoir à charger la totalité des données en mémoire (on parle parfois de *data science at the command line*, Janssens, 2014). Les utilisateurs de Windows pourront toutefois s'y initier avec des émulateurs *bash* tels que Cygwin[7].

> **À RETENIR Les outils informatiques**
>
> Les logiciels à la disposition du *data scientist* sont nombreux. Cet ouvrage se focalise sur Python et R.
>
> Les environnements informatiques dans lesquels évolue le *data scientist* peuvent varier en fonction de diverses contraintes : volume des données, type de traitements à appliquer (*batch* ou temps réel), etc.

Références

Pour apprendre R, cherchez des tutoriaux sur Internet, il y a largement de quoi faire ! Mais pour ceux qui aiment vraiment les livres, LA référence est :

- Crawley MJ. 2013. *The R book*. 2ᵉ édition, Wiley.

De même, pour une bonne introduction à Python :

- Le Goff V. 2014. *Apprenez à programmer en Python*. Open Classrooms.

Si vous avez envie de vous initier aux problématiques de stockage et de prétraitement des données, n'hésitez pas à suivre l'un des nombreux cours en ligne traitant de ces sujets. Par exemple :

- http://www.cloudera.com/content/cloudera/en/training/courses/udacity/mapreduce.html

Enfin, pour ceux que la *data science at the command line* intéresse :

- Janssens. 2014. *Data science at the command line*. O'Reilly.

Les algorithmes et leurs usages : visite guidée

Les basiques du data scientist

3

La régression linéaire univariée

Introduction

Régression linéaire univariée... Sous ce nom un peu barbare se cache en réalité un algorithme d'apprentissage supervisé très basique qui vise à trouver la meilleure droite possible à l'aide d'une seule variable explicative (on parle aussi d'un seul degré de liberté). Du fait de cette unique variable explicative, on parle de modèle univarié, par opposition aux modèles multivariés, qui font appel à plusieurs variables.

L'utilité de ce chapitre est plus pédagogique que scientifique, car dans les faits, vous utiliserez rarement des modèles univariés. Toutefois, leur simplicité permet d'introduire des notions qui peuvent devenir complexes lorsque l'on se place dans le cadre général. Ainsi, nous introduirons notamment la construction de la fonction de coût, qui mesure l'erreur que l'on fait en approximant nos données. Nous verrons que trouver les meilleurs paramètres de notre modèle équivaut à minimiser cette fonction de coût. Enfin, nous introduirons une méthode de résolution numérique dont l'intuition se trouve déjà dans les travaux du très vénérable Isaac Newton : la descente de gradient.

Ce chapitre va donc expliciter les trois étapes nécessaires pour passer des données brutes au meilleur modèle de régression linéaire univarié :

- la définition d'une fonction hypothèse ;
- puis la construction d'une fonction de coût ;
- et enfin la minimisation de cette fonction de coût.

Une fois ces notions acquises, nous pourrons introduire des algorithmes linéaires plus performants.

Définition de la fonction hypothèse

Dans le cas de la régression linéaire univariée, on prend une hypothèse simplificatrice très forte : le modèle dépend d'une unique variable explicative, nommée X. Cette variable est un entrant de notre problème, une donnée que nous connaissons. Par exemple, le nombre de pièces d'un appartement, une pression atmosphérique, le revenu de vos clients, ou n'importe quelle grandeur qui vous paraît influencer une cible, qu'on nommera Y et qui, pour continuer nos exemples, serait respectivement, le prix d'un appartement, le nombre de millilitres de pluie tombés, ou encore le montant du panier moyen d'achat de vos clients.

On cherche alors à trouver la meilleure fonction hypothèse, qu'on nommera h et qui aura pour rôle d'approximer les valeurs de sortie Y :

$$\textit{valeur d'entrée } x \xrightarrow{\textit{hypothèse } h} \textit{valeur de sortie } y$$

Dans le cas de la régression linéaire à une variable, la fonction hypothèse h sera de la forme :

$$h(X) = \theta_0 + \theta_1 X$$

En représentation matricielle, θ_0 et θ_1 forment un vecteur Θ tel que :

$$\Theta = \begin{pmatrix} \theta_0 \\ \theta_1 \end{pmatrix}$$

Notre problème revient donc à trouver le meilleur couple (θ_0, θ_1) tel que $h(x)$ soit « proche » de Y pour les couples (x, y) de notre base de données, que l'on peut commencer à nommer base d'apprentissage puisque les données dont vous disposez serviront à entraîner la fonction hypothèse h.

Qui dit approximation dit erreur

La notion de proximité qui vient d'être introduite incite assez naturellement à calculer une fonction d'erreur. En effet, pour chaque point x_i, la fonction hypothèse associe une valeur définie par $h(x_i)$ qui est plus ou moins proche de y_i. On définit ainsi « l'erreur unitaire » pour x_i par $(h(x_i) - y_i)^2$ (on élève au carré pour s'assurer que la contribution de l'erreur viendra bien pénaliser une fonction de coût). On résume cela dans la figure 3-1.

L'erreur unitaire pour x_i étant définie, on peut ensuite sommer les erreurs pour l'ensemble des points :

$$\sum_{i=1}^{m} \left(h(x_i) - y_i \right)^2$$

La fonction de coût est alors définie en normant cette somme par le nombre m de points dans la base d'apprentissage[8] :

$$J\left(\theta_0,\ \theta_1\right)=\frac{1}{2m}\sum_{i=1}^{m}\left(h\left(x_i\right)-y_i\right)^2$$

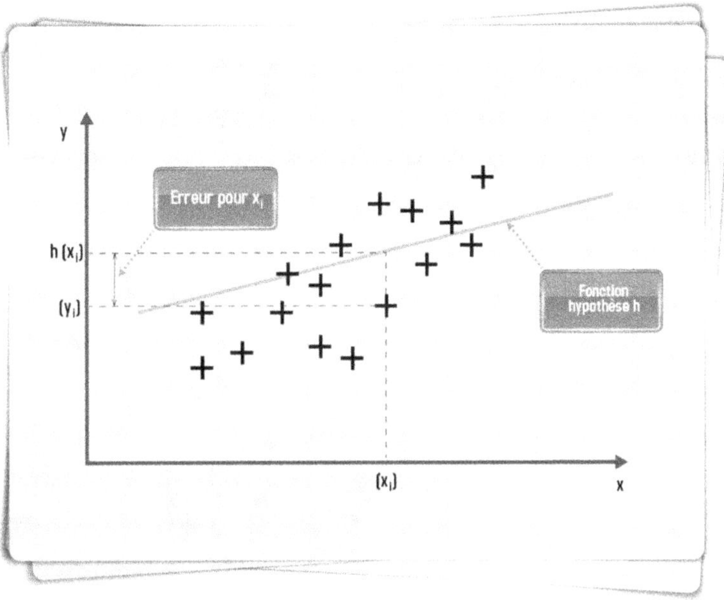

Figure 3-1 – *La notion d'erreur unitaire*

Si on remplace h par son expression, on obtient finalement l'expression suivante :

$$J\left(\theta_0,\ \theta_1\right)=\frac{1}{2m}\sum_{i}\left(\theta_0+\theta_1 x_i-y_i\right)^2$$

Il convient ici de comprendre une chose très importante : bien que h soit une fonction de x, J ne l'est pas ! En effet, les valeurs de x et de y sont données et J est par construction une fonction des paramètres de h, à savoir $(\theta_0,\ \theta_1)$.

Rappelons pour l'exercice la signification des paramètres de J, qui définissent une droite affine telle qu'on nous l'a enseignée au collège :

- θ_0 est l'ordonnée à l'origine de la fonction h, soit la valeur de h quand x est nulle ;
- θ_1 est la pente (ou coefficient directeur) de h dans un repère cartésien orthonormé, soit la variation de h quand x augmente d'une unité.

À chaque point dans l'espace $(\theta_0,\ \theta_1)$, correspond donc une unique droite h avec son ordonnée à l'origine et sa pente.

---

8. Intuitivement, cette normalisation permet d'« annuler » l'effet de la taille de la population observée sur la fonction de coût.

Minimiser la fonction de coût

Ainsi, trouver les meilleurs paramètres (θ_0, θ_1) de h – et donc la meilleure droite pour modéliser notre problème – équivaut exactement à trouver le minimum de la fonction J.

Pour comprendre la fonction J, remarquons que :

- pour θ_0 donné, J est une fonction de θ_1^2;
- pour θ_1 donné, J est une fonction de θ_0^2.

Pour l'une de ces deux dimensions, c'est-à-dire en fixant l'un de ces deux paramètres, la fonction J est une parabole. En tenant compte des deux dimensions, c'est-à-dire en se plaçant dans l'espace (θ_0, θ_1), J aura donc une forme de bol très caractéristique, comme le montre la figure 3-2.

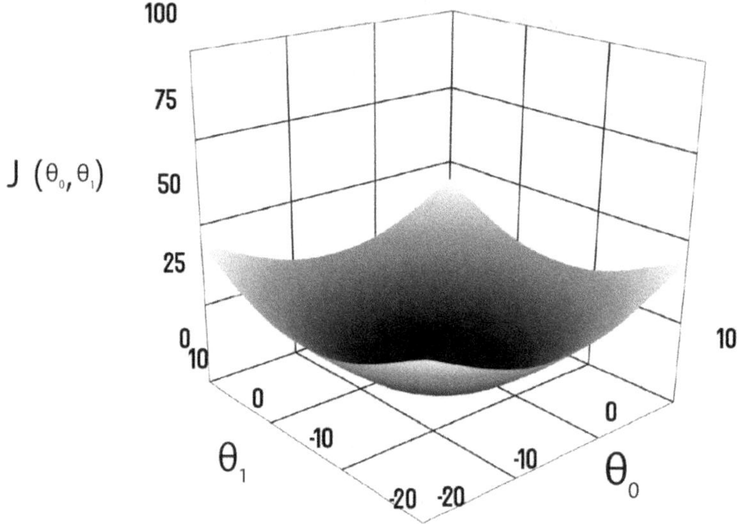

Figure 3-2 – *La fonction de coût J dans l'espace* (θ_0, θ_1)

Avec cette forme de bol, J possède une propriété mathématique très intéressante : elle est convexe. Pour rappel, une fonction f est convexe quand elle vérifie la propriété suivante :

$$\forall \left(x_1, x_2\right) \; et \; \forall \; t \in \left[0,1\right]$$

$$f\left(tx_1 + \left(A-t\right)x_2\right) \le tf\left(x_1\right) + \left(1-t\right)f\left(x_2\right)$$

En français courant, si x_1 et x_2 sont deux points du graphe de la fonction f, alors le segment $[x_1, x_2]$ est au-dessus de ce même graphe.

L'ensemble des points situés au-dessus du graphe de la fonction f définissent à leur tour un ensemble convexe, objet géométrique très simple à comprendre comme l'illustre la figure 3-3.

L'importance de la convexité de la fonction de coût tient dans la méthode utilisée pour la minimiser.

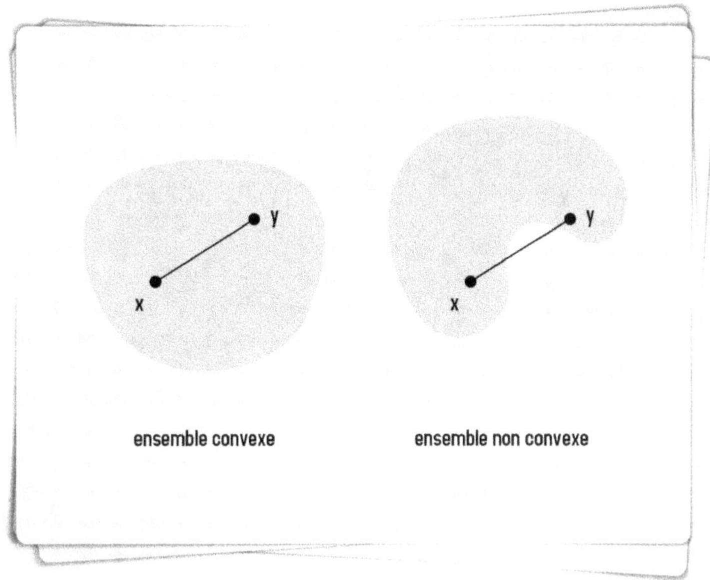

Figure 3-3 – *Ensemble convexe à gauche, non convexe à droite*

En effet, une façon de trouver le meilleur couple (θ_0, θ_1), est la descente de gradient, méthode itérative dont le principe est assez intuitif : que ferait une balle lâchée assez haut dans notre bol ? Elle prendrait, à chaque instant, la meilleure pente jusqu'au point bas du bol. La formulation mathématique de cette intuition est :

- itération 0 : initialisation d'un couple (θ_0, θ_1) ;

- itérer jusqu'à convergence :

$$\theta_j := \theta_j - \alpha \frac{\partial}{\partial \theta_j} J\left(\theta_0, \theta_1\right) \; pour \; j = 1 \; et \; 0$$

À chaque itération, on choisit la meilleure « pente » sur notre fonction J pour se diriger itération après itération vers le minimum de notre fonction.

La vitesse de convergence dépendra notamment de l'initialisation plus ou moins heureuse de l'itération 0. Mais là n'est pas le vrai problème. Dans le cas d'une fonction non convexe, une initialisation malheureuse peut conduire à trouver un minimum local pour J, comme l'illustre la figure 3-4 (ici en une seule dimension).

À un couple (θ_0, θ_1) trouvé grâce un minimum local de J correspond une fonction h qui est loin d'être optimale. La convexité de J résout cet épineux problème puisque pour une fonction convexe, <u>tout minimum local est aussi le minimum global</u>.

Vous avez sans doute remarqué la présence d'un facteur α devant la dérivée partielle de J dans la formulation de la descente de gradient. Ce facteur α, qu'on appelle le *learning rate* représente physiquement la vitesse à laquelle nous souhaitons terminer nos itérations. Plus α est grand, plus le pas est grand entre deux itérations, mais plus la probabilité de passer outre le minimum, voire de diverger, est grand. À l'inverse, plus α est petit et plus on a de chance de trouver le minimum, mais plus longue sera la convergence.

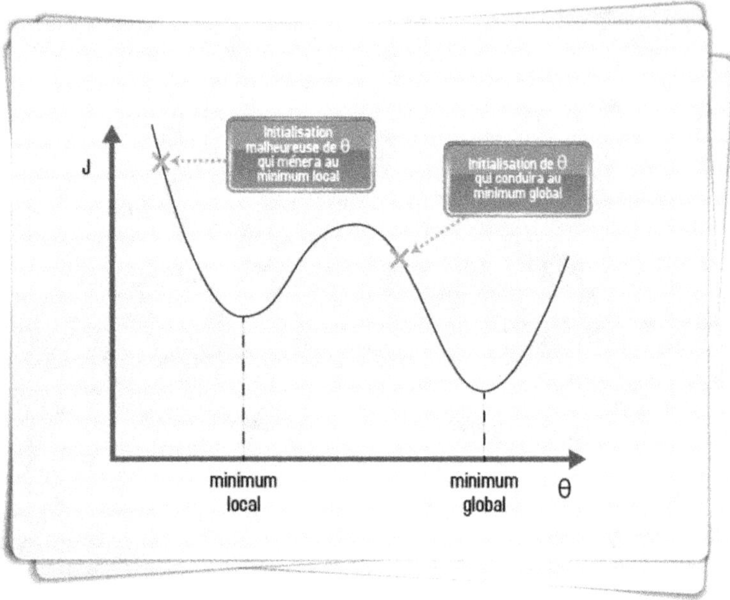

Figure 3-4 – *Minima locaux et minima globaux d'une fonction non convexe*

Que le lecteur se rassure, il n'aura jamais à coder sa propre descente de gradient car tous les outils de *machine learning* qui utilisent cette méthode d'optimisation rendent transparente cette étape. En revanche, il lui appartiendra souvent de choisir les méta-paramètres comme α (nous en verrons d'autres dans la suite de ce livre).

À retenir Régression linéaire univariée

Apprentissage supervisé – régression

L'approximation des données s'effectue selon la démarche suivante :

- on construit une fonction de coût correspondant à l'erreur induite par la modélisation ;
- la meilleure modélisation est celle qui minimise l'erreur ;
- une façon de minimiser l'erreur est la descente de gradient, méthode itérative qui vise à prendre la meilleure pente jusqu'au minimum de la fonction de coût.

Références

À propos de l'optimisation des fonctions convexes et de la descente de gradient :

- Cauchy A. 1847. Méthode générale pour la résolution des systèmes d'équations simultanées. *Comptes-rendus de l'Académie des Sciences de Paris*, série A, vol. 25, p. 536-538.
- Snyman JA. 2005. *Practical mathematical optimization: an introduction to basic optimization theory and classical and new gradient-based algorithms*. Springer.

4

La régression linéaire multivariée

Introduction

Si vous venez de lire le chapitre précédent, vous verrez que ce chapitre n'est qu'une généralisation des principes évoqués dans le cas univarié.

Nous profiterons de ce chapitre pour introduire deux notions nouvelles : la normalisation des données et une méthode de résolution analytique pour la recherche des meilleurs paramètres du modèle.

Le modèle en détail

Comme pour le cas de la régression linéaire univariée, on recherche la meilleure fonction hypothèse qui approximera les données d'entrée :

$$\textit{valeur d'entrée } x \quad \xrightarrow{\textit{hypothèse } h} \quad \textit{valeur de sortie } y$$

En revanche, on offre plus de variables en entrée du problème, qui constituent autant de degrés de liberté à la fonction h pour approximer au mieux les données d'entrée (rappelons que l'hypothèse d'approximer une grandeur avec seulement une variable est une hypothèse extrêmement forte et qui est rarement efficiente).

Compte tenu de ces nouvelles hypothèses, h prend une forme plus générale pour n variables d'entrée :

$$h\big(X\big) = \theta_0 + \theta_1 X_1 + \theta_2 X_2 + \ldots + \theta_n X_n$$

Nos données d'entrée se représentent aisément sous forme d'une matrice de dimension (m,n), telle que présentée dans le chapitre « Le B.A.-ba du *data scientist* » :

$$X = \begin{pmatrix} x_{11} & \cdots & x_{1n} \\ \vdots & \ddots & \vdots \\ x_{m1} & \cdots & x_{mn} \end{pmatrix}$$

x_{ij} correspond à la valeur prise par la variable j de l'observation i.

La fonction de coût est encore une fois une simple généralisation de ce que nous avons vu précédemment. Elle est de la forme :

$$J\big(\theta\big) = \frac{1}{2m} \sum_{i=1}^{m} \big(h\big(x_i\big) - y_i\big)^2$$

Et pour minimiser J, nous pouvons utiliser la méthode générale de la descente de gradient que nous rappelons :

- itération 0 : initialisation d'un vecteur $(\theta_0, \theta_1, \theta_2, \ldots, \theta_n)$
- itérer jusqu'à convergence :

$$\theta_j := \theta_j - \alpha \frac{\partial}{\partial \theta_j} J\big(\theta\big) \ pour \ j = 0, \ldots, n$$

J étant toujours convexe, nous n'aurons pas de problème de minima locaux. En revanche, et c'est la nouveauté de ce chapitre, nous risquons de rencontrer un problème avec cette méthode de résolution si nos variables évoluent avec des échelles très différentes.

Normalisation

Prenons un exemple afin de mieux comprendre. Supposons que nous souhaitions prédire les prix d'appartements parisiens (vous n'y échapperez pas, c'est un des grands classiques de la « régression pédagogique » !). Vous disposez donc pour cela d'une base de données avec plusieurs milliers d'appartements et, pour simplifier, de seulement deux variables explicatives : le nombre de pièces et la superficie, qu'on nomme X_1 et X_2. Les figures 4-1 et 4-2 montrent les distributions respectives de ces deux variables.

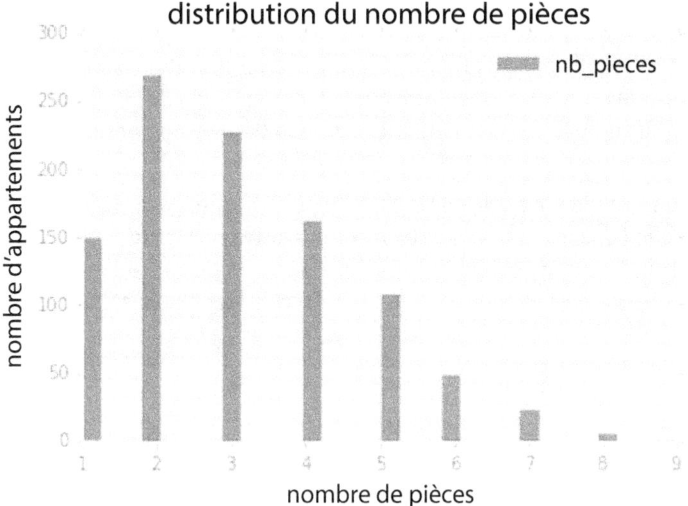

Figure 4-1 – *Distribution du nombre de pièces*

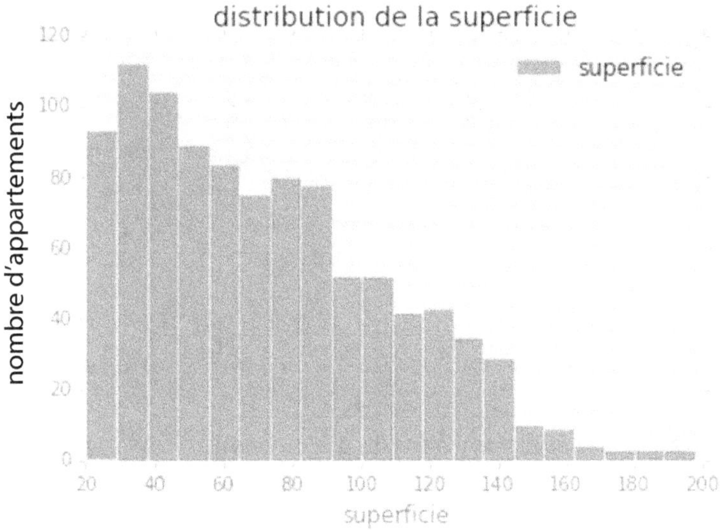

Figure 4-2 – *Distribution de la superficie*

On remarque que ces deux variables évoluent dans des proportions qui sont très différentes, X_1 variant de 1 à 8 et X_2 de 20 à 200.

Cette différence d'échelle posera problème pour certains algorithmes, ou tout du moins dans leur recherche de minima. En effet, on retrouvera ce rapport d'échelle entre les variables (environ 20 dans notre cas) sur la fonction J et l'algorithme de la descente de gradient pourra alors peiner à converger.

Remarquons simplement pour cela que θ_1 étant le poids accordé à la variable X_1 et θ_2 celui accordé à la variable X_2, le facteur multiplicatif de θ_1 sera relativement petit par rapport à celui de θ_2, par construction de la fonction de coût J. Dans un tel cas de figure, si l'on trace les contours de la fonction J dans l'espace (θ_1, θ_2), on obtient une fonction semblable à celle de la figure 4-3.

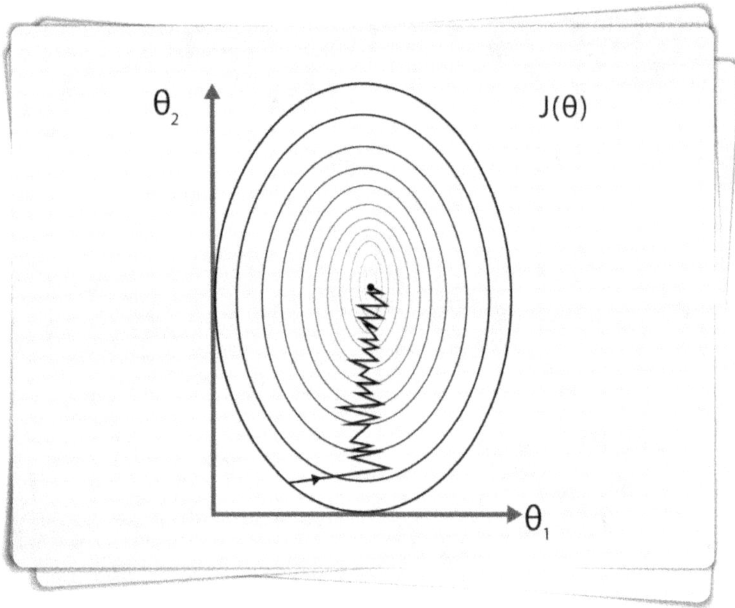

Figure 4-3 – *Influence d'une mauvaise normalisation des variables*

La descente de gradient demandera bien plus d'itérations dans ce cas : la topologie de la fonction de coût est en forme de « vallée », bien loin d'être optimale pour la convergence de la descente de gradient.

Pour résoudre ce problème, il convient de mettre les variables à la même échelle, par exemple entre -1 et 1 : on parle de normalisation (ou *scaling*). Pas la peine de coder vos propres fonctions de *scaling* ! La plupart des outils de *machine learning* offrent bon nombre de fonctions pour le faire. Par exemple, scikit-learn en offre nativement plusieurs.

- `sklearn.preprocessing.StandardScaler`

Ce module normalise les variables de sorte qu'elles aient une moyenne nulle et une variance égale à 1 (de même que l'écart-type). Pour une variable, cela correspond à retrancher à chaque observation la moyenne de la variable et à diviser chaque observation par l'écart-type de la variable. Ce procédé est nommé « centrage réduction » en statistique usuelle[1].

Revoyons la distribution de la superficie de nos appartements après normalisation :

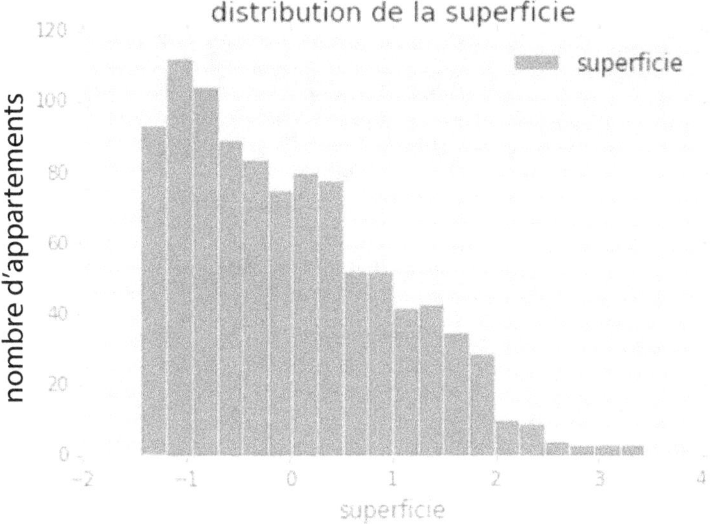

Figure 4-4 – *Superficie normalisée, $\mu = 0$, $\sigma = 1$*

- `sklearn.preprocessing.MixMaxScaler`

Ce module normalise les variables de sorte qu'elles évoluent entre 0 et 1[2], pratique si vous avez besoin de probabilité !

La standardisation est la suivante :

$$X_{std} = \frac{X - \min(X)}{\max(X) - \min(X)}$$

Voici la distribution de la superficie de nos appartements après ce *scaling* (StandardScaler est en arrière-plan pour comparaison) :

---

1. Il peut également être réalisé sous R avec la fonction `scale`, avec les arguments `center = TRUE` et `scale = TRUE`.

2. [0,1] est la valeur de sortie par défaut. Vous pouvez spécifier n'importe quel intervalle [a,b].

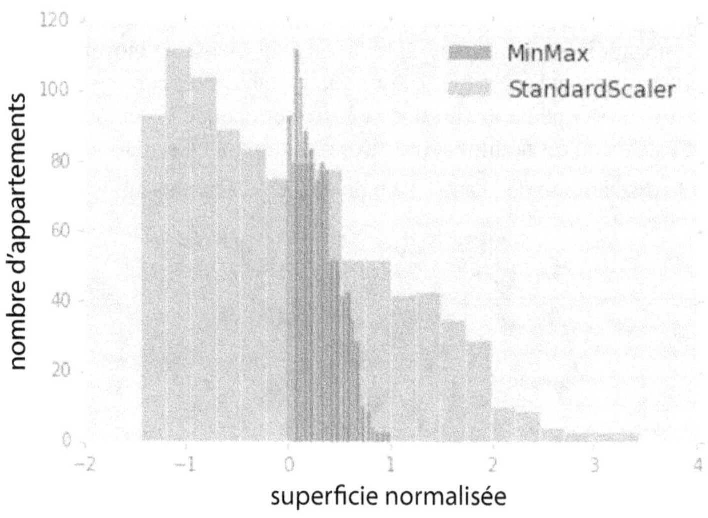

Figure 4-5 – *Superficie normalisée, min* = 0, *max* = 1

- `sklearn.preprocessing.Normalizer`

À titre indicatif, il existe d'autres façons de normalier les données, comme ce module un peu spécial qui permet d'obtenir une norme unité (au sens l_1 ou l_2) pour chacune des observations. Il travaille donc en lignes en non pas en colonnes.

Ce *scaler* n'est pas utile pour réaliser la descente de gradient, mais il peut s'avérer utile dès que les distances relatives entre les observations sont en jeu, comme pour de la classification de textes ou du *clustering*. Plus de détails sur cette notion de norme unité sont donnés dans le chapitre 6.

Pour finir, voilà comment utiliser les différents *scalers* dans scikit-learn :

```
from sklearn.preprocessing import StandardScaler, MinMaxScaler
scaler = StandardScaler()
# house est le data frame contenant les variables appartements
new_house = scaler.fit_transform(house)
```

Dans le cadre de la descente de gradient appliquée à la régression linéaire multivariée, n'importe lequel des deux premiers *scalers* (le normalizer étant à part) fera l'affaire car il s'agit grossièrement de donner la même échelle aux données.

Résolution analytique

La méthode de la descente de gradient présentée ici est une approche numérique qui permet de trouver une solution au problème de modélisation. Elle est généralement utilisée en *machine learning* car particulièrement adaptée aux gros volumes de données et lâche en terme d'hypothèses de modélisation. Toutefois, sachez qu'il existe d'autres approches, analytiques quant à elles, qui permettent aussi de résoudre la régression linéaire multivariée. Ce sont elles qui sont généralement mises en avant dans les ouvrages classiques de statistiques. Le paragraphe qui suit donne un aperçu de cette façon de faire.

Réécrivons tout d'abord quelques-unes de nos équations et hypothèses.

Si on pose $x_{i0} = 1 \ \forall \ i \in \left(1, \ldots, m\right)$, on peut écrire notre hypothèse h sous cette forme :

$$h\left(x_i\right) = \theta_0 x_{i0} + \theta_1 x_{i1} + \theta_2 x_{i2} + \ldots + \theta_n x_{in}$$

X est alors de dimension (m, n+1), sous cette forme :

$$X = \begin{pmatrix} 1 & x_{11} & \cdots & x_{1n} \\ & \vdots & \ddots & \vdots \\ 1 & x_{m1} & \cdots & x_{mn} \end{pmatrix}$$

Posons enfin Θ, vecteur de paramètres de dimension $n + 1$, ainsi que le vecteur Y de dimension (m, 1) des valeurs à prédire :

$$\Theta = \begin{pmatrix} \theta_0 \\ \theta_1 \\ \vdots \\ \vdots \\ \theta_n \end{pmatrix} \qquad Y = \begin{pmatrix} y_1 \\ y_2 \\ \vdots \\ \vdots \\ y_m \end{pmatrix}$$

Avec ces notations, on peut définir l'erreur pour la i-ième observation, aussi appelée résidu[3] par les « stateux ». On appellera ce terme r[4].

$$r_i = y_i - \sum_{j=0}^{n} x_{ij} \theta_j$$

J devient alors :

$$J = \sum_{i=1}^{m} r_i^2$$

---

3. D'où la célèbre boutade : « Je suis un modèle, tous ceux qui s'éloignent de moi sont des résidus ! »

4. Il est aussi souvent désigné par le symbole ε dans les ouvrages de statistiques.

Et sa dérivée par rapport à θ_j :

$$\frac{\partial J}{\partial \theta_j} = 2\sum_{i=1}^{m} r_i \frac{\partial r_i}{\partial \theta_j}$$

$$= 2\sum_{i=1}^{m}\left(y_i - \sum_{k=0}^{n} x_{ik}\theta_k\right)\left(-x_{ij}\right)$$

Notons $\widehat{\Theta}$ le vecteur que nous recherchons. Il vérifie :

$$2\sum_{i=1}^{m}\left(y_i - \sum_{k=0}^{n} x_{ik}\hat{\theta}_k\right)\left(-x_{ij}\right) = 0$$

Si les notations et les indices ne vous ont toujours pas donné mal à la tête, vous noterez qu'on peut arranger cette expression sous cette forme :

$$\sum_{i=1}^{m}\sum_{k=0}^{n} x_{ij} x_{ik}\hat{\theta}_k = \sum_{i=1}^{m} x_{ij} y_i$$

Cette expression importante, appelée « équation normale », est plus connue sous sa forme matricielle :

$$(X^T X)\widehat{\Theta} = X^T Y$$

Si $(X^T X)$ est non singulière[5], autrement dit, si elle est inversible, on dispose d'une solution analytique à notre problème, donnée par :

$$\widehat{\Theta} = (X^T X)^{-1} X^T Y$$

Cette méthode est dite des « moindres carrés ».

Géométriquement, elle peut s'expliquer comme suit (Johnston et Dinardo, 1997). Soit une matrice X formant l'espace des observations et un vecteur Y de variables à expliquer. Y est généralement hors de X (sinon Y serait parfaitement explicable par X). Notons $\hat{Y} = X\theta$ toute combinaison linéaire arbitraire des colonnes de X. Y peut alors être exprimé sous la forme $Y = \hat{Y} + r$. Le principe des moindres carrés consiste à choisir $\hat{Y}$ de façon à minimiser la longueur du vecteur r. Elle est minimale lorsque $\hat{Y}$ et r sont orthogonaux. La figure 4-6 résume cette géométrie.

---

5. Rappel : en algèbre linéaire, une matrice est dite carrée (ce qui est le cas de $X^T X$) si elle possède le même nombre de lignes que de colonnes. De plus, elle est dite singulière si elle n'est pas inversible, ou encore, ce qui est parfaitement équivalent, si ses colonnes ne sont pas linéairement indépendantes. La dépendance linéaire signifie qu'une des variables est une combinaison linéaire d'autres variables (nous proposerons des pistes pour éviter ce type de problème au Chapitre 15).

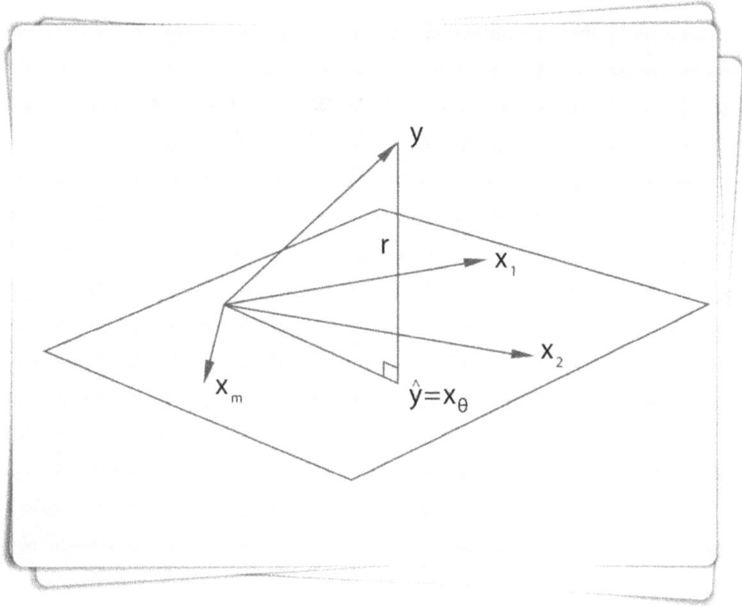

Figure 4-6 – *La géométrie des moindres carrés*

Pour une telle résolution analytique, les statisticiens font peser des hypothèses fortes sur les caractéristiques du vecteur r (entre autres : un modèle statistique repose également sur d'autres hypothèses de modélisation). Il doit en effet se comporter comme une suite de variables indépendantes de même loi normale $N(0,\sigma^2)$. Cette hypothèse est fondamentale pour l'interprétation probabiliste qu'ils ont de la régression. Elle implique des pratiques qui n'intéressent pas toujours les *machine learners* : analyse de la variance, calcul de la loi des estimateurs, calcul des intervalles de confiance et de prévision d'une valeur prédite, etc.

Lorsque les hypothèses concernant r ne peuvent être respectées (non normalité des résidus, non indépendance – comme c'est souvent le cas pour les séries temporelles –, etc.), on emploie des alternatives aux moindres carrés ordinaires telles que les moindres carrés généralisés ou le maximum de vraisemblance, pour les plus connues d'entre elles. Elles permettent d'assouplir certaines hypothèses et/ou de construire une plus large variété de modèles. Pour en savoir plus, n'hésitez pas à vous jeter sur un manuel de statistique !

Pour finir, remarquons que la méthode analytique a une complexité de type $O(n^3)$. Ce qu'il faut comprendre, c'est qu'elle peut devenir compliquée à mettre en œuvre pour des problèmes de grandes dimensions (c'est-à-dire avec beaucoup de variables). Mais à l'ère des *big data*, tout le monde a un gros ordinateur, n'est-ce pas ? Sinon, rappelons alors que la méthode de la descente de gradient reste une bonne alternative, généralisable et très appropriée à des analyses à grande échelle.

> **À RETENIR Régression linéaire multivariée**
>
> *Apprentissage supervisé – régression*
>
> La descente de gradient est très dépendante des facteurs d'échelle entre variables. Il est par conséquent nécessaire de normaliser les données. Diverses méthodes existent pour cela.
>
> Il existe une forme de résolution analytique pour la régression linéaire, que voici : $\widehat{\Theta} = (X^T X)^{-1} X^T Y$.

Références

Concernant l'équation normale, l'université de Cornell propose une explication très pédagogique :

- http://www.cs.cornell.edu/~bindel/class/cs3220-s12/notes/lec10.pdf

Pour un aperçu pédagogique de l'approche statistique de la régression linéaire multivariée :

- Johston J. et Dinardo J. 1999. *Méthodes économétriques.* Economica.

5

La régression polynomiale

Introduction

Ce chapitre présente une forme particulière de régression linéaire multivariée : la régression polynomiale. L'intérêt de cette méthode est de pouvoir introduire de la non-linéarité dans un modèle pourtant linéaire. Notez toutefois qu'il existe des méthodes non linéaires bien plus performantes, que nous évoquerons plus loin dans ce livre.

Plus important encore, ce chapitre permet surtout de mettre en exergue de façon intuitive deux problématiques clés en *machine learning* : le surapprentissage et le compromis biais-variance. Toutefois, retenez bien que ces problématiques ne sont pas propres à la régression polynomiale. Il vous faudra les envisager quel que soit l'algorithme de modélisation que vous emploierez !

Principes généraux de la régression polynomiale

La régression polynomiale est une extension de la régression linéaire multivariée. Elle permet de lier les variables par un polynôme de degré k. Un polynôme est tout simplement la somme de plusieurs expressions de la forme ax^k, où a est un nombre réel (ou complexe) et k un entier naturel. On ne dirait pas comme ça, mais un polynôme est un objet mathématique drôlement pratique puisqu'il permet d'introduire de la non-linéarité dans les relations entre variables. Voici par exemple un polynôme dit du premier degré (c'est-à-dire que $n = 1$) : $y = -10 - 3x$. Il correspond à une droite affine simple (figure 5-1).

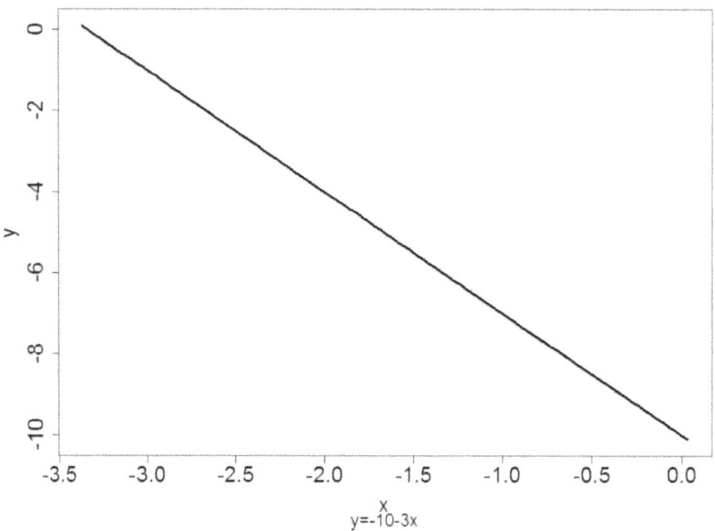

Figure 5-1 – $y = -10 - 3x$: *un polynôme de degré 1*

Rajoutons-y un terme en $k = 2$, par exemple $y = -10 - 3x + x^2$, ou en $k = 3$, par exemple $y = -10 - 3x + x^2 + 5x^3$. Nous obtenons la figure 5-2.

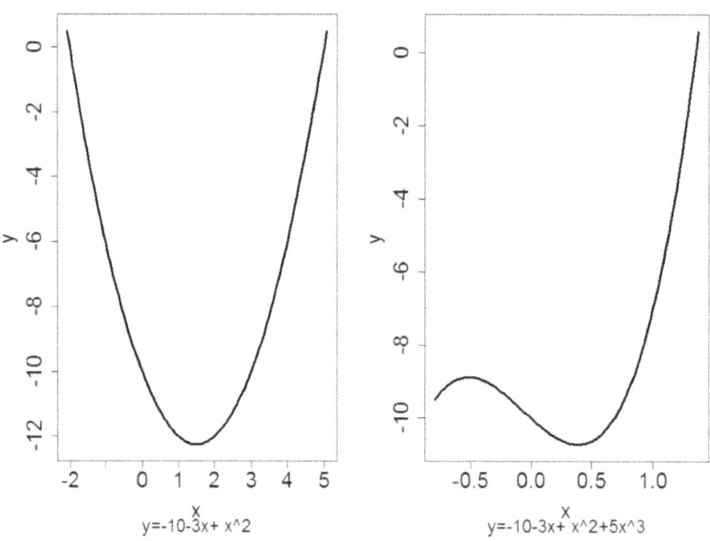

Figure 5-2 – *Polynômes de degrés 2 (gauche) et 3 (droite) : des relations non linéaires entre x et y*

Intuitivement, chaque nouvel ordre va permettre d'ajouter un « pli » à la courbe.

Selon la notation déjà employée, pour calculer $h(x)$, on évalue chaque variable en l'associant à tous les degrés polynomiaux de 1 à k. Chacun de ces polynômes a son propre coefficient. Par exemple, un modèle polynomial de degré 2 à deux variables explicatives s'écrira :

$$h\left(X\right) = \theta_0 + \theta_1 X_1 + \theta_2 X_2 + \theta_3 X_1^2 + \theta_4 X_2^2$$

En pratique, les calculs sont les mêmes que dans le cas de la régression multiple traditionnelle (la régression linéaire n'est en fait qu'une régression polynomiale de degré 1). L'introduction de termes polynomiaux dans un modèle de régression permet donc de modéliser simplement des relations potentiellement très complexes.

Voici dans la figure 5-3 un exemple tout simple à partir du jeu de données R `cars`. On souhaite expliquer la distance d nécessaire à l'arrêt d'un véhicule en fonction de sa vitesse v.

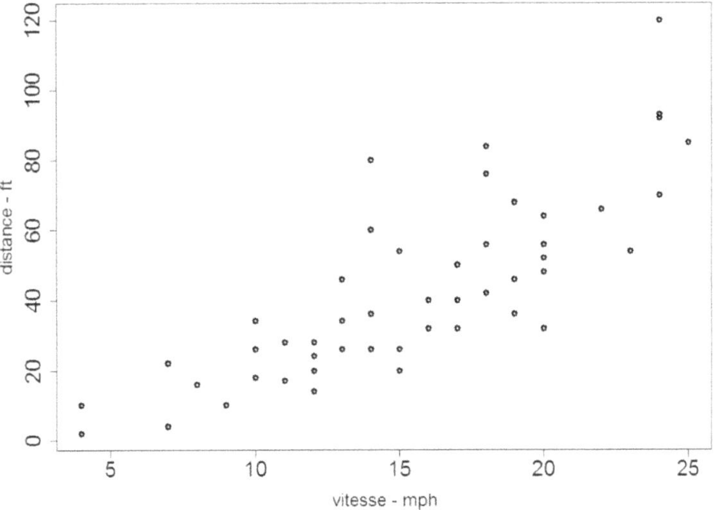

Figure 5-3 – *Données cars : la distance de freinage en fonction de la vitesse d'un véhicule*

Ne vous effrayez pas à la vue du jeu de données `cars`, qui provient d'enregistrements des années 1920. Vous êtes bien plus en sécurité avec votre véhicule actuel ! Les lecteurs férus de physique sauront que cette distance dépend du carré de la vitesse, selon la formule $d = \dfrac{v^2}{2F}$, où F est une constante que nous ne détaillerons pas et qui dépend du coefficient de friction et du temps de réaction du conducteur. Visuellement, le graphique ci-dessus semble confirmer cette non-linéarité. Cherchons donc un modèle polynomial d'ordre 2, grâce au code R suivant :

```r
model1 <- lm(dist ~ poly(speed, 2, raw = TRUE), data = cars)
```

On peut aussi utiliser une autre syntaxe, qui donnera exactement le même résultat :

```
model2 <- lm(dist ~ speed + I(speed^2), data = cars)
```

Cela nous permet d'obtenir un ajustement illustré par la figure 5-4 suivante (l'ajustement obtenu par régression linéaire classique est indiqué à titre de comparaison).

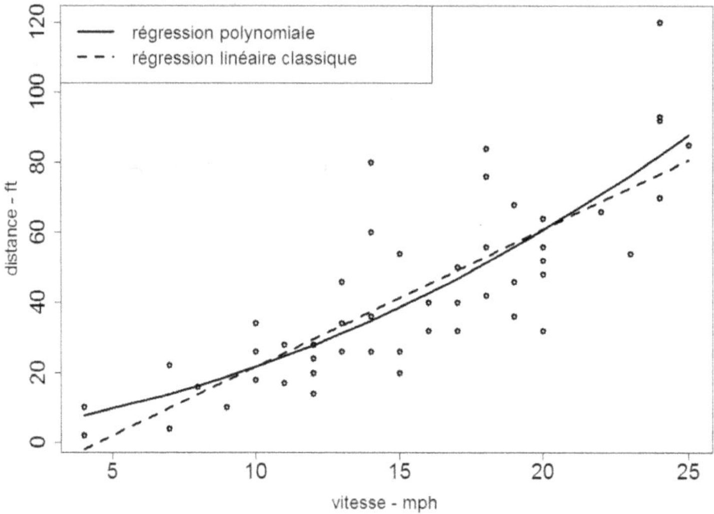

Figure 5-4 – *Données cars : la régression polynomiale d'ordre 2*

La fonction `poly` est un peu plus pratique à utiliser, puisqu'en cas d'ordre polynomial élevé, tous les degrés seront automatiquement spécifiés, contrairement à la seconde syntaxe qui nécessite qu'elles soient toutes indiquées explicitement. De plus, si l'on passe l'argument `raw = FALSE` à la fonction `poly`, on évalue un polynôme orthogonal, c'est-à-dire qu'on va limiter la corrélation entre les différents degrés polynomiaux. Ceci aura pour effet de fiabiliser les résultats de l'estimation (on ne développera pas les détails de cet algorithme particulier dans ce livre, mais pour plus de détails concernant les effets de la corrélation entre variables explicatives, lisez le chapitre 15).

La notion de surapprentissage

Attention, même si elle peut formidablement améliorer l'ajustement d'un modèle, la régression polynomiale n'est pas sans risque. En effet, si l'on choisit un degré de polynôme trop grand, on risque de construire une fonction qui passera par un nombre élevé de points des données d'apprentissage, mais selon une forme très oscillante. Une fonction oscillant trop fortement ne permettra pas de généraliser le modèle et donnera des résultats en prévision très mauvais. La petite simulation R ci-après va illustrer cette proposition. Simulons un jeu de données très simple de 10 points[1] :

- soit un vecteur x allant de 1 à 10 ;
- et un vecteur y tel que : 0,5 ; 2,5 ; 2,5 ; 4,5 ; 4,5…

Ajustons un modèle pour expliquer y en fonction de x selon trois formes de modèles différentes :

- une régression linéaire simple ;
- une régression polynomiale d'ordre 3 ;
- et une régression polynomiale d'ordre 9.

Utilisons ensuite ces trois modèles pour réaliser des prédictions de y à partir d'un vecteur z contenant 250 points répartis à intervalles réguliers entre 1 et 10 (1,00 ; 1,03 ; 1,07). Voici le code de la simulation :

```r
x <- 1:10
y <- x + c(-0.5, 0.5)

plot(x, y)

### Modèles
model1 <- lm(y~x) # Régression linéaire simple
model2 <- lm(y~poly(x, 3)) # Régression polynomiale d'ordre 3
model3 <- lm(y~poly(x, 9)) # Régression polynomiale d'ordre 9

### Prévisions pour 250 points allant de 1 à 10
z <- seq(1, 10, length.out = 250)
lines(z, predict(model1, data.frame(X = z)), lty = 1)
lines(z, predict(model2, data.frame(X = z)), lty = 2, lwd = 2)
lines(z, predict(model3, data.frame(X = z)), lty = 2, )

legend('bottom', c('régression linéaire classique',
                'régression polynomiale - ordre 3',
                'régression polynomiale - ordre 9',
                'données d\'apprentissage'),
      lty = c(1, 2, 2, NA), lwd = c(1, 2, 1, NA),
      pch = c(NA, NA, NA, 1))
```

---

1. Simulation inspirée par cette discussion : http://stackoverflow.com/questions/3822535/fitting-polynomial-model-to-data-in-r

Le résultat montré dans la figure 5-5 est assez parlant.

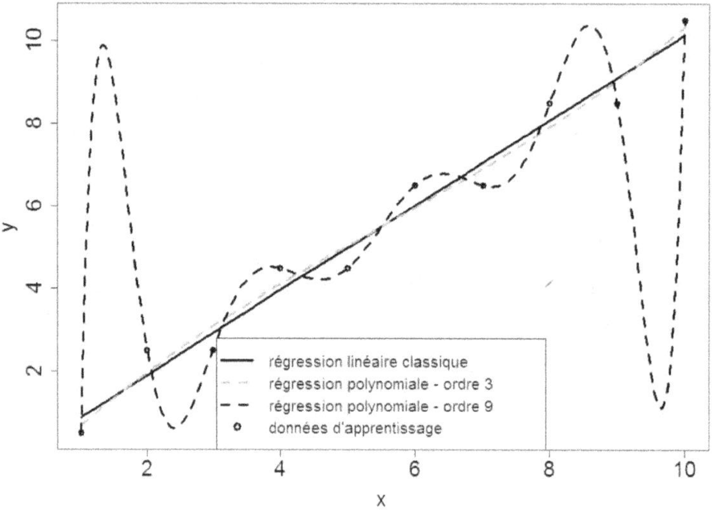

Figure 5-5 – *La notion de surapprentissage : résultat de la simulation 1*

Si l'on se fie uniquement aux données d'apprentissage, la régression polynomiale d'ordre 9 est celle qui présente le meilleur ajustement, puisqu'elle passe exactement par tous les points (x, y). Par contre, pour l'ensemble des prévisions, elle fournit des valeurs plus que douteuses. Un tout petit changement de valeur au niveau des x va entraîner d'énormes écarts dans les prévisions des y. Par rapport à la forme générale du nuage de points $y = f(x)$, tout laisse à croire que cette régression polynomiale d'ordre 9 est hasardeuse. A contrario, les régressions linéaire et polynomiale d'ordre 3 semblent plus fiables. Elles ne passent pas parfaitement par les données d'apprentissage, mais elles fournissent une représentation globale « moyenne » crédible.

En outre, un petit changement dans les données d'apprentissage va engendrer des ajustements très différents pour la régression polynomiale d'ordre 9 : le modèle est instable. Modifions le vecteur x de notre simulation :

```
x <- c(1:5, 10:15)
```

Nous obtenons les résultats de simulation montrés dans la figure 5-6.

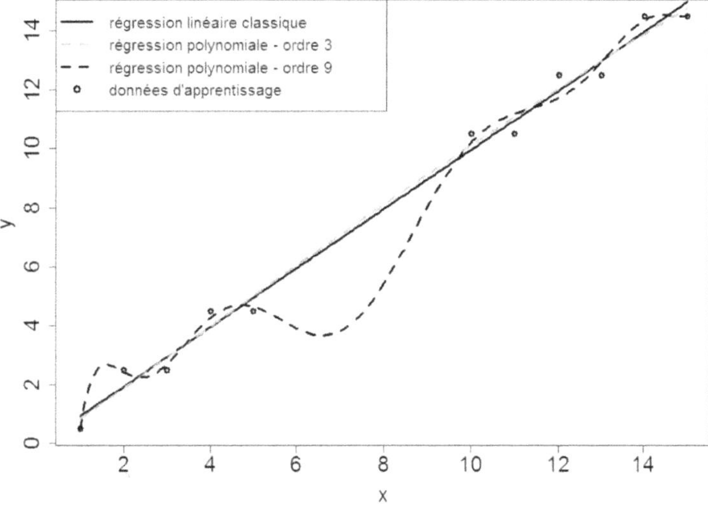

Figure 5-6 – *La notion de surapprentissage : résultat de la simulation 2*

Les prévisions de la simulation 2 sont proches de celles de la simulation 1 pour les modèles de régression linéaire classique et de régression polynomiale d'ordre 3. En revanche, les résultats obtenus pour la régression polynomiale d'ordre 9 sont totalement différents dans les deux simulations. Cette très forte variabilité, soumise aux variations des données d'apprentissage, entrave fortement la confiance qu'on peut accorder à ce modèle.

Le cas de la régression polynomiale d'ordre 9 se nomme surapprentissage (ou overfitting en anglais). Il caractérise un modèle qui décrit très bien les données disponibles, mais qui s'extrapole très mal à d'autres données non utilisées pour le calcul du modèle, tout en étant fortement instable. Il correspond à une sorte d'apprentissage « bête et méchant » des données utilisées pour la définition du modèle, sans possibilité de généralisation. Un peu comme un étudiant qui apprendrait des annales d'examen par cœur, sans savoir appliquer les raisonnements dans d'autres contextes d'application.

Le compromis biais-variance

Le surapprentissage est la bête noire de tout *data scientist*. Dans la réalité, la distinction entre un bon modèle et un modèle overfitté n'est pas toujours évidente. Le *data scientist* a besoin d'un minimum d'outillage pour qualifier le surapprentissage. Pour cela, on s'appuie souvent sur ce qu'on nomme le compromis biais-variance. Ce compromis va permettre de trouver un juste équilibre entre la complexité du modèle et sa capacité à se généraliser.

Divisons pour cela notre jeu de données en deux. Une partie sera utilisée pour calculer le modèle, une autre pour effectuer des prévisions (voir le chapitre 14 pour plus de détails sur les différentes stratégies de division des données). On va alors mesurer deux types d'erreurs : l'erreur de modélisation d'une part et l'erreur de prévision d'autre part. Calculons ces erreurs avec différents degrés de complexité de modèles, en augmentant par exemple progressivement les degrés d'une régression polynomiale. Comme nous l'avons montré plus haut, l'erreur de modélisation va diminuer avec la complexité du modèle (la régression polynomiale d'ordre 9 passe par tous les points d'apprentissage de la simulation 1). L'erreur de prévision se comportera par contre différemment : elle va diminuer tant que l'augmentation de la complexité améliorera également les résultats en prévision, mais elle va ensuite augmenter à partir d'un certain degré de complexité. Elle augmente en fait lorsque le modèle commence à surapprendre, c'est-à-dire quand il perd sa capacité de généralisation et qu'il devient instable. Le modèle optimal est celui qui minimise les deux erreurs, car il décrit au mieux les données d'apprentissage et il est capable de faire les meilleures prévisions possibles tout en restant robuste. La figure 5-7 résume cette situation.

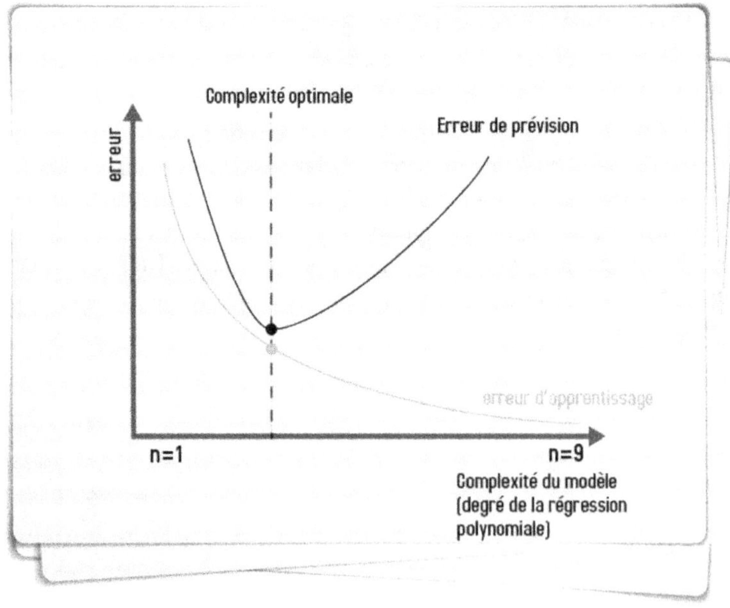

Figure 5-7 – *Degré de complexité optimal d'un modèle en fonction des erreurs d'apprentissage de prévision*

Ce degré de complexité optimale correspond à ce que l'on appelle le meilleur compromis biais-variance. Les modèles à gauche de la figure correspondent en général à des modèles à fort biais, mais à faible variance : l'écart entre les données modélisées et les vraies valeurs est fort. En contrepartie, la prévision est stable : de petits changements dans les données feront peu varier la prédiction pour un point donné. C'est une situation de sous-apprentissage : le modèle pourrait être amélioré en augmentant sa complexité. À l'inverse, les modèles à droite de la figure sont ceux à faible biais, mais à forte variance : ils décrivent très bien les données, mais sont très instables en prévision. C'est la situation de surapprentissage déjà évoquée, et il faudra simplifier le modèle.

Notez que cette problématique a été introduite à partir de l'algorithme de régression polynomiale, mais en réalité, elle apparaît dans toute situation de modélisation. Tous les autres algorithmes présentés dans ce livre sont concernés et il convient de toujours s'assurer de trouver le meilleur compromis biais-variance.

À RETENIR Régression polynomiale

Apprentissage supervisé – régression

La régression polynomiale est un cas particulier de modèle linéaire où de la non linéarité est introduite avant l'apprentissage d'un modèle linéaire. Elle permet de modéliser des relations complexes, pouvant conduire à de l'*overfitting*. L'*overfitting*, bête noire du *data scientist*, se caractérise par un modèle qui apprend par cœur les données d'entrées, mais qui est peu stable et n'a aucune capacité de généralisation.

Le biais d'un modèle se caractérise par son erreur sur les données d'apprentissage. La variance d'un modèle est une mesure de sa stabilité et donc de l'écart qu'on observera entre l'erreur d'apprentissage et l'erreur de prévision.

Le compromis biais-variance permet de trouver un juste équilibre entre la complexité du modèle et sa capacité à généraliser.

Référence

Un beau post sur le compromis biais-variance :

- http://scott.fortmann-roe.com/docs/BiasVariance.html

6

La régression régularisée

Introduction

Nous avons vu que le modèle de régression linéaire multivarié se base sur la minimisation de la variance résiduelle pour l'estimation de ses coefficients. Mais la fonction de coût présentée dans le chapitre précédent peut engendrer de l'instabilité dans les résultats de l'estimation. Pourquoi ? Parce qu'aucune contrainte n'est appliquée aux paramètres du modèle. On peut donc obtenir des paramètres avec de grandes valeurs qui vont former un espace de solutions très étendu. Plus particulièrement, ce type d'espace peut générer des « arêtes » ou des « vallées » dans sa topologie. Ces arêtes sont problématiques. En effet, plusieurs vecteurs d'estimations peuvent aboutir à des solutions proches en termes de minimisation de l'erreur, comme le montre la figure 6-1 qui suit.

En conséquence, de faibles changements dans les données (même un changement d'arrondi !) peuvent produire des modèles très différents.

Pour limiter ces problèmes, on a recours aux méthodes de régularisation. Ces méthodes vont en quelque sorte « distordre » l'espace des solutions pour empêcher les valeurs trop grandes. Ce « rétrécissement » (on parle d'ailleurs aussi de méthodes de *shrinkage*) va resserrer l'espace des solutions autour de zéro (les données ont bien entendu été préalablement normalisées) et, en conséquence, les vallées d'instabilité vont disparaître (remarque : le terme constant θ_0 du modèle n'est pas concerné). Pour opérer cette transformation spatiale, on va modifier un petit peu la fonction de coût du problème de régression en la complétant par une fonction de pénalité, telle que :

$$J(\theta) = \frac{1}{2m} \sum_{i=1}^{m} \left(h(x_i) - y_i \right)^2 + P(\lambda, \Theta)$$

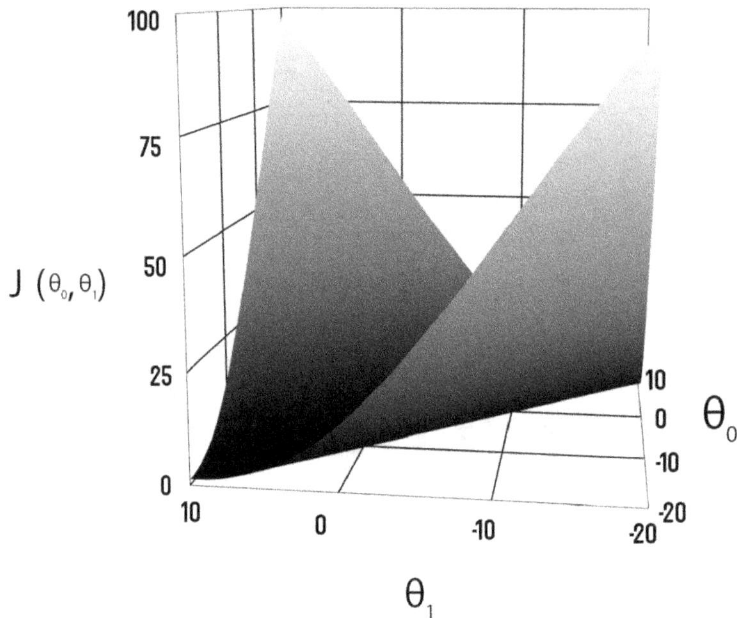

Figure 6-1 – *Le risque d'instabilité dans les résultats d'une régression linéaire classique*

(*Cette figure a été inspirée par cette discussion :* http://stats.stackexchange.com/questions/118712/
why-does-ridge-estimate-become-better-than-ols-by-adding-a-constant-to-the-diago/120073#120073)

C'est la fonction P(λ, Θ) qui va gérer la pénalité, selon un paramètre λ que l'on fixe empiriquement de façon à obtenir les meilleurs résultats (à ce sujet, voir le chapitre sur la validation croisée).

Nous présentons dans ce chapitre trois méthodes s'appuyant sur ce principe : la régression *ridge*, le *LASSO* et *ElasticNet*.

La régression ridge

Différentes fonctions de pénalité existent. La plus intuitive est la pénalisation *ridge*, initialement proposée pour limiter l'instabilité liée à des variables explicatives trop corrélées entre elles (voir le chapitre 15 pour plus de détails). Cette fonction se base sur la norme dite l_2 du vecteur des paramètres, que l'on va noter $\left\lVert \Theta \right\rVert_{l_2}$. En mathématiques, la norme est une fonction qui permet d'assigner une longueur à un vecteur. La norme l_2 est intuitive, parce qu'elle correspond à la distance euclidienne que nous avons l'habitude d'utiliser dans notre quotidien, donnée par la relation suivante :

$$\left\lVert \Theta \right\rVert_{l_2} = \sqrt{\Theta_1^2 + \ldots + \Theta_n^2}$$

Cette mesure de distance est celle que l'on apprend dès le collège. Pour mesurer la distance dans un plan entre deux points A et B, de coordonnées respectives (x_a, y_a) et (x_b, y_b), on calcule $\sqrt{\left(x_b - x_a\right)^2 + \left(y_b - y_a\right)^2}$.

De vieux souvenirs, n'est-ce pas ?

Donc, pour en revenir à notre problème de régularisation, la pénalisation *ridge* va diminuer la distance entre les solutions possibles, sur la base de la mesure euclidienne. Plus précisément, pour des raisons théoriques que nous ne détaillerons pas, c'est le carré de la norme l_2 qui est utilisé. La régression *ridge* revient donc à minimiser la fonction de coût suivante :

$$J(\theta)_{ridge} = \frac{1}{2m}\sum_{i=1}^{m}\left(h(x_i) - y_i\right)^2 + \lambda\sum_{j=1}^{n}\Theta_j^2$$

En résultat, on obtiendra un espace des solutions semblable à celui de la figure 6-2.

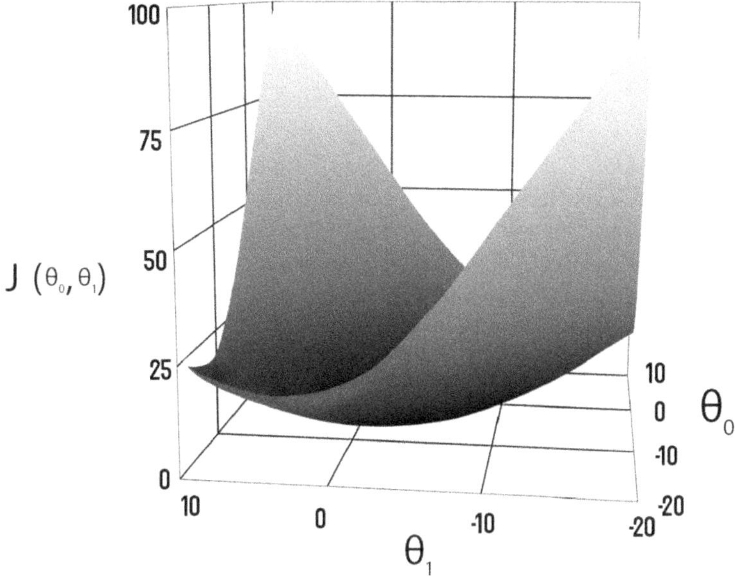

Figure 6-2 – *La régression ridge stabilise les résultats du modèle linéaire*

(Cette figure a été inspirée par cette discussion : http://stats.stackexchange.com/questions/118712/ why-does-ridge-estimate-become-better-than-ols-by-adding-a-constant-to-the-diago/120073#120073)

Comme vous pouvez le voir, on n'a plus de vallée : la solution converge avec stabilité vers un optimum global. Le paramètre λ est supérieur à zéro. Quand il est proche de zéro, on s'approche de la solution « classique », non pénalisée, et quand λ tend vers l'infini, la pénalisation est telle que tous les paramètres valent zéro. En augmentant λ, on augmente le biais de la solution, mais on diminue sa variance. Plus de détails sur ce compromis biais-variance ont été donnés dans le chapitre précédent.

Tout comme la régression linéaire classique, la régression *ridge* peut être résolue par descente de gradient en itérant jusqu'à convergence pour $J(\theta)_{ridge}$, ou analytiquement. Dans ce dernier cas, cela revient à la solution suivante :

$$\widehat{\Theta} = (X^TX + \lambda I)^{-1}X^TY$$

où I représente la matrice identité. I est de dimension (n+1, n+1) et ceci permet d'associer un coefficient égal à λ à chaque paramètre du modèle.

Le LASSO

Sous ce nom très western (qui signifie Least Absolute Shrinkage and Selection Operator), on retrouve le principe de la pénalisation à l'aide d'une fonction $P(\lambda, \Theta)$. Simplement, elle est définie par une autre norme. On va cette fois-ci utiliser la norme l_1, ce qui nous amène à sortir de notre intuition courante des distances. En effet, en mathématiques, une distance peut être donnée par un ensemble d'applications, dont la distance euclidienne standard n'est qu'un cas particulier. La formulation générale de la distance dans un espace de n dimensions, pour tout p, est donnée par la relation $\left(\left|x_1\right|^p + \ldots + \left|x_n\right|^p \right)^{1/p}$. Pour $p = 2$, nous retrouvons la norme l_2 de la régression *ridge*.

Dans le cas du LASSO, la pénalisation va diminuer la distance entre les solutions possibles sur la base d'une norme l_1, c'est-à-dire pour $p = 1$. Nous aurons donc :

$$\left\|\Theta\right\|_{l_1} = \left|\Theta_1\right| + \ldots + \left|\Theta_n\right|$$

Cette norme est aussi appelée distance de Manhattan (ou *city-block* ou *taxi-distance* : voir également le chapitre concernant le *clustering*). Elle correspond à un déplacement à angle droit sur un damier, contrairement à la distance euclidienne qui correspond à un déplacement en ligne droite, comme le montre la figure 6-3.

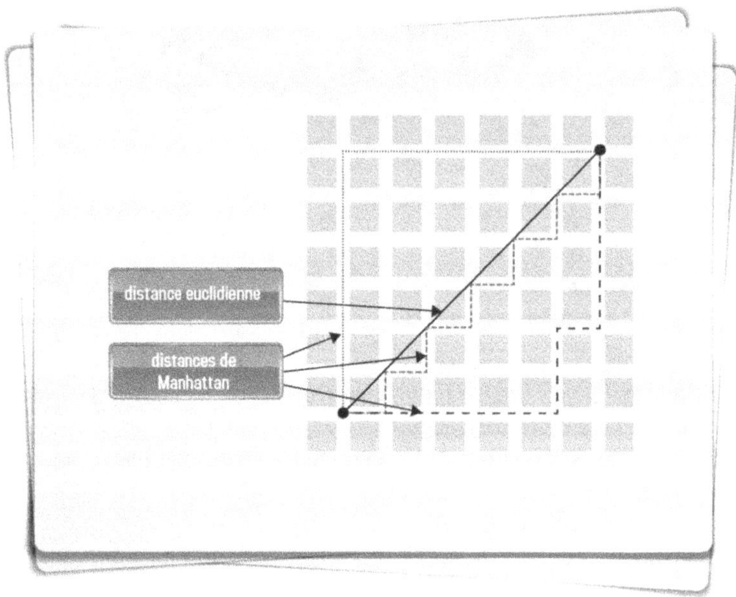

Figure 6-3 – *Distance entre deux points : distance euclidienne et distance de Manhattan (plusieurs chemins possibles pour cette dernière)*

La fonction de coût à minimiser dans le cas du LASSO est donc :

$$J(\theta)_{LASSO} = \frac{1}{2m} \sum_{i=1}^{m} \left(h(x_i) - y_i \right)^2 + \lambda \sum_{j=1}^{n} \left|\Theta_j\right|$$

Il n'y pas de solution analytique pour le LASSO. On pourra donc utiliser la descente de gradient bien connue, ou d'autres algorithmes itératifs tels que la *least angle regression*, qui est hors du périmètre de ce livre (voir Efron *et al.*, 2004). Néanmoins, le LASSO a une propriété intéressante : c'est une forme de pénalisation qui a la capacité de fixer des coefficients à zéro (contrairement à la régression *ridge*, qui pourra aboutir à des coefficients très proches de 0, mais jamais strictement nuls). Il participe ainsi à la simplification du modèle en éliminant des variables. Pour une explication détaillée et géométrique de cette différence fondamentale entre *ridge* et LASSO, référez-vous à l'article de Tibshirani (1996). Il propose notamment une figure indiquant la forme de ces fonctions de pénalisation. On en tire une bonne intuition de l'effet des types de régularisation sur les coefficients du modèle, comme le montre la figure 6-4.

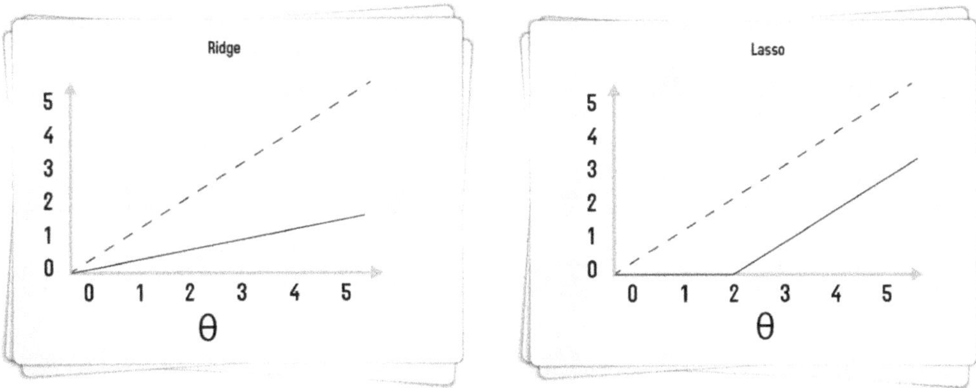

Figure 6-4 – *Les effets des régularisations ridge et LASSO sur les paramètres du modèle*

Le trait plein représente la fonction de régularisation, le trait pointillé représente une droite non régularisée. On voit que la régression *ridge* redimensionne les coefficients en les divisant par un facteur constant, tandis que le LASSO soustrait un facteur constant, en tronquant à 0 en-deçà d'une certaine valeur.

Ridge + LASSO = ElasticNet

En pratique, la régression *ridge* donne des meilleurs résultats que le LASSO lorsque les variables sont corrélées entre elles (à la base, cette méthode a été proposée pour faire face à ce cas particulier). Mais si on utilise la régression *ridge*, on ne peut pas réduire le nombre de variables. Pour sortir de ce dilemme, la régularisation *ElasticNet* a été proposée par Zou et Hastie en 2005, qui combine les deux approches. La fonction de coût devient :

$$J(\theta)_{ElasticNet} = \frac{1}{2m}\sum_{i=1}^{m}\left(h(x_i)-y_i\right)^2 + \lambda\sum_{j=1}^{n}\left[\frac{1}{2}(1-\alpha)\Theta_j^2 + \alpha\left|\Theta_j\right|\right]$$

Le paramètre α est compris entre 0 et 1 et va permettre de définir l'équilibre entre *ridge* et LASSO. Pour $\alpha = 1$, la fonction de coût correspondra à celle du LASSO et pour $\alpha = 0$, à celle de la régression *ridge*. Ainsi, on pourra régler la pénalisation en fonction du cas d'application. Avec α proche de 1, on pourra avoir un comportement proche du LASSO, tout en éliminant les problèmes liés aux fortes corrélations entre variables. Quand α augmente de 0 à 1, pour une valeur de λ fixe, le nombre de variables retirées du modèle (donc de coefficients nuls) augmente de façon monotone, de zéro jusqu'au modèle le plus réduit obtenu par LASSO.

À RETENIR Régression régularisée

Apprentissage supervisé – régression

La régularisation permet de « rétrécir » l'espace formé par les solutions du problème de modélisation. Pour ce faire, on injecte dans la fonction un terme qui pénalisera les coefficients. Miniminiser la fonction de coût minimisera de facto les coefficients de la régression.

Il existe trois standards de régularisation :

- *ridge*, basée sur le carré de la norme l_2. ; elle rapproche globalement l'ensemble des solutions autour de 0 ;
- LASSO, basée sur la norme l_1 ; plus sévère que *ridge*, elle a pour effet d'annuler certains coefficients ;
- et *ElasticNet*, qui est une combinaison des deux régularisations précédentes.

Références

Pour plus de détails sur les méthodes évoquées, quoi de mieux que de se référer aux papiers originaux qui les ont introduites ?

Régression *ridge* :

- Hoerl AE. et Kennard RW. 1970. Ridge regression: biaised estimation for nonorthogonal problem. *Technometrics*, 42:1, p. 80-86.

LASSO :

- Tibshirani R. 1996. Regression shrinkage and selection via the Lasso. *Journal of the Royal Statistical Society*, série B, 73:3, p. 273-282.

Avec, pour les curieux, l'algorithme particulier de résolution qui a été cité :

- Efron B., Hastie T., Iain J., Tibshirani R. 2004. Least angle regression. *Annals of Statistics*, 32:2, p. 407-499.

ElasticNet :

- Zou H., Hastie T. 2005. Regularization and variable selection via the elastic net. *Journal of the Royal Statistical Society*, série B, 67:2, p. 301-320.

7

Naive Bayes

Introduction

Nous voici arrivés à notre premier classifieur. Le *Naive Bayes* est l'un des algorithmes de classification les plus simples à comprendre et donc celui par lequel nous commencerons. Un des domaines d'application classique de ce modèle est la classification de textes en se basant uniquement sur la fréquence d'apparition des mots.

Bien que reposant sur l'hypothèse simpliste (naïve) d'indépendance totale des variables, c'est un algorithme polyvalent dont on retrouve naturellement l'application dans de multiples secteurs d'activité, même quand l'hypothèse de base est violée ! Dans un article de 1997, Domingos et Pazzani se sont même penchés sur les raisons théoriques de cette efficacité contre-intuitive.

Nous avons choisi d'expliquer son fonctionnement par une illustration, plutôt que de passer du temps sur les bases théoriques relativement simples du *Naive Bayes*. Ces bases (théorème de Bayes et notion d'indépendance) sont brièvement rappelées au début du chapitre. Enfin, une formulation générale du modèle termine ces quelques pages consacrées au *Naive Bayes*.

Le théorème de Bayes et la notion d'indépendance

Le théorème de Bayes

En théorie des probabilités, le théorème de Bayes énonce des probabilités conditionnelles. Étant donné deux événements A et B, il permet de déterminer la probabilité de A sachant B, si l'on connaît les probabilités de A, de B et de B sachant A, selon la relation suivante :

$$P\left(A|B\right) = \frac{P\left(B|A\right).P\left(A\right)}{P\left(B\right)}$$

Pour les habitués des probabilités conditionnelles, on écrit parfois :

$$postérieure = \frac{vraisemblance.\ antérieure}{évidence}$$

Le terme P(A) est la probabilité a priori de A. Elle est « antérieure » au sens qu'elle précède toute information sur B. P(A) est aussi appelée la probabilité marginale de A. Le terme P(A|B) est appelé la probabilité a posteriori de A sachant B (ou encore de A sous condition B). Elle est « postérieure », au sens qu'elle dépend directement de B. Le terme P(B|À), pour un B connu, est appelé la fonction de vraisemblance de A. Et enfin, le terme P(B) est la probabilité marginale ou a priori de B.

La notion d'indépendance

Parlons désormais d'un cas particulier de relation entre A et B : l'indépendance. Deux événements A et B sont dits indépendants quand la probabilité de A ne dépend pas de celle de B. Autrement dit :

$$p\big(A|B\big) = p\big(A\big)$$

Le *Naive Bayes* repose sur l'hypothèse d'indépendance des variables du problème qu'il traite. C'est une hypothèse forte : supposons que vous soyez en train de modéliser le comportement de vos clients et que vous ayez identifié plusieurs variables discriminantes par rapport à votre problème, notamment leur âge et leur salaire. Il est évident que ces deux variables sont corrélées et donc que l'une dépend de l'autre[1]. Eh bien le *Naive Bayes* prendra justement l'assomption contraire, c'est-à-dire que :

$$p(salaire \mid \hat{a}ge) = p(salaire)$$

Voyons maintenant comment le modèle fonctionne, sur la base de cette propriété et du théorème de Bayes.

Le modèle Naive Bayes par l'exemple

Illustrons le fonctionnement de ce modèle par un exemple. Vous travaillez pour un moteur de recherche. Supposons que vous deviez développer un algorithme de placement publicitaire en fonction des recherches des internautes. Vous devez en particulier choisir d'envoyer ou non une publicité à ceux dont la recherche contient le mot « fleur ». Leurs recherches liées à ce mot peuvent correspondre à une volonté d'achat de fleur, mais aussi à une simple recherche de renseignements sur une fleur. En règle générale, l'internaute précisera sa recherche en tapant tantôt « fleur pas cher » ou « bouquet de fleurs » par exemple dans le premier cas et tantôt « fleur rouge » ou « quand arroser fleur ? » dans le second.

---

1. Le lecteur sceptique face à cette évidence pourra se référer à ce document de l'INSEE pour s'en convaincre : http://www.insee. fr/fr/publications-et-services/docs_doc_travail/g2003-06.pdf. Ce document montre précisément que le salaire dépend de l'âge !

Votre moteur de recherche dispose ainsi d'une importante base de données contenant les recherches des internautes associées à « fleur ». Il dispose aussi d'une autre information importante : les actions consécutives aux recherches, comme les actes d'achat effectifs ou au moins les clics sur des sites commerçants. Ceci permet de constituer une base supervisée, afin de répondre à un problème qui intéresse beaucoup d'annonceurs : quelle recherche a le plus de probabilité d'être un signal annonciateur d'un acte d'achat ? On pourrait par exemple chercher à envoyer une publicité lorsqu'un tel signal est détecté.

Pour cela, on aimerait calculer la probabilité d'achat sachant les mots de la recherche, soit $p(\,achat \mid mots\ de\ la\ recherche)$, étant donné la base de données illustrative suivante du tableau 7-1.

Tableau 7-1. La base de données supervisée des recherches associées au mot « fleur »

ID_internaute	Recherche contenant « pas cher »	Recherche contenant « rouge »	Achat ?
1	Oui	Non	Oui
2	Non	Oui	Non
3	Non	Oui	Non
4	Non	Oui	Non
5	Oui	Non	Non
6	Oui	Oui	Oui

Nous connaissons les états (OUI ou NON) des mots-clés « pas cher » et « rouge » (toujours associés au mot « fleur ») pour chaque internaute, ainsi que leur comportement d'achat. À partir de cette base, on peut par exemple se poser la question suivante : faut-il envoyer une publicité lorsque la recherche contient à la fois les mots-clés « pas cher » et « rouge » ?

Cela revient à évaluer $p(achat \mid pas\ cher,\ rouge)$. Selon le théorème de Bayes, on peut écrire :

$$(0) \qquad p(achat \mid pas\ cher,\ rouge) = \frac{\boldsymbol{p(pas\ cher,\ rouge \mid achat)}*p(achat)}{p(pas\ cher,\ rouge)}$$

C'est maintenant qu'on va utiliser l'hypothèse forte du classifieur sur le terme en gras, à savoir l'indépendance des variables. Cela signifie plusieurs choses :

$$(1) \quad p(rouge \mid pas\ cher) = p(rouge)$$
$$(2) \quad p(pas\ cher \mid rouge) = p(pas\ cher)$$
$$(3) \quad p(pas\ cher,\ rouge \mid achat) = p(pas\ cher \mid achat)*p(rouge \mid achat)$$

C'est la troisième expression qui nous intéresse. En l'utilisant pour remplacer le terme en gras de (0), on peut réécrire (0) de la façon suivante :

$$p(achat \mid pas\ cher,\ rouge)* p(pas\ cher,\ rouge)$$
$$= p(pas\ cher \mid achat)*p(rouge \mid achat)*p\left(achat\right)$$

Le terme à droite de l'égalité va nous permettre d'évaluer la probabilité d'achat étant donnée la recherche de l'internaute. En effet, les valeurs des termes *p(pas cher | achat)*, *p(rouge | achat)*, *p (achat)* peuvent directement être trouvés dans la base de données ci-dessus, quelle que soit la valeur de la variable « achat » (OUI ou NON). Ainsi, la probabilité d'achat peut être évaluée en calculant le quotient *A* suivant :

$$A(\textit{pas cher, rouge})$$
$$=$$
$$\frac{p(\textit{pas cher} \mid \textit{achat} = \textit{oui})^* \, p(\textit{rouge} \mid \textit{achat} = \textit{oui})^*(\textit{achat} = \textit{oui})}{p(\textit{pas cher} \mid \textit{achat} = \textit{non})^* \, p(\textit{rouge} \mid \textit{achat} = \textit{non})^*p(\textit{achat} = \textit{non})}$$

On décidera d'envoyer une publicité si *A* est supérieur à un seuil α (en général 1, c'est-à-dire qu'il y a plus d'achats que de non-achats pour cette recherche).

Notre micro-base de données va fournir les valeurs des termes suivantes :

$$p(\textit{pas cher} \mid \textit{achat} = \textit{oui}) = \frac{2}{2} = 1$$

$$p(\textit{rouge} \mid \textit{achat} = \textit{oui}) = \frac{1}{2} = 0.5$$

$$p(\textit{achat} = \textit{oui}) = \frac{2}{6} = 0.33$$

$$p(\textit{pas cher} \mid \textit{achat} = \textit{non}) = \frac{1}{4} = 0.25$$

$$p(\textit{rouge} \mid \textit{achat} = \textit{non}) = \frac{3}{4} = 0.75$$

$$p(\textit{achat} = \textit{non}) = \frac{4}{6} = 0.66$$

On peut donc calculer *A* pour la recherche « fleur pas cher rouge » :

$$A(\textit{pas cher, rouge}) = \frac{1^*0.5^*0.33}{0.25^*0.75^*0.66} = 1.33$$

A(pas cher, rouge) > 1 : il est donc pertinent d'envoyer une publicité.

Sur le même principe, on peut calculer *A* pour d'autres recherches :

$$A(\textit{pas cher}) = \frac{1^*0.33}{0.25^*0.66} = 2$$

$$A(\textit{rouge}) = \frac{0.5^*0.33}{0.75^*0.66} = 0.33$$

On retrouve bien évidemment un ratio élevé pour « fleur par cher », ce qui signifie que la présence du terme « pas cher » est très discriminante par rapport à notre question de recherche de signaux d'achat (2 >> 1). Quant à lui, le terme « rouge » n'est clairement pas annonciateur d'une volonté d'achat, mais reflète une simple recherche d'information (0,33 << 1). Dans le premier cas présenté, « fleur pas cher rouge », on observe que la présence de « pas cher » l'« emporte » sur la présence de « rouge » et c'est pourquoi l'on proposera une publicité également. Vous pouvez finir de vous convaincre de tout cela en cherchant dans Google ces trois expressions.

Le cadre général

Plus généralement, et selon une formulation un peu plus rigoureuse, le *Naive Bayes* peut être défini comme suit. Soient N variables $\left(X_1, X_2, ..., X_n \right)$ prenant des valeurs x_{ij}, sur la base desquelles on cherche à prendre une décision binaire $d \in \left\{ 0,1 \right\}$.

On calcule le ratio de probabilité A défini par :

$$A = \prod_{i=1}^{n} \frac{p(x_i \mid d=1)}{p(x_i \mid d=0)} * \frac{p(d=1)}{p(d=0)}$$

La prise de décision est alors :
$$d = \begin{cases} 1 \; si \;\; A > \alpha \\ 0 \; si \;\; A \leq \alpha \end{cases}$$

À noter que le *Naive Bayes* devient un classifieur linéaire quand il est exprimé dans un espace logarithmique $\left(\log \prod_i x_i = \sum_i \log x_i \right)$, mais nous reparlerons de la linéarité des modèles plus tard.

À RETENIR *Naive Bayes*

Apprentissage supervisé – classification
Le *Naive Bayes* est l'un des classifieurs les plus simples.
Il repose sur une hypothèse forte : l'indépendance des variables.

Références

L'article cité en introduction, décrivant la surprenante efficacité de ce modèle pourtant très simple :

- Domingos P., Pazzani M.. 1999. On the Optimality of the Simple Bayesian Classifier under Zero-One Loss. *Machine Learning*, 29:2-3, p. 103-130.

L'excellent MOOC du Dr. Gautam Shroff d'où est reprise notre illustration florale :

- Dr. Gautam Shroff. *Web Intelligence and Big Data*. Coursera.

8

La régression logistique

Introduction

Nous arrivons désormais à un grand classique de la classification, la célèbre régression logistique. En effet, c'est sans doute le modèle le plus répandu chez les banquiers et les assureurs. Cet algorithme leur offre un bon compromis entre performance du modèle et pouvoir explicatif. Après la lecture de ce chapitre, vous saurez enfin pourquoi on vous a refusé votre dernier crédit !

Comme tout classifieur, son but est donc de prédire des valeurs connues, vues en apprentissage. Pour simplifier la compréhension de cet algorithme, nous nous concentrerons sur un problème de classification binaire, dont les sorties seront {0,1}. Pour cette explication, nous aurons à préciser un ensemble de concepts importants pour bien comprendre la régression logistique : fonction hypothèse, fonction sigmoïde et fonction de coût.

Nous verrons ensuite comment cette méthode peut se généraliser à des problèmes de classification multiclasses, c'est-à-dire lorsque les valeurs de sortie ne sont plus binaires.

Le modèle en détail

La fonction hypothèse

Théoriquement, rien ne nous empêche d'utiliser la même fonction hypothèse que dans le cadre de la régression linéaire (chapitre 3 et chapitre 4). Il suffirait en effet, pour respecter les sorties binaires de notre problème, de post-traiter les données de la sorte :

$$logistic\_regression(x) = \begin{cases} 0, & h(x) < 0.5 \\ 1, & h(x) \geq 0.5 \end{cases}$$

Mais ce traitement est loin d'être optimal pour la classification. En particulier, on préférerait que *h* représente une probabilité alors que, dans le cas de la régression linéaire, *h* représente directement des valeurs continues appartenant à $\mathbb{R}$. Autrement dit, la fonction *h* pour la classification doit respecter la condition suivante :

$$0 \leq h(x) \leq 1$$

$$h(x) = P(y = 1 \mid x, \theta)$$

Pour modéliser cette propriété en statistique et en *machine learning*, on se réfère fréquemment à des fonctions mathématiques un peu spéciales, dites sigmoïdes, reconnaissables aisément à leur forme en « S » caractéristique.

Les fonctions sigmoïdes

Plusieurs fonctions sigmoïdes peuvent être utilisées dans le cadre d'une régression logistique. Intéressons-nous à quelques-unes des plus connues : la courbe de Gompertz, la tangente hyperbolique et les fonctions de répartition de la loi normale et de la loi logistique. Nous les détaillons ci-après.

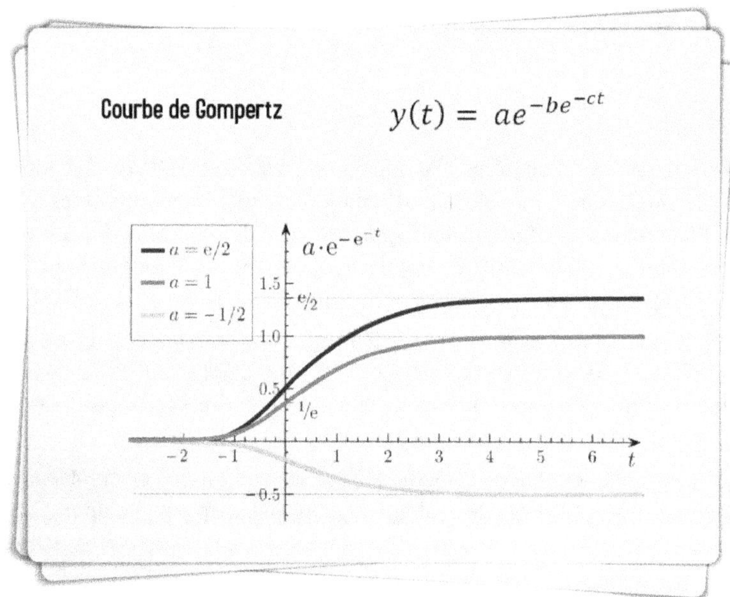

Figure 8-1 – *Courbe de Gompertz*

La courbe de Gompertz est utilisée pour modéliser certaines séries temporelles, dont la croissance est lente au départ et s'arrête à un moment. Cette fonction est employée pour décrire une population dans un espace confiné, dont la reproduction augmente au début puis ralenti une fois que les ressources à disposition deviennent rares[1].

---

1. Laird à démontré en 1964 que la courbe de Gompertz était une bonne modélisation de l'évolution des tumeurs, finalement un cas particulier de population (les cellules cancéreuses) disposant de ressources limitées.

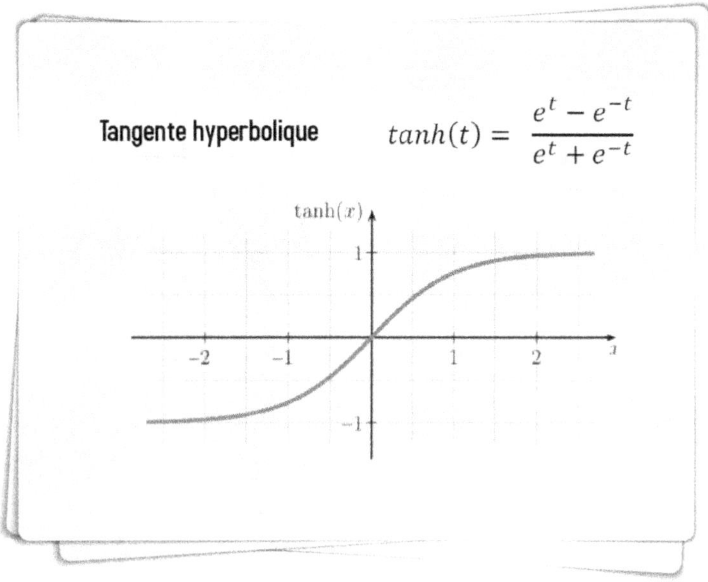

Figure 8-2 – *Tangente hyperbolique*

Bien que la tangente hyperbolique soit à la base une fonction complexe, on s'intéresse ici à sa restriction à $\mathbb{R}$, qui est une bijection strictement croissante de $\mathbb{R}$ dans [-1,1].

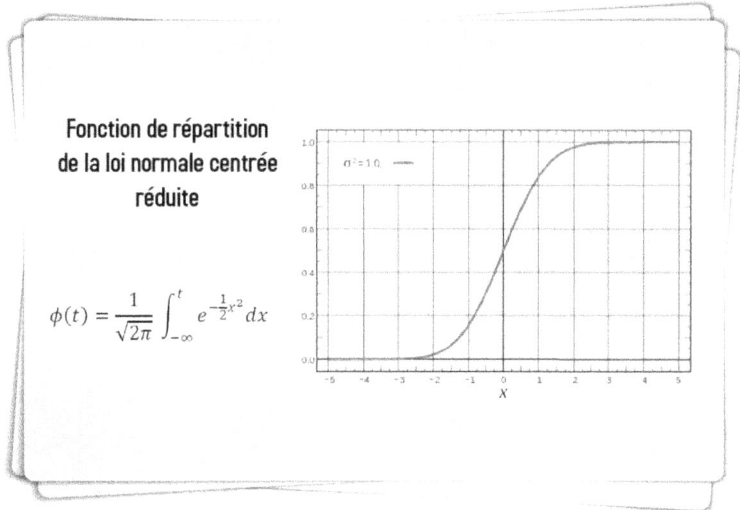

Figure 8-3 – *Fonction de répartition de la loi normale centrée réduite*

Les fonctions de répartition de la loi de normale centrée réduite sont de magnifiques candidates pour la fonction hypothèse que l'on recherche. Dans les faits, on préférera la fonction de répartition de la loi logistique, décrite ci-après.

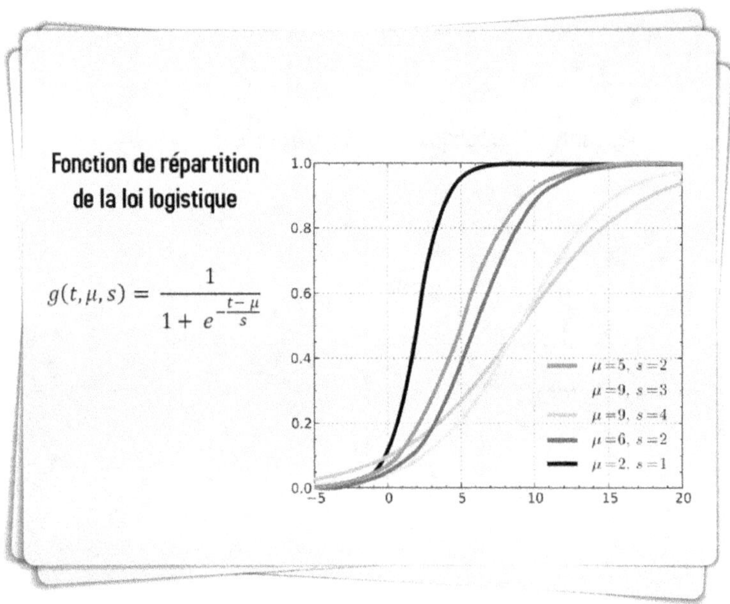

Figure 8-4 – *Fonction de répartition de la loi logistique*

La loi logistique ressemble beaucoup à une loi normale, mais elle présente un plus grand kurtosis (indicateur qui mesure le coefficient d'applatisssement d'une distribution).

Un cas particulier de la fonction de répartition de la loi logistique est celle de paramètre (0,1). On l'appelle fonction logistique et elle se définit comme suit (figure 8-5).

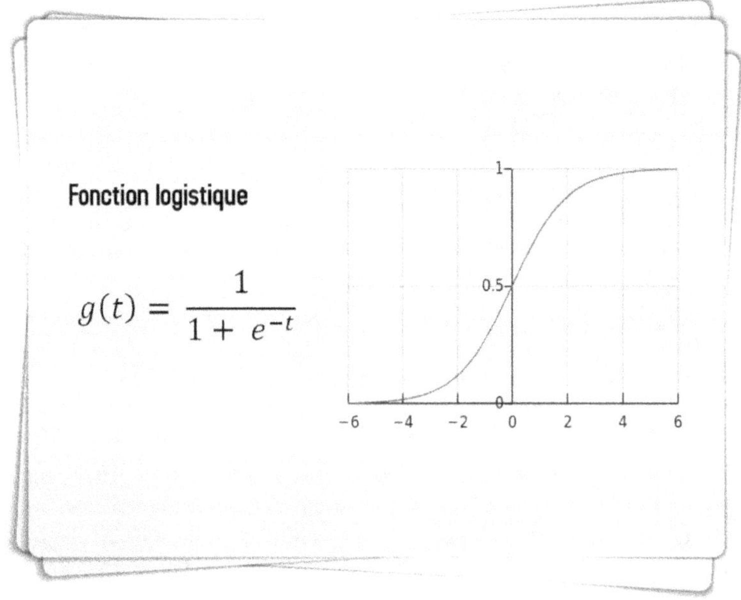

Figure 8-5 – *Fonction logistique*

Dans la suite de ce livre, on nommera fonction sigmoïde cette fonction logistique. Elle est effectivement, dans la littérature et la pratique, la fonction sigmoïde la plus utilisée.

Reprenons maintenant nos exemples d'apprentissage et notre vecteur de poids Θ pour voir leurs liens avec la fonction logistique, notre fonction hypothèse fraîchement définie. Pour l'observation x_i, la probabilité de prédire un 1 étant donnée x_i et Θ est donnée par :

$$g(x_i\Theta) = g(\theta_0 + \theta_1 x_{i1} + \theta_2 x_{i2} + \ldots + \theta_n x_{in})$$

Et la décision est donc :

$$\begin{cases} 1, & g(x_i\Theta) \geq 0.5 \\ 0, & g(x_i\Theta) < 0.5 \end{cases}$$

Ce qui est parfaitement équivalent à :

$$\begin{cases} 1, & x_i\Theta \geq 0 \\ 0, & x_i\Theta < 0 \end{cases}$$

Si on se rappelle que Θ et x_i sont des vecteurs de même dimension, on remarque que la décision est basée sur le produit scalaire de ces deux vecteurs. Autrement dit, si Θ et x_i sont « dans la même direction », leur produit scalaire, positif, rendra le terme $e^{-x_i\Theta}$ inférieur à 0,5. La fonction de décision $\dfrac{1}{1+e^{-x_i\Theta}}$ devient alors très proche de 1, et ceci d'autant plus que Θ et x_i se rapprochent de la colinéarité. L'inverse est évidemment vrai : si le produit scalaire de Θ et x_i est négatif, la décision sera d'autant plus proche de 0 que Θ et x_i seront anti-colinéaires. Clarifions ce lien entre géométrie et prise de décision pour la régression logistique avec le schéma 8-6.

On remarque sur la figure 8-6 que x_2 sera classé à 0 alors que x_1 et x_3 seront tous deux classés à 1. Néanmoins, on peut observer que la décision sera plus franche pour x_3 que pour x_1. En effet, la projection de x_1 sur Θ est faible, les deux vecteurs étant quasiment orthogonaux, et la fonction de décision est proche de 0,5.

Méfiez-vous des prédictions qui sont proches de la frontière de décision ! Sachez qu'en modifiant quelque peu les méta-paramètres de la régression logistique ou bien les observations utilisées en apprentissage, une probabilité de 0,49 peut facilement se transformer en 0,51. Cela peut donc changer drastiquement votre décision[2] (ce qui n'est pas le cas pour la régression linéaire du chapitre 3 et du chapitre 4). Ce n'est probablement pas très critique si vous souhaitez prédire les survivants du Titanic (nous parlerons de cela plus en détail dans le chapitre 17 de la partie pratique de ce livre). Mais cela va sérieusement le devenir si vous devez annoncer à un patient qu'il a un cancer ou pas ! Nous reviendrons plus tard sur la criticité des faux positifs. Pour le moment, remarquons que nous n'avons toujours pas dit comment trouver le meilleur vecteur Θ…

---

2. Voilà peut-être à quoi s'est joué votre dernier refus de crédit…

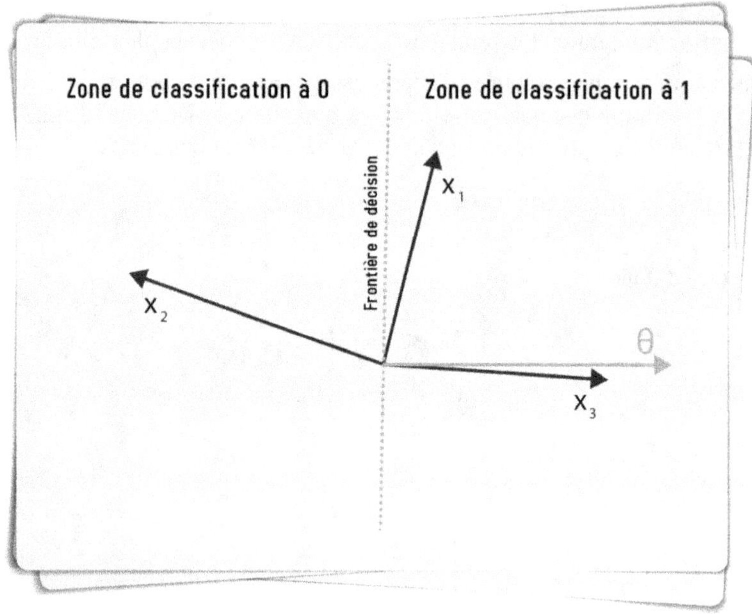

Figure 8-6 – *C'est le produit scalaire de l'observation et de Θ qui détermine la décision*

La fonction de coût

Comme dans le cas de la régression linéaire, c'est la minimisation d'une certaine fonction de coût qui permet de trouver le meilleur vecteur de paramètres. On souhaite construire, dans le cas d'un algorithme de classification, une fonction de coût qui pénalise très fortement les faux positifs et les faux négatifs. C'est le cas de la fonction par morceau de la figure 8-7.

Prenons le cas d'un faux négatif (la prédiction est de 0 à tort). Comme y est en réalité égal à 1, J est égal pour ce cas précis à $-\log\left(h(x)\right)$. En revanche, la prédiction étant égale à 0, $h(x)$ est inférieur à 0,5 et, possiblement, proche de zéro.

On voit bien que notre fonction remplit parfaitement son rôle puisque pour cet exemple la fonction J devient quasi infinie. On laissera le soin au lecteur de vérifier que ceci est également valable pour les faux positifs.

Note pour les *Kagglers* : quand la métrique d'évaluation est le *log loss*, on fera attention à borner nos prédictions pour éviter les trop fortes pénalités sur les faux positifs/négatifs. En général, le script d'évaluation de la plateforme le fait pour vous et borne à environ 15 la pénalité par faux. Vous pouvez, par précaution, post-traiter vos probabilités avec le script Python suivant :

```python
bound_limit = 10e-8
def logloss(p, y):
    p = max(min(p, 1. - bound_limit), bound_limit)
    return -log(p) if y == 1. else -log(1. - p)
```

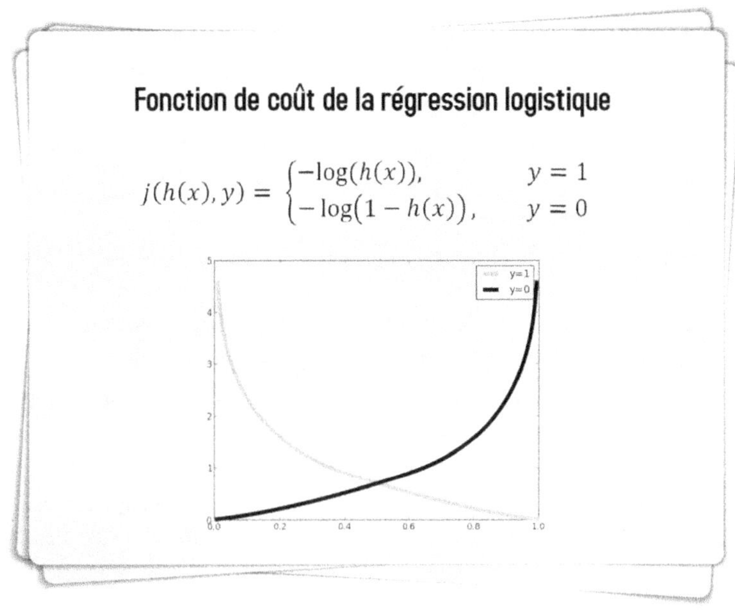

$$j(h(x), y) = \begin{cases} -\log(h(x)), & y = 1 \\ -\log(1 - h(x)), & y = 0 \end{cases}$$

Figure 8-7 – *Fonction de coût de la régression logistique*

Revenons à notre fonction de coût. En observant que y est toujours égal à 0 ou 1, on peut réécrire plus simplement la fonction, pour un exemple d'apprentissage :

$$j\big(h(x),\ y\big) = -y\log\big(h(x)\big) - \big(1 - y\big)\log\big(1 - h(x)\big)$$

On peut ensuite sommer sur les erreurs de tous les exemples d'apprentissage, pour obtenir la fonction de coût globale :

$$J(\theta) = \frac{1}{m}\sum_{i=1}^{n} j\big(h(x_i),\ y_i\big)$$

Minimisation de la fonction de coût

Cette fonction $J(\theta)$ a l'énorme avantage d'être convexe et on peut donc appliquer la descente de gradient, que l'on rappelle ici :

- itération 0 : initialisation d'un vecteur $\big(\theta_0,\ \theta_1,\ \theta_2, ..., \theta_n\big)$
- itérer jusqu'à convergence :

$$\theta_j := \theta_j - \alpha \frac{\partial}{\partial \theta_j} J(\theta)\ pour\ j = 0, ..., n$$

Sachez, même si nous ne nous étendrons pas sur ce point, qu'il existe d'autres méthodes pour minimiser la fonction de coût. Citons par exemple la méthode BFGS, qui est un algorithme que vous retrouverez assez fréquemment implémenté dans vos outils logiciels.

Derrière la linéarité

En aparté, abordons un point qui pose problème à bon nombre de personnes. Qu'appelle-t-on, bon sang, linéarité en *machine learning* ?

Sans doute avez-vous déjà rencontré cette définition d'une application linéaire :

Soit f une application de E dans F, E et F étant deux espaces vectoriels sur un corps K. L'application f est linéaire si et seulement si :

$$\forall \left(x,y\right) \epsilon\ E^2,\ \forall \lambda \in K,\ f\left(\lambda x + y\right) = \lambda f\left(x\right) + f\left(y\right)$$

Ce n'est certainement pas le cas de la fonction sigmoïde, qui est franchement non linéaire. Alors pourquoi dire que la régression logistique est encore un modèle linéaire ?

Tout simplement parce qu'en *machine learning*, <u>la linéarité s'entend par rapport aux variables du problème</u>. Un modèle linéaire est donc un modèle qui, quelle que soit l'observation i, appliquera toujours le même poids θ_j à la variable correspondante x_{ij}.

Les modèles linéaires présentent donc l'avantage d'être facilement explicables, mais ont l'inconvénient de moins capturer des interactions complexes entre variables une fois celles-ci définies. Par exemple, dans le fameux modèle linéaire de *scoring* de crédit de votre banquier, on accordera toujours le même poids à la variable salaire, et ceci indépendamment de l'âge du client[3]. On pourrait trouver intéressant de pondérer plus fortement cette variable en fonction de l'âge, pour capturer par exemple un jeune de 32 ans qui gagne 150 000 € par an. Cet individu semble en effet avoir un plus fort potentiel qu'un cadre en fin de carrière gagnant le même salaire.

Si vous êtes perdus, réfléchissons à ce cas simple. Comment séparer linéairement ces observations ?

On voit bien qu'aucune droite (plus généralement hyperplan) ne permet de séparer correctement les cas positifs (+) et les cas négatifs (O). Mais rien ne nous interdit de nous positionner dans un autre espace de variables. Un choix judicieux ici est d'élever au carré les variables X_1 et X_2. Dans ce nouvel espace, nos observations deviendraient linéairement séparables !

Même si la transformation appliquée aux variables est non linéaire, le modèle reste linéaire en ce sens que ce sont toujours les mêmes poids de la régression logistique qui s'appliqueront sur $X_1^{\ 2}$ et $X_2^{\ 2}$.

---

3. Nous caricaturons un peu. En réalité, les banquiers sont un peu plus malins que ça : ils découpent les variables continues pour en faire des catégories. L'âge sera ainsi découpé en tranches d'âge qui deviennent des variables catégorielles. Bien que fastidieuse, cette étape manuelle va créer de belles variables que le modèle linéaire va capturer. Vous pouvez voir l'apport de ce travail dans le chapitre « Prédire les survivants du Titanic ».

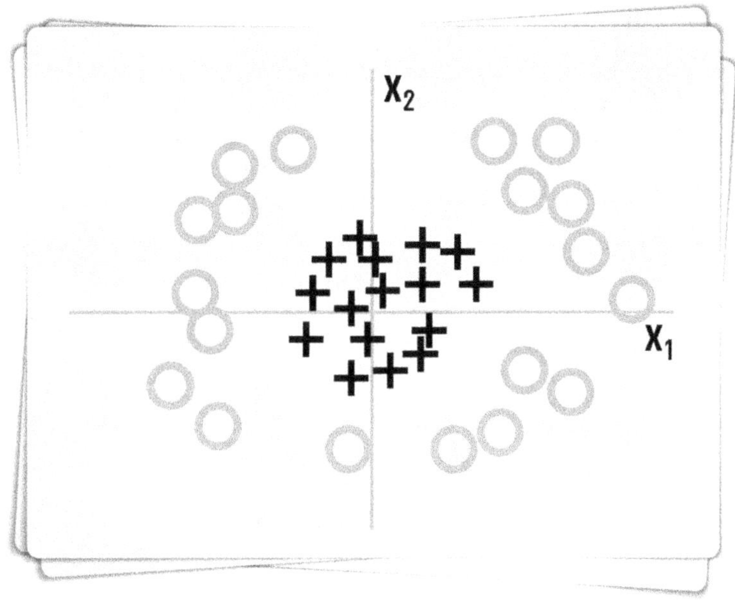

Figure 8-8 – *Il n'est pas possible de séparer linéairement ces observations dans l'espace formé par les variables* $\left(X_1,\ X_2 \right)$.

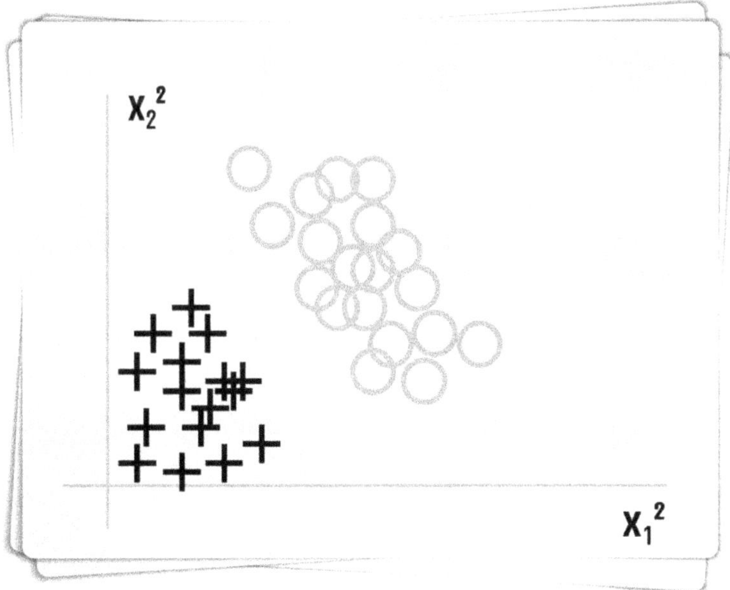

Figure 8-9 – *Un choix judicieux de variables permet de séparer linéairement les observations.*

Classification multiclasses

Telle que présentée jusqu'ici, la régression logistique pose une contrainte forte : la classification doit être supervisée par un vecteur contenant des valeurs binaires : OUI/NON, MALADE/SAIN, NOIR/BLANC, etc. mais le monde est souvent plus nuancé, n'est-ce pas ? Pour cela, il existe une variante de la régression logistique, dite multiclasses, qui permet d'entraîner un modèle à partir d'un vecteur Y à I modalités (ou classes), avec $I > 2$ (figure 8-10).

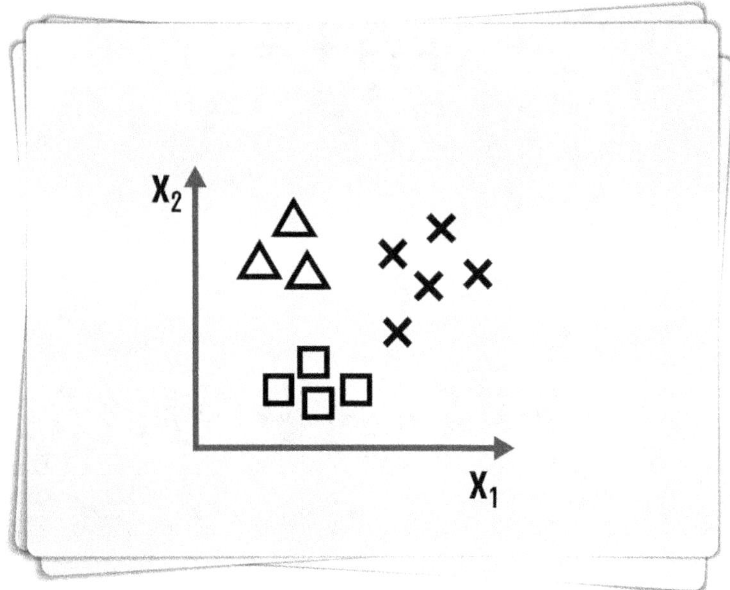

Figure 8-10 – *Un problème de classification multiclasses ($I = 3$)*

Pour cela, l'algorithme le plus utilisé en *machine learning*[4] est l'algorithme *one-versus-all* (ou *one-versus-rest*). Son principe est simple : il consiste à transformer le problème multiclasses en plusieurs problèmes binaires. Pour cela, il attribue un index de classe allant de 1 à I à chaque modalité pouvant être prise par Y. Prenons l'exemple de la figure ci-dessus : △ va correspondre à la classe 1, □ à la classe 2 et ✕ à la classe 3. La classification va alors être décomposée en trois étapes.

---

4. En statistique classique, on parlera plutôt de régression logistique polytomique et on emploiera des méthodes de modélisation un peu différentes.

- Étape 1 : on considère que les △ représentent des cas positifs et ☐ et ✕ des cas négatifs. On entraîne un classifieur $h^{(1)}(x)$ pour cette représentation des données, qui saura reconnaître les △ de tout ce qui n'est pas des △.
- Étape 2 : ☐ deviennent les cas positifs, △ et ✕ les cas négatifs, et on entraîne un classifieur $h^{(2)}(x)$. Celui-ci sera spécialisé dans la reconnaissance des ☐ par rapport à tout ce qui n'est pas des ☐.
- Étape 3 : même principe avec ✕ pour cas positifs, △ et ☐ pour cas négatifs, afin d'entraîner $h^{(3)}(x)$, expert en ✕.

On peut représenter cela comme dans la figure 8-11.

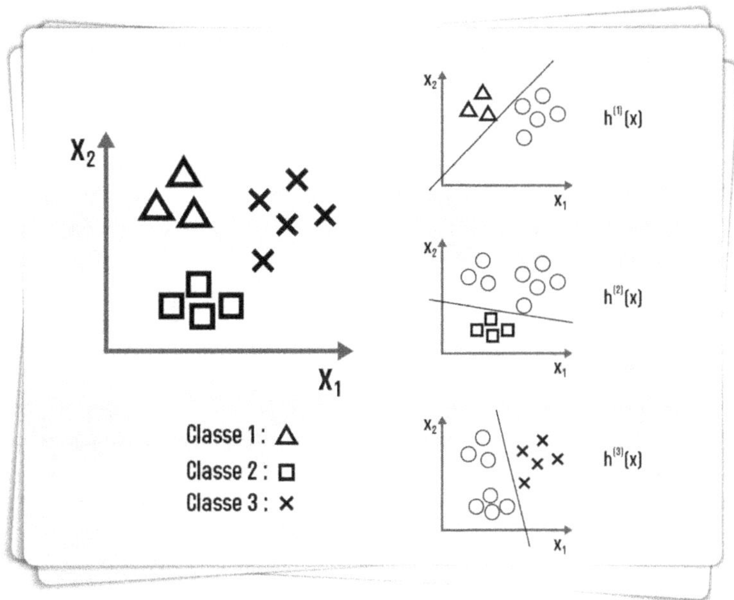

Figure 8-11 – *L'algorithme one-versus-all : décomposition du problème en classifications binaires*

Dans le cas général, on va donc entraîner un classifieur classique de régression logistique $h^{(i)}(x)$ pour chacune des i valeurs pouvant être prise par le vecteur Y, afin de prédire la probabilité que $y = i$. On peut écrire :

$$0 \le h^{(i)}(x) \le 1$$

$$h^{(i)}(x) = P(y = i \mid x, \theta) \quad (i = 1, \ldots, I)$$

Ensuite, pour utiliser ce modèle afin d'effectuer des prédictions, on applique chacun des I classifieurs aux nouvelles observations. On obtiendra ainsi i probabilités de classification. La probabilité la plus élevée indiquera la classe à laquelle la nouvelle observation est la plus susceptible d'appartenir. Autrement dit, on cherche :

$$\max_i h^{(i)}(x)$$

Par exemple, faisons une prédiction pour une nouvelle observation du problème de notre exemple. $h^{(1)}(x)$ nous apprend que la probabilité que la nouvelle observation soit un $\triangle$ est de 0,15 (sans avoir à distinguer si les autres observations sont des $\square$ ou des $\times$) ; $h^{(2)}(x)$ que la probabilité que la nouvelle observation soit un $\square$ est de 0,8 ; et $h^{(3)}(x)$ que la probabilité que la nouvelle observation soit un $\times$ est de 0,05. En conséquence, on peut raisonnablement penser que la nouvelle observation est un $\square$. On s'assurera que les probabilités somment à 1, pour que la sortie de la régression logistique soit bien une loi de probabilité.

Régularisation

Tout comme la régression linéaire multiple, la régression logistique peut engendrer des solutions instables, causées par des termes polynomiaux trop élevés ou un nombre trop important de variables. Le traitement de ce problème par les méthodes de pénalisation a déjà été largement discuté dans les chapitres précédents, c'est pourquoi nous n'en dirons pas plus ici. En effet, le principe est exactement le même que pour la régression linéaire : il suffit d'ajouter un terme de pénalisation (norme l_1, l_2 ou autre) à la fonction de coût de la régression logistique.

> **À retenir Régression logistique**
>
> *Apprentissage supervisé – classification*
>
> La régression logistique est un algorithme de classification très répandu, offrant un pouvoir explicatif très fort du fait de sa linéarité.
>
> La fonction de coût de la régression logistique est basée sur le *log loss*, métrique très importante qui pénalise les faux positifs et les faux négatifs. Par construction, la régression logistique minimise directement le *log loss*.

Références

À propos des fonctions sigmoïdes :

- http://en.wikipedia.org/wiki/Sigmoid_function
- Laird AK. 1964. Dynamics of tumor growth. *British Journal of Cancer*, 18:3, p.490-502.

Sur l'optimisation des fonctions convexes :

- Cohen G. 2000. *Convexité et optimisation*. École d'ingénieur, École Nationale des Ponts et Chaussées.

Quelques éléments théoriques sur les méthodes d'optimisation de Newton et la méthode BFGS :

- Skajaa A. 2010. *Limited Memory BFGS for Nonsmooth Optimization*. Master's thesis, Institute of Mathematical Science New York University.

9

Le clustering

Introduction

Dans certains cas, on peut être amené à analyser un grand nombre d'objets ou d'individus qu'on cherche à répartir en catégories de façon non supervisée. Grâce aux méthodes de *clustering*[1], on peut mettre en évidence des familles d'individus homogènes selon un critère donné. Les possibilités d'applications sont nombreuses. Par exemple, on peut s'en servir dans l'analyse de bases de données marketing, pour trouver des groupes de clients aux comportements similaires et auxquels on pourra adresser des campagnes commerciales personnalisées. Autre exemple : une de nos missions nous a mené chez un grand industriel, où nous réalisons un *clustering* des pièces mécaniques produites en fonction de leurs caractéristiques de production, de façon à identifier des sources de variation et de défaillance dans le processus de production.

Au sens où nous l'entendons dans ce livre, le *clustering* est typiquement un cas d'apprentissage non supervisé : l'appartenance des observations aux familles de sortie n'est pas connue a priori. Pour votre culture générale, sachez que lorsque l'on parle de *clustering* au sens large avec des statisticiens français (donc de classification... voir note de bas de page), on peut faire référence à des approches supervisées où l'on affecte des objets à des classes identifiées au préalable : on parle alors plutôt de techniques de classement. Néanmoins, ces approches spécifiques sont très connotées « stateux » et ne seront pas développées dans ce livre. Le *clustering* est une branche extrêmement prolixe et diversifiée de l'analyse de données, qui n'a eu de cesse de se développer,

---

1. Attention : dans la terminologie statistique française, on parle de classification ou de classification automatique pour ce type de méthodes. Nous n'emploierons pas ce terme ici, pour éviter toute confusion avec la terminologie usuelle en *machine learning*, dans laquelle la classification correspond à un apprentissage de type supervisé avec un nombre fini de valeurs de sortie.

de se perfectionner… et de se complexifier depuis les années 1970. Aussi, nous n'en détaillerons pas toutes les subtilités, mais en introduirons les grands principes.

Le problème de base est classique : partant d'une matrice X de données, comment en extraire de façon automatique des groupes nommés *clusters* (ou classes par les statisticiens) ? On distingue deux principales approches.

- Le *clustering* hiérarchique : on va ici construire une suite de *clusters* emboîtés les uns dans les autres. Ces relations entre *clusters* de différents niveaux peuvent ainsi être représentées dans le cadre d'une hiérarchie arborescente. Plus on se situe bas dans l'arbre, plus les observations se ressemblent. Cette méthode peut ainsi être appliquée lorsqu'on ne connaît pas à l'avance le nombre k de groupes dans lesquels seront réparties les observations.

- Le *clustering* non hiérarchique (aussi nommé partitionnement par les statisticiens français) : les individus sont répartis en k classes, pour une valeur de k fixée. Chaque individu n'appartient qu'à un seul groupe.

Dans les deux cas, un bon *clustering* devra permettre de produire des groupes avec :

- une forte similarité intraclasse (ou faible variabilité intraclasse), ce qui signifie que les individus d'un groupe donné doivent se ressembler ;

- et une faible similarité interclasses (ou forte variabilité interclasses), ce qui signifie que les individus de groupes distincts ne doivent pas se ressembler.

Une fois les *clusters* constitués, on peut ensuite les interpréter en utilisant par exemple des outils statistiques usuels tels que moyennes, écarts-types, min/max, etc. Simple, non ?

Voyons désormais comment on procède pour créer ces *clusters*. Pour cela, nous présentons successivement le *clustering* hiérarchique et le *clustering* non hiérarchique. Nous montrerons aussi que ces approches peuvent être utilisées conjointement.

Le clustering hiérarchique

Principe

La construction d'un *clustering* hiérarchique passe par l'emploi d'algorithmes qu'on peut distinguer selon deux grandes familles :

- les algorithmes ascendants (agglomératifs) construisent les classes par agglomérations successives des objets deux à deux ;

- les algorithmes descendants (divisifs) réalisent des dichotomies progressives de l'ensemble des objets.

Dans les deux cas, les algorithmes aboutissent à la constitution d'un arbre appelé dendrogramme, qui rassemble des individus de plus en plus dissemblables au fur et à mesure qu'on s'approche de la racine de l'arbre. La figure 9-1 illustre le mode de construction du dendrogramme selon les deux méthodes.

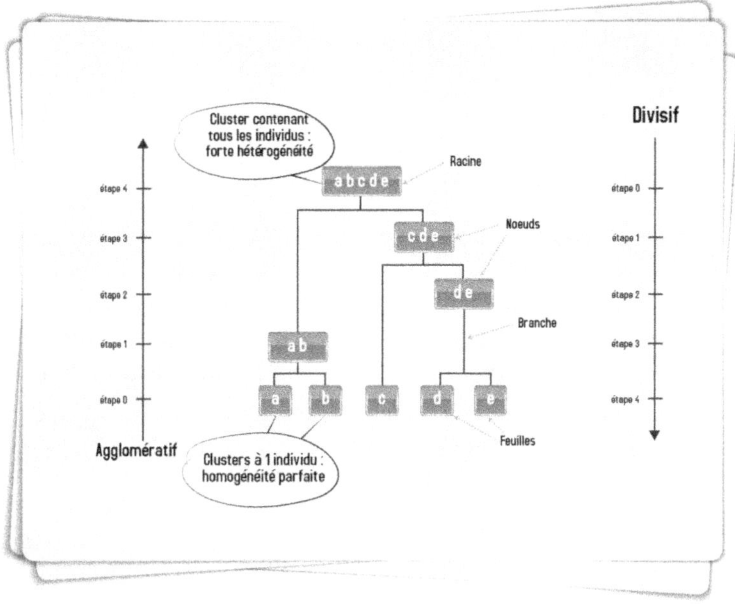

Figure 9-1 – *Deux modes de constructions d'un dendrogramme : agglomératif et divisif*

La méthode agglomérative est la plus populaire[2] et nous ne rétablirons pas l'injustice aujourd'hui : présentons les grands principes du *clustering* hiérarchique ascendant. On peut résumer les grandes étapes de l'algorithme comme suit (tableau 9-1, selon Lebart *et al.*, 2006) :

Tableau 9-1. Algorithme de *clustering* hiérarchique

Étape 1	Il y a m observations à classer.
Étape 2	On construit une matrice des distances (ou, plus généralement, des dissimilarités – nous préciserons ce terme plus loin –) entre les m observations et l'on cherche les deux plus proches, que l'on agrège en un nouvel élément. On obtient un premier *clustering* à m-1 classes.
Étape 3	On construit une nouvelle matrice des distances qui résultent de l'agrégation précédente, en calculant les distances entre le nouvel élément et les observations restantes (les autres distances restent inchangées). On se trouve dans les mêmes conditions qu'à l'étape 1, mais avec m-1 observations à classer et en ayant choisi un critère d'agrégation (nous préciserons ce terme plus loin). On cherche de nouveau les deux observations (ce peut aussi être l'un des *clusters* constitués) les plus proches, que l'on agrège. On obtient un deuxième *clustering* avec m-2 classes, qui englobe le premier *clustering*.
Étape m	On calcule les nouvelles distances, et l'on réitère le processus jusqu'à n'avoir plus qu'un seul élément regroupant toutes les observations : c'est le *clustering* final.

---

2. Pour diverses raisons que nous ne commenterons pas, variables selon les auteurs : grossièreté des résultats de l'approche descendante pour les uns, coûts de calcul pour les autres, etc.

Ces regroupements sont représentés par le dendrogramme. Celui-ci est une hiérarchie indicée : chaque niveau a un indice (ou niveau d'agrégation) qui représente de manière générale la distance entre ses éléments[3].

L'application de cet algorithme pose deux questions : (1) comment calcule-t-on les distances et (2) qu'est-ce qu'un critère d'agrégation ? Par ailleurs, une fois l'arborescence réalisée, on peut aussi se demander combien de classes doivent être conservées.

Les distances

Cette problématique doit être abordée en amont de l'application de l'algorithme. Elle revient à se demander ce qu'on entend par ressemblance entre individus. Cette interrogation préalable explicite est une grande force, puisqu'elle permet de s'adapter à des particularités liées aux données.

La distance la plus intuitive, communément utilisée, est la distance euclidienne standard. Soit une matrice X à n variables quantitatives. Dans l'espace vectoriel $\mathbb{R}^n$, la distance euclidienne d entre deux observations x_1 et x_2 est donnée par :

$$d\left(x_1, x_2\right) = \sqrt{\sum_{j=1}^{n}\left(x_{1n} - x_{2n}\right)^2}$$

(les données étant centrées réduites).

D'autres distances peuvent être utilisées selon les spécificités des données et l'objectif de la classification.

Par exemple, si l'on cherche à comparer des proportions, on pourra utiliser la célèbre distance du χ^2 (les statisticiens l'adorent !). Pour chacune des n variables, on considère alors une proportion f_{in} par individu et une proportion moyenne pour la variable f_n. La distance du χ^2 va alors mesurer un écart entre des valeurs observées et des valeurs théoriques, en pondérant la distance euclidienne par l'inverse des proportions moyennes :

$$d\left(x_1, x_2\right) = \sqrt{\sum_{j=1}^{n} \frac{1}{f_n}\left(f_{1n} - f_{2n}\right)^2}$$

Dans certains cas, on peut avoir recours à des distances qui ne sont plus euclidiennes. C'est le cas de la distance de Manhattan (ou distance city-block ou taxi-distance[4]) :

$$d\left(x_1, x_2\right) = \sum_{j=1}^{n}\left|x_{1n} - x_{2n}\right|$$

Par rapport à la distance euclidienne usuelle, qui utilise le carré des écarts, on utilisera notamment cette mesure pour minimiser l'influence des grands écarts.

---

3. Il peut représenter directement une distance ou un gain d'inertie intraclasse, selon le mode de calcul de la distance employé.

4. En référence à la distance entre deux points parcourue par un taxi se déplaçant dans une ville américaine, où les rues sont soit parallèles, soit orthogonales (voir son illustration au Chapitre 6).

Certaines circonstances impliquent l'utilisation de mesures qui ne sont pas des distances au sens mathématique du terme, car elles ne respectent pas ce que l'on appelle l'inégalité triangulaire[5]. On parle alors de dissimilarité plutôt que de distance. Ces mesures sont particulièrement utiles pour la classification des tableaux de présence/absence, en étudiant, pour parler comme un statisticien, la dissimilarité entre des objets constitués d'attributs binaires. Pour cela, on peut utiliser l'indice de similarité de Jaccard. Désormais, nos individus x_1 et x_2 sont définis par n variables de valeur 0 ou 1. Définissons les quantités suivantes :

- M_{11} : nombre de variables qui valent 1 chez x_1 et x_2
- M_{01} : nombre de variables qui valent 0 chez x_1 et 1 chez x_2
- M_{10} : nombre de variables qui valent 1 chez x_1 et 0 chez x_2
- M_{00} : nombre de variables qui valent 0 chez x_1 et x_2

avec $M_{11} + M_{01} + M_{10} + M_{00} = n$ (chaque paire d'attributs appartient nécessairement à l'une des quatre quantités)[6]

L'indice de Jaccard est alors[7] :

$$J = \frac{M_{11}}{M_{01} + M_{10} + M_{11}} = \frac{M_{11}}{n - M_{00}}$$

D'où l'on calcule la distance de Jaccard :

$$d\left(x_1, x_2\right) = 1 - J$$

Ce type de distance est par exemple utilisé en botanique[8] (en phytosociologie, plus précisément), pour mettre en évidence des associations d'espèces végétales dans des milieux similaires. Il est aussi utilisé en génomique, pour mesurer la ressemblance entre les séquences des quatre bases constituant les gènes.

Le critère d'agrégation

Que représente cette notion ? C'est simple : imaginez-vous à la première étape de l'algorithme de *clustering*, pour une distance choisie. Calculons la première matrice des distances entre tous les individus : l'application de la formule $d(x_1, x_2)$ s'applique directement et c'est parfait ainsi. Mais à partir des itérations suivantes, nous aurons à considérer des groupes d'individus et la question suivante se posera : comment calculer la distance en présence de groupes ? Différentes possibilités existent.

---

5. $d(x_1, x_2)$ est une distance mathématique si elle respecte les conditions suivantes :

$d(x_1, x_2) = 0 \Leftrightarrow x_1 = x_2$,

$d(x_1, x_2) = d(x_2, x_1)$,

$d(x_1, x_2) \leq d(x_1, x_2) + d(x_1, x_2)$ (inégalité triangulaire)

6. D'autres métriques peuvent être calculées sur la base de ces quantités : Dice, Ochiaï, Russe et Rao, etc.

7. La deuxième écriture, faisant intervenir n, permet de généraliser l'analyse de similarité sur plusieurs individus, en ne calculant que le nombre de variables qui valent 1 chez tous les individus ou qui valent 0 chez tous les individus.

8. C'est Paul Jaccard, un botaniste suisse, qui a proposé l'indice portant son nom en 1901, dans le Bulletin de la Société Vaudoise des Sciences Naturelles.

Tout d'abord, trois critères qui fonctionnent quelle que soit la mesure de distance ou de dissimilarité (parmi beaucoup d'autres !) :

- le critère du lien minimum (ou lien simple ou *single linkage*), qui va se baser sur les deux éléments les plus proches ;
- le critère du lien maximum (diamètre, *complete linkage*), qui va se baser sur les deux éléments les plus éloignés ;
- et le critère du lien moyen (*average linkage*), qui va utiliser la moyenne des distances entre les éléments de chaque classe pour effectuer les regroupements.

La figure 9-2 illustre ces différents critères.

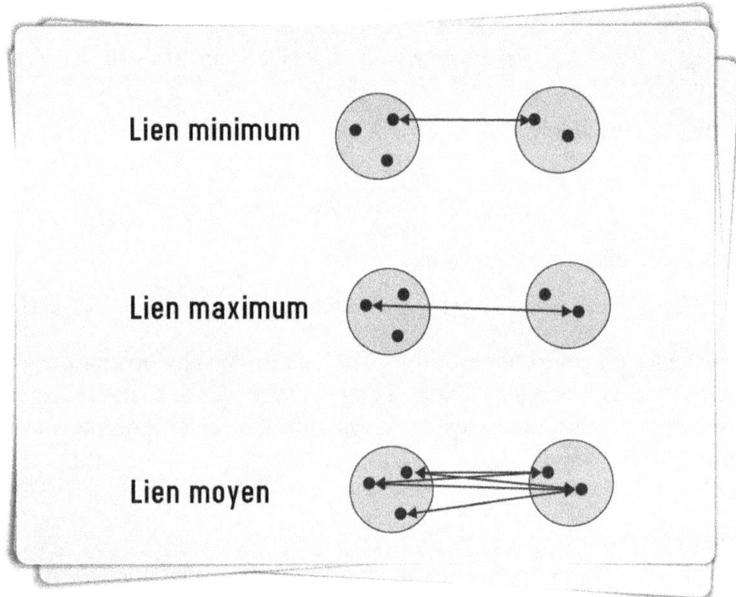

Figure 9-2 – *Quelques critères d'agrégation*

Dans le cadre de distances euclidiennes, d'autres critères peuvent être employés. Le plus usité est le critère de Ward, qui se base sur ce que l'on appelle l'augmentation de l'inertie. L'inertie totale de l'ensemble des individus est décomposée selon :

- l'inertie intraclasse, qui représente l'écart entre chaque point et le centre de gravité de la classe à laquelle il appartient ;
- l'inertie interclasses, qui représente l'écart entre chaque centre de gravité d'une classe et le centre de gravité général.

Sans entrer dans les détails, utiliser le critère de Ward va revenir à agréger deux classes de façon à ce que l'augmentation de l'inertie intraclasse soit la plus petite possible, pour que les classes restent les plus homogènes possible.

Selon le critère choisi, on peut aboutir à des arbres ayant des formes très différentes. Le saut minimum tend à construire des arbres aplatis, avec des accrochages successifs d'individus un à un (des « chaînes »), alors que le lien maximum tend à former des groupes isolés et très compacts. Le critère de Ward tend quant à lui à produire des classes d'effectifs similaires. Au final, il faut retenir qu'il n'existe pas une unique bonne méthode, tout comme il n'existe pas un unique *clustering*. Il est recommandé de tester plusieurs approches pour un même jeu de données. Les hiérarchies complètes peuvent beaucoup changer, mais, normalement, le « haut » de l'arbre ne doit pas beaucoup varier (les partitions à peu de groupes doivent rester assez stables).

La notion de troncature

Une fois l'algorithme appliqué et les distances calculées, nous pouvons présenter les résultats sous la forme du dendrogramme déjà évoqué. Il représente tous les *clusterings* possibles, du *clustering* le plus fin (un *cluster* par individu) au plus grossier (un *cluster* unique pour tous les individus).

La question suivante peut alors se poser : à quel niveau d'agrégation doit-on « couper » l'arbre, c'est-à-dire comment définir le nombre de *clusters* le plus pertinent ? Des réponses quantitatives peuvent être apportées, basées sur le gain relatif d'inertie engendré par le passage d'une partition à une autre, mais retenez que l'examen visuel du dendrogramme donne souvent de très bonnes réponses. On peut alors se baser sur des critères tels que :

- l'allure générale de l'arbre : elle laisse souvent apparaître un niveau de coupe « logique » indiqué par des sauts importants dans les valeurs des indices de niveau. Si ces sauts concernent les k derniers nœuds de l'arbre, alors un découpage en $(k+1)$ classes sera pertinent ;

- le nombre de *clusters* : éviter un nombre trop grand, auquel cas le *clustering* perd de son intérêt ;

- la capacité à interpréter les *clusters* : inutile de chercher à retenir des *clusters* pour lesquels on n'arrive pas à donner de sens métier ; privilégier les *clusterings* qui ont du sens.

Voilà pour ce tour d'horizon du *clustering* hiérarchique. Vous en trouverez un exemple d'application dans le cas particulier des séries temporelles au chapitre 22.

Nous avons abordé un certain nombre de notions nouvelles, qui vont nous permettre d'aborder plus rapidement le paragraphe concernant le *clustering* non hiérarchique.

Le clustering non hiérarchique

Principe

L'objectif du *clustering* non hiérarchique est le même que pour le *clustering* hiérarchique, mais cette fois-ci, on sait à l'avance le nombre de *clusters* à constituer. Pour une mesure de distance des individus donnée et pour un nombre de classes k connues, on imagine aisément une solution de classification simple et optimale : énumérer toutes les possibilités de regroupement imaginables et conserver la meilleure. Toutefois, cette solution n'est pas applicable en pratique, car le nombre de combinaisons de regroupements possibles devient très rapidement énorme. Mais des solutions approchées peuvent être obtenues grâce à des heuristiques et plusieurs algorithmes de ce genre existent. Leur principe fondamental est contenu dans la méthode des centres mobiles.

Les centres mobiles

Pour k classes définies à l'avance, l'algorithme procède de façon itérative comme le montre le tableau 9-2 (Lebart *et al.*, 2006).

Tableau 9-2. L'algorithme des centres mobiles

Étape 0	On détermine k centres provisoires de *clusters* (par exemple, par tirage aléatoire de k individus). Ces k centres $\{C_1^0, ..., C_k^0\}$ induisent un premier *clustering* P^0 de l'ensemble des individus en k groupes $\{I_1^0, ..., I_k^0\}$. Ainsi, l'individu i appartient par exemple au groupe I_1^0 s'il est plus proche de C_1^0 que de tous les autres centres.
Étape 1	On détermine k nouveaux centres $\{C_1^1, ..., C_k^1\}$ en prenant les centres de gravité des *clusters* qui viennent d'être obtenus $(\{I_1^0, ..., I_k^0\})$. Ces nouveaux centres induisent un nouveau *clustering* P^1, construit selon la même règle que pour P^0. La partition P^1 est formée de classes notées $\{I_1^1, ..., I_k^1\}$.
Étape e	On détermine k nouveaux centres $\{C_1^e, ..., C_k^e\}$ en prenant les centres de gravité des *clusters* qui viennent d'être obtenus $(\{I_1^{e-1}, ..., I_k^{e-1}\})$. Ces nouveaux centres induisent un nouveau regroupement P^e, formé des *clusters* $\{I_1^e, ..., I_k^e\}$.

Le processus se stabilise nécessairement (en général, rapidement), pour des raisons mathématiques que nous ne détaillerons pas ici. L'algorithme s'arrête soit si deux itérations successives aboutissent au même *clustering*, soit si un critère de contrôle choisi se stabilise (variance intraclasse par exemple), soit si on atteint un nombre d'itérations fixé.

L'algorithme n'aboutit pas nécessairement à un optimum global : le résultat final dépend des centres initiaux. Dans la pratique, on l'exécute souvent plusieurs fois (avec des centres initiaux différents, bien sûr). Ensuite, soit on conserve la meilleure solution, soit on cherche des regroupements stables pour identifier les individus qui appartiennent aux mêmes partitions. Ces ensembles d'individus systématiquement rattachés à une même classe sont appelés « forme forte » ou « groupements stables ».

Parlons désormais de quelques unes des variantes les plus connues des centres mobiles, destinées à en améliorer certains aspects.

Quelques variantes

Elles sont nombreuses, et nous nous limiterons à en évoquer quatre :

- la méthode des *k-means* : elle fonctionne exactement comme les centres mobiles, à une différence près, qui est le calcul des centres. Un recentrage est effectué dès qu'un individu change de *cluster*. On n'attend plus que tous les individus soient affectés à un *cluster* pour en calculer les centres de gravité, ces derniers sont modifiés au fur et à mesure des réaffectations ;

- la méthode des nuées dynamiques : elle favorise la recherche de groupements stables. C'est une généralisation des centres mobiles dont l'idée est d'associer à chaque *cluster* un représentant différent de son centre de gravité. Dans la majorité des cas, on remplace le centre de gravité par un ensemble d'individus, qu'on appelle des « étalons » et qui constituent un « noyau ». Ce noyau est censé avoir un meilleur pouvoir descriptif que des centres ponctuels. À noter que d'autres représentants plus exotiques peuvent être utilisés : une droite, une loi de probabilité, etc. ;

- la méthode *Isodata* : le principe des centres mobiles est conservé, mais des contraintes vont permettre de contrôler l'élaboration du *clustering*. Ces contraintes servent à empêcher la formation de groupes à effectifs trop faibles ou de diamètre trop grand ;

- la méthode des *k-medoids* : elle est similaire à la méthode des *k-means*, à une différence près. En effet, elle ne va plus définir une classe par une valeur moyenne (le centre de gravité, on *centroid*), mais par son représentant le plus central (le *medoid*). C'est donc un individu du *cluster* qui va représenter ce dernier. Cette méthode a l'avantage d'être plus robuste aux valeurs aberrantes ;
- la méthode des cartes auto-organisées (*Self-Organising Maps*, ou cartes de Kohonen) : cet algorithme diffère des centres mobiles par la mise à jour des *clusters* voisins, où les *clusters* deviennent des neurones activables. Cette méthode non linéaire permet in fine de conserver toute la topologie des données, en partant le plus souvent d'une grille rectangulaire de neurones qui va se déformer.

Arrêtons là l'énumération de méthodes aux noms de plus en plus étranges ! Dans la pratique, nous vous recommandons de sélectionner une méthode « de base », centre mobile ou nuée dynamique par exemple, puis d'aller vers des méthodes plus élaborées si les résultats ne sont pas satisfaisants.

Les approches mixtes

Dans ce chapitre, nous avons présenté les approches hiérarchiques et non hiérarchiques séparément. Mais en pratique, il peut être utile de les utiliser conjointement. Terminons ce chapitre en donnant quelques indications méthodologiques à cet effet.

En mixant les approches, on peut tirer parti des principaux avantages des différentes méthodes, à savoir :

- la capacité à analyser un grand nombre d'individus, point fort des méthodes non hiérarchiques (pour un nombre d'observations supérieur à 10^3, il devient difficile d'appliquer directement des méthodes hiérarchiques) ;
- le choix d'un nombre de classes optimal, rendu possible par la classification hiérarchique.

Un algorithme mixte global peut être résumé par le tableau 9-3 (Lebart et *al.*, 2006).

Tableau 9-3. L'algorithme mixte de clustering

Étape 1 – Clustering non hiérarchique initial	L'objectif est d'obtenir rapidement une partition de *m* individus (*m* grand) en *k* classes, avec *k* supérieur au nombre de classes finales *s* souhaité, grâce à une méthode de *clustering* non hiérarchique. On prend par exemple *k* = 100, tel que *k* << *m*. Ce *clustering* n'est pas utilisable directement : les groupes sont nombreux et proches les uns des autres. Toutefois, ils ont l'avantage d'être très homogènes et de contenir des individus qui n'ont pas à être séparés. On peut répéter l'étape pour rechercher des formes fortes.
Étape 2 – Clustering hiérarchique des groupes obtenus	On peut désormais utiliser un algorithme de *clustering* hiérarchique pour regrouper les *k* groupes de l'étape 1 (chaque groupe a pour poids la somme des poids qu'il représente). L'étape d'agrégation va permettre de reconstituer des *clusters* qui ont été inutilement fragmentés lors de l'étape précédente, en sélectionnant un nombre de classes optimal (*s*). Il convient d'utiliser le critère de Ward pour la constitution de cet arbre, afin de tenir compte des masses des classes.
Étape 3 – Clustering non hiérarchique final	Enfin, un *clustering* non hiérarchique final est réalisé, pour *s* groupes définis lors de l'étape 2. Comme pour l'étape 1, on peut répéter l'étape pour rechercher des formes fortes.

En fonction des besoins, tout ou partie de l'algorithme mixte peut être appliqué. Si l'objectif est uniquement de réaliser un *clustering* hiérarchique sur un grand nombre d'individus, on se contentera d'appliquer les étapes 1 et 2 ; si au contraire on a peu d'individus et qu'on veut réaliser un *clustering* non hiérarchique sans définir le nombre de groupes au hasard, on omettra l'étape 1.

> **À RETENIR *Clustering***
>
> *Apprentissage non supervisé*
>
> Les méthodes de *clustering* sont des approches non supervisées visant à regrouper automatiquement les observations les plus homogènes.
>
> Il existe deux grandes familles de *clustering* :
>
> * le *clustering* hiérarchique ;
> * le *clustering* non hiérarchique.
>
> Il existe également des algorithmes mixtes ayant recours aux deux familles.
>
> Le choix d'une bonne métrique de distance/similarité est un critère important pour la réalisation d'un bon *clustering*.

Références

Au fil du chapitre, nous avons exclusivement renvoyé à Lebart *et al.* (2006). Complet, rigoureux et accessible, c'est l'un des livres de référence en matière de fouille de données :

* Lebart L., Piron M., Morineau A. 2006. *Statistique exploratoire et multidimensionnelle – Visualisation et inférence en fouilles de données.* 4ᵉ édition, Dunod. Une version en ligne d'une édition plus ancienne est disponible ici : http://horizon.documentation.ird.fr/exl-doc/pleins_textes/divers11-10/010007837.pdf.

Sans y faire référence directement, nous nous sommes également appuyés sur les références suivantes :

* Bouroche JM., Saporta G. 2005. *L'analyse des données.* PUF, Que sais-je ?

La version miniature de Lebart *et al.*, à mettre dans toutes les poches !

* Husson F., Sebastien L., Pagès J. 2009. *Analyse de données avec R.* Presses Universitaires de Rennes.

Une très bonne synthèse opérationnelle des méthodes de *clustering*, avec le code qui permet de les mettre en œuvre sous R en utilisant l'excellente librairie FactoMineR.

* Mirkes EM. 2011. University of Leicester met à disposition un ensemble d'applets, disponibles sur la page de Gorban AN. http://www.math.le.ac.uk/people/ag153/homepage.

Elles permettent de se faire une idée intuitive de certaines des méthodes évoquées.

* Roux M. 1997. *Algorithmes de classification.* (http://www.imep-cnrs.com/docu/mroux/algoclas.pdf).

Ce livre est extrêmement complet et pédagogique. Il est hélas épuisé, mais disponible en ligne.

* Singh SS., Chauchan NC. 2011. K-means v/s K-medoids: A comparative study. In *National Conference on Recent Trends in Engineering & Technology.* (13-14 May 2011)

Dans cette petite étude comparative intéressante, les algorithmes *k-means* et *k-medoids* évoqués sont comparés.

10

Introduction aux arbres de décision

Introduction

Ce chapitre introductif passera très rapidement sur les grands principes des arbres de décision utilisés en statistique classique. Sous leur forme simple, ils sont très rarement utilisés en *machine learning*. Par contre, la compréhension de leurs principes et de leurs modes de construction est un prérequis pour l'étude des *random forest*, premier chapitre de la partie présentant les outils d'« artillerie lourde » qui sont à la disposition du *data scientist*.

Principe

Le but général d'un arbre de décision est d'expliquer une valeur à partir d'une série de variables discrètes ou continues. On est donc dans un cas très classique de matrice X avec m observations et n variables, associée à un vecteur Y à expliquer. Les valeurs de Y peuvent être de deux sortes :

- continues : on parle alors d'arbre de régression ;

- ou qualitatives : on parlera d'arbre de classification.

Ces méthodes inductives présentent de nombreux atouts : elles sont assez performantes, non paramétriques[1] et non linéaires. Dans le principe, elles vont partitionner les individus en produisant des groupes d'individus les plus homogènes possible du point de vue de la variable à prédire, en tenant compte d'une hiérarchie de la capacité prédictive des variables considérées. Cette

---

1. C'est-à-dire que le modèle n'est pas décrit par un nombre fini de paramètres.

hiérarchie permet de visualiser les résultats dans un arbre et de constituer des règles explicatives explicites, orientées métier.

Les grands principes de définition des règles sont les suivants (inspirés de Tufféry, 2011). Plusieurs itérations sont nécessaires : à chacune d'elle, on divise les individus en k classes (généralement $k = 2$), pour expliquer la variable de sortie. La première division est obtenue en choisissant la variable explicative qui fournira la meilleure séparation des individus. Cette division définit des sous-populations, représentées par les « nœuds » de l'arbre. À chaque nœud est associée une mesure de proportion, qui permet d'expliquer l'appartenance à une classe ou la signification d'une variable de sortie. L'opération est répétée pour chaque sous-population, jusqu'à ce que plus aucune séparation ne soit possible. On obtient alors des nœuds terminaux, appelés « feuilles » de l'arbre. Chaque feuille est caractérisée par un chemin spécifique à travers l'arbre qu'on appelle une règle. L'ensemble des règles pour toutes les feuilles constitue le modèle.

L'interprétation d'une règle est aisée si l'on obtient des feuilles pures (par exemple, 100 % de variables à expliquer sont VRAI ou FAUX pour une règle donnée). Sinon, il faut se baser sur la distribution empirique de la variable à prédire sur chaque nœud de l'arbre.

La figure 10-1 illustre deux arbres obtenus par l'analyse de l'activité d'un *web Advertiser*, client d'OCTO. L'objectif est d'expliquer le taux de clics sur une bannière publicitaire (exemple donné à titre illustratif sur un échantillon non représentatif de l'activité réelle du client).

À partir des mêmes données, les deux arbres apportent des informations différentes :

- l'arbre de gauche est un arbre de classification. Il indique si le taux de clics est supérieur ou non à une valeur seuil, pour une règle donnée. Par exemple, le chemin le plus à gauche indique que pour les publicités de taille 728 × 90 et pour les affichages de type BELOW ou UNKNOWN, ce taux n'est supérieur à la valeur seuil que dans moins de 20 % des cas. A contrario, il est supérieur au seuil dans plus de 80 % des cas pour les tailles 300 × 250 ;

- l'arbre de droite est un arbre de régression. Chaque feuille utilise une boîte à moustache pour représenter la distribution empirique du taux de clics pour une règle donnée.

Attention, un arbre de décision peut très vite mener à du sur-apprentissage : il peut décrire parfaitement un jeu de données, avec un individu par feuille dans le cas extrême. Dans ce cas, les règles ne sont absolument pas extrapolables et cette situation doit être évitée. Pour cela, il est nécessaire de s'arrêter à un nombre de feuilles adéquat lors de la réalisation de l'arbre : on parle d'« élaguer » l'arbre.

Construction d'un arbre de décision

Pour construire l'arbre attendu, trois principales questions doivent être résolues :

- Comment choisir la variable de division ? On doit en effet pouvoir définir l'arborescence de l'arbre en sélectionnant les variables, de la plus discriminante à la moins discriminante.

- Comment traiter les variables continues ? Pour définir des nœuds à partir d'une variable continue, l'on doit savoir « couper » la variable continue, pour que ses valeurs inférieures et supérieures à cette coupe puissent caractériser des nœuds distincts.

- Comment définir la taille de l'arbre ? L'objectif est de situer le niveau de nœuds optimal, pour trouver le juste équilibre entre sur-apprentissage et arbre trivial.

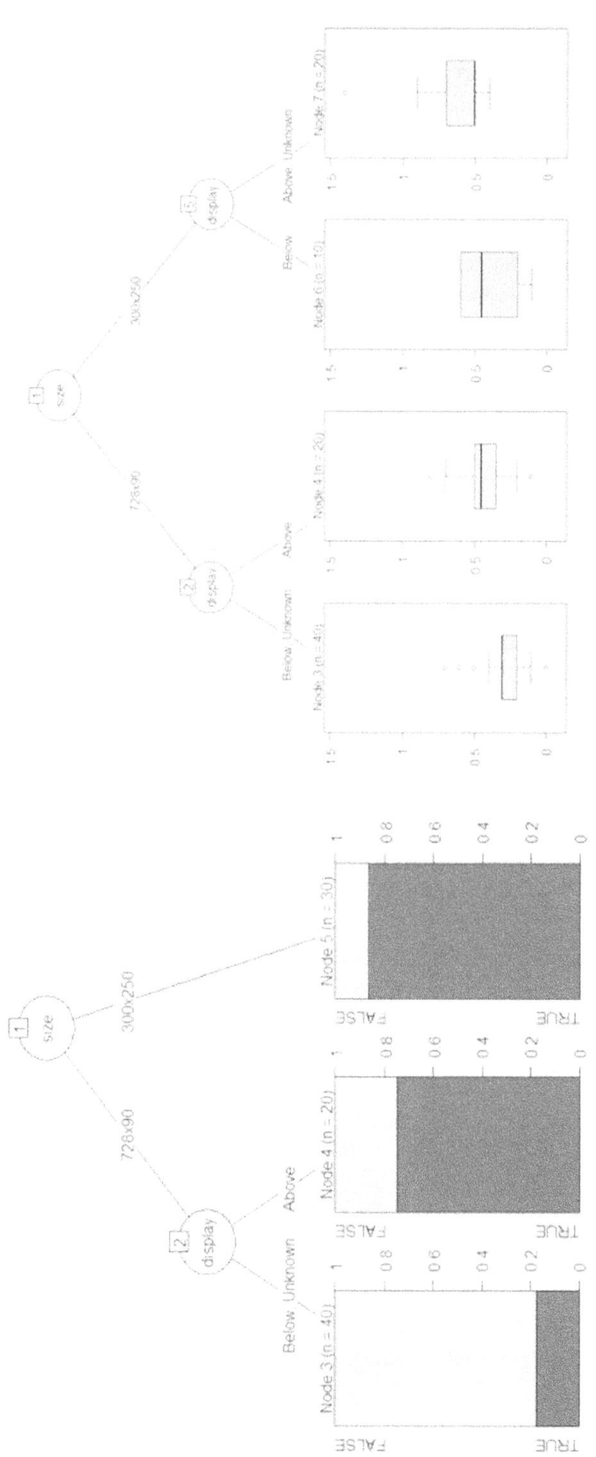

Figure 10-1 – *Analyse des taux de clic sur une bannière publicitaire par arbres de décision*

La réponse à ces questions dépend de l'algorithme utilisé pour constituer l'arbre.

De nombreux algorithmes existent. Par exemple, pour choisir la variable de décision et traiter les variables continues, l'algorithme CHAID, bien-aimé des statisticiens, utilise la mesure du χ^2 d'écart à l'indépendance et le t de Tschuprow. Les algorithmes CART et C4.5, quant à eux, se basent respectivement sur l'index (on parle aussi de critère de *split*) de Gini (indice de concentration) et sur la notion d'entropie (théorie de l'information). En ce qui concerne l'ajustement de la taille de l'arbre, on procède par post-élagage pour CART et C4.5 : on fait l'arbre le plus pur avec toute la segmentation, puis on utilise un critère pour comparer des arbres de tailles différentes. Pour CHAID, on procède par pré-élagage : on fixe une règle d'arrêt pour stopper la construction. Ces indications sont données à titre informatif : ces trois algorithmes sont les plus connus, mais il en existe bien d'autres et, pour un algorithme donné, on peut rencontrer diverses petites variantes.

Nous n'en dirons pas plus ici, car cette introduction aux arbres de décision n'est qu'une mise en bouche pour parler des excitantes méthodes ensemblistes, très utilisées aujourd'hui. Ces méthodes mettent en concurrence plusieurs arbres lors du classement d'un nouvel individu. Elles permettent donc d'améliorer drastiquement les performances des arbres et de les rendre moins sensibles aux idiosyncrasies des données. Mais en contrepartie, elles donnent lieu à des règles moins lisibles d'un point de vue métier.

> **À retenir Arbres de décision**
>
> *Apprentissage supervisé – régression ou classification*
>
> Un arbre de décision permet de construire des règles à partir des données qui permettent de les ordonner.
>
> Dans la pratique, on les utilise de moins en moins du fait de leur très forte propension à l'*overfitting*. Ils sont plutôt utilisés en tant que classifieurs faibles à la base de méthodes ensemblistes.

Références

On trouvera une bonne vue d'ensemble des arbres de classification, notamment par une comparaison des trois principaux algorithmes CART, C4.5 et CHAID, dans :

- Tufféry S. 2011. *Data mining and statistics for decision making.* Wiley.

Pour une analyse détaillée des différences entre les algorithmes CART et C4.5., voir :

- Kohavi R., Quinlan JR. 2002. Data mining tasks and methods: classification: decision-tree discovery. in *Handbook of data mining and knowledge discovery*, Oxford University Press, p. 267-276.

Enfin, pour le lecteur qui souhaite prendre du recul par rapport aux arbres de décision, la lecture de la thèse de Ricco Rakotomalala est recommandée. Elle date déjà de 1997, mais elle donne une vue unifiée des différentes variantes de construction d'un arbre de décision :

- Rakotomalala R. 1997. *Graphes d'induction*. Thèse présentée à l'Université Claude Bernard – Lyon 1 pour l'obtention du diplôme de Doctorat.

L'artillerie lourde

11

Random forest

Introduction

Nous voici arrivés à l'une des stars des algorithmes de *machine learning* : le *random forest*. C'est un algorithme passe-partout et que vous trouvez naturellement parmi les solutions des top-*Kagglers*. Il est rapide à entraîner, car parallélisable, robuste et implémenté dans la plupart des outils que vous utiliserez. Cerise sur le gâteau, il est beaucoup plus intuitif à comprendre que d'autres algorithmes non linéaires, comme le SVM (dont nous reparlerons au chapitre 13).

Attention, en comparaison aux arbres de décision évoqués dans le chapitre précédent, vous sacrifierez une partie des capacités explicatives de votre modèle en choisissant un *random forest*. C'est souvent le prix à payer pour avoir un algorithme très performant. Toutefois, nous verrons comment cette limitation peut être mitigée.

Ce chapitre s'articule comme suit : après une présentation des grands principes du *random forest*, nous présentons le modèle en détail. Nous proposons ensuite quelques conseils pratiques pour paramétrer et interpréter ce modèle. Enfin, nous introduisons brièvement quelques modèles alternatifs.

Principes

L'idée de base

Les méthodes ensemblistes, dont fait partie le *random forest*, partagent une idée commune essentielle qui est assez intuitive : si un médecin (et un seul) vous annonce que vous avez probablement une maladie grave qui nécessite une intervention chirurgicale, que ferez-vous ?

Il est fort probable qu'avant de prendre la moindre décision, vous demandiez à d'autres personnes/ experts leur avis avant de vous faire le vôtre. Parce qu'aussi experte que soit une personne dans un domaine, sa voix seule ne suffit pas, en général, pour prendre une bonne décision.

Croyez-le ou pas, les méthodes ensemblistes fonctionnent sur le même principe ! En effet, plutôt que d'avoir un estimateur très complexe censé tout faire, on en construit plusieurs de moindre qualité individuelle. Chaque estimateur a ainsi une vision parcellaire du problème et fait de son mieux pour le résoudre avec les données dont il dispose. Ensuite, ces multiples estimateurs sont réunis pour fournir une vision globale. C'est l'assemblage de tous ces estimateurs qui rend extrêmement performants des algorithmes comme le *random forest*.

Le défaut des arbres de décisions

On doit les *random forests* au fantastique Leo Breiman, éminent statisticien américain connu pour ses travaux sur les arbres décisionnels et sur la méthode CART, introduite précédemment. Lui-même avait parfaitement conscience du défaut majeur d'un arbre de décision : sa performance est trop fortement dépendante de l'échantillon de départ. De plus, on peut s'attendre à ce que l'ajout de quelques nouvelles données dans la base d'apprentissage (ce qui est une bonne nouvelle en soit !) ne modifie pas drastiquement le modèle, qu'il le modifie de façon marginale pour l'améliorer. Ce n'est pas le cas avec un arbre de décision, dont la topologie peut totalement changer avec l'ajout de quelques observations supplémentaires.

Plutôt que de lutter contre ces défauts des arbres de décisions, Breiman a eu l'idée géniale d'utiliser plusieurs arbres pour faire des… forêts d'arbres ! Vous avez compris le *forest* dans *random forest*.

Et *random* alors ? Pour éviter de se retrouver avec des arbres égaux, il donne à chaque arbre une vision parcellaire du problème, tant sur les observations en entrée que sur les variables à utiliser. Ce double échantillonnage est tout simplement tiré aléatoirement. Notons que l'assemblage d'arbres de décision construits sur la base d'un tirage aléatoire parmi les observations constitue déjà un algorithme à part entière connu sous le nom de *tree bagging*. Les *random forests* ajoutent au *tree bagging* un échantillonnage sur les variables du problème, qu'on appelle *feature sampling*. On retiendra que :

Random forest = tree bagging + feature sampling

Avant d'entrer dans le détail de son fonctionnement, notons enfin que l'on retrouve dans le *random forest* la polyvalence des arbres de décision. En effet, on peut les utiliser :

- en classification, le résultat final étant obtenu en faisant « voter » chaque arbre ;
- en régression, en moyennant le résultat des arbres.

Pour illustrer son fonctionnement, on s'intéressera dans la suite de ce chapitre au *random forest* appliqué à la classification. Les principes évoqués sont souvent aisément extrapolables au problème de régression.

Le modèle en détail

Tree bagging

Le *tree bagging* a déjà apporté de significatives améliorations de performance pour les arbres de décision. Voici comment on le construit pour un problème de classification binaire. Nous disposons, comme d'habitude, d'une matrice X de m exemples d'apprentissages chacun décrit par n variables, et d'un vecteur binaire Y, de dimension m :

$$X = \begin{pmatrix} x_{11} & \cdots & x_{1n} \\ \vdots & & \vdots \\ x_{m1} & \cdots & x_{mn} \end{pmatrix} \qquad Y = \begin{pmatrix} 0 \\ 1 \\ \vdots \\ 0 \\ 1 \\ m \end{pmatrix}$$

La construction de B arbres de décisions se fera comme suit :

- tirer aléatoirement et avec remplacement B échantillons de $\left(X, Y \right)$, notés $\left(X_b, Y_b \right)$;
- puis entraîner un arbre de décision sur chaque couple $\left(X_b, Y_b \right)$.

Sur de nouvelles données, on applique chacun des B arbres. Il suffit ensuite de prendre la majorité parmi les B réponses.

Voici dans la figure 11-1 une illustration du *bagging* avec trois arbres sur le jeu de données du Titanic[1].

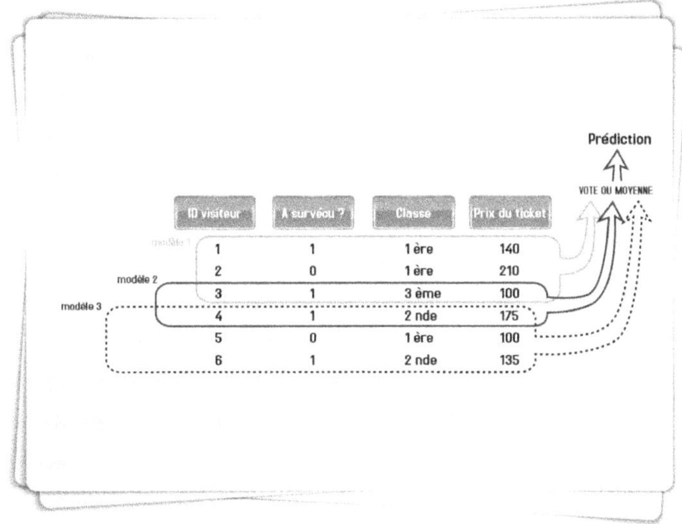

Figure 11-1 – *Illustration du tree bagging avec trois arbres*

---

1. Disponible ici : https://www.kaggle.com/c/titanic-gettingStarted

Feature sampling

En plus du tirage aléatoire sur les lignes, le *random forest*, ainsi que d'autres méthodes ensemblistes qui se basent sur des arbres de décisions comme classifieurs de base (tels que les *extra trees* ou le *gradient boosting*, que nous verrons plus tard), introduisent un tirage aléatoire sur les variables à utiliser, par défaut $\sqrt{n}$ pour un problème à n variables.

Pour reprendre l'exemple du médecin de l'introduction, c'est comme si vous demandiez à chaque médecin de votre panel de réaliser son diagnostic en ayant un accès limité à vos informations. Vous pouvez par exemple choisir de lui donner vos analyses de sang ainsi que vos radios, mais pas vos antécédents ni vos IRM.

Le *feature sampling* est une idée majeure qui contribue très fortement à réduire la variance de l'ensemble créé. En effet, une moyenne de B variables indépendantes et identiquement distribuées[2], chacune de variance σ^2, a une variance de $\dfrac{\sigma^2}{B}$. Si on exclut l'hypothèse d'indépendance des variables, ce qui est souvent le cas dans la réalité, la variance de l'ensemble est (en notant ρ le coefficient de corrélation des paires de variables) :

$$V_{forest} = \rho\sigma^2 + \frac{1-\rho}{B}\sigma^2$$

Pour réduire la variance de l'ensemble, on voit bien l'importance du nombre d'arbres, qui peut affaiblir, voire annuler le second terme. Mais la réduction du premier terme ne sera possible que grâce au *features sampling* qui aura pour effet de baisser la corrélation entre les arbres et donc de réduire la variance de l'ensemble !

Pour résumer, le *features sampling* et le *bagging* contribuent tous deux à baisser la variance du problème, comme le montre la figure 11-2.

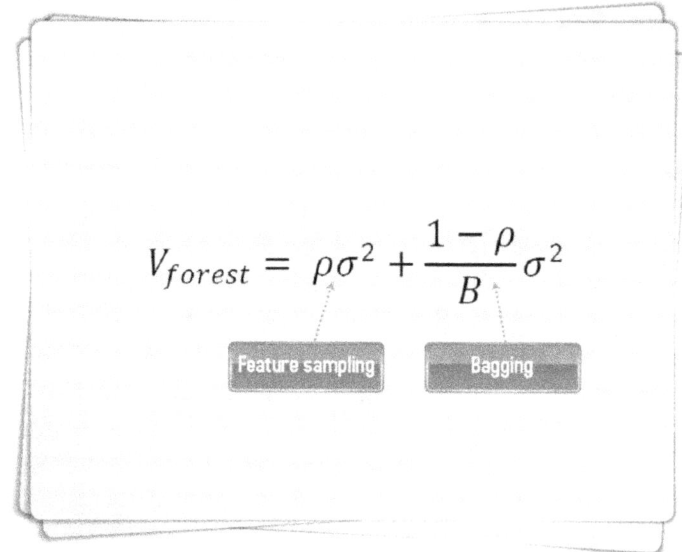

Figure 11-2 – *Contribution à la baisse de la variance du problème*

---

2. De telles variables, dites aussi i.i.d., ont toutes les mêmes lois de probabilités et sont mutuellement indépendantes.

Le critère de split

Vous savez depuis le chapitre précédent qu'il existe de multiples critères de *split* pour la construction des arbres. En pratique, nous utilisons surtout les critères de Gini et d'entropie avec le *random forest*. Notez que ce paramètre n'est pas un paramètre du *random forest*, mais des arbres de décisions sous-jacents.

Les critères de Gini et d'entropie sont deux façons de voir le problème de la séparation des feuilles d'un arbre. Ces deux approches vont donc naturellement construire des arbres de topologies différentes pour un même jeu de données.

Le critère de Gini

Le critère de Gini (à ne pas confondre avec le coefficient de Gini[3]) vise à se concentrer sur la classe la plus représentée dans le jeu de données. L'objectif est de la séparer le plus rapidement possible (le plus haut possible dans l'arbre pour être plus précis). Mais on peut aussi forcer l'arbre à se concentrer sur une autre classe, en lui ajoutant une pondération plus forte.

Ce critère va tenter de créer des règles simples et de très haut niveau pour séparer les classes importantes du reste de la population, et ce récursivement jusqu'en bas de l'arbre (figure 11-3).

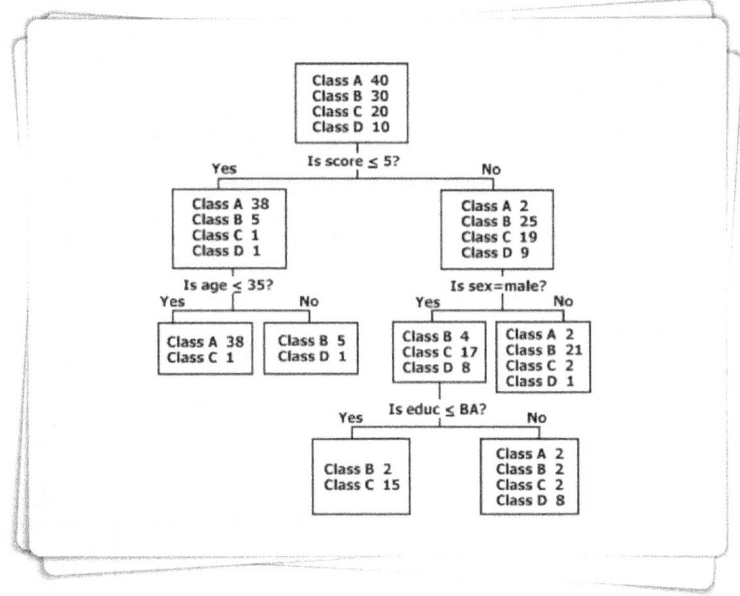

Figure 11-3 – *Topologie d'un arbre suivant le critère de Gini*

---

3. Le coefficient de Gini est une mesure statistique de la dispersion d'une distribution dans une population donnée. Le coefficient de Gini est un nombre variant de 0 à 1, où 0 signifie l'égalité parfaite et 1 signifie l'inégalité totale. Par abus de langage, on parle souvent de l'indice de Gini pour caractériser la dispersion des revenus dans un pays.

Ce critère construit en règle générale des arbres de grande qualité. Il est donc assez naturellement le critère par défaut dans la plupart des implémentations.

Le critère d'entropie

Le critère d'entropie nous provient de la théorie de l'information. Comme en thermodynamique ou dans la chambre de vos enfants, l'entropie en statistique est une mesure du désordre qui règne dans une population. La construction de l'arbre visera à baisser l'entropie globale du système à chaque étape, sans se focaliser sur la classe la plus représentée comme dans le cas du critère de Gini.

L'entropie se définit comme suit :

- soit S un ensemble de données labélisées $\{+, -\}$

- soit p_+ la proportion de la population positive dans S et p_-, la proportion de population négative

$$Entropy(S) = -\,p_+ \log p_+ - p_- \log p_-$$

Cette notion se comprend aisément avec le schéma de la figure 11-4.

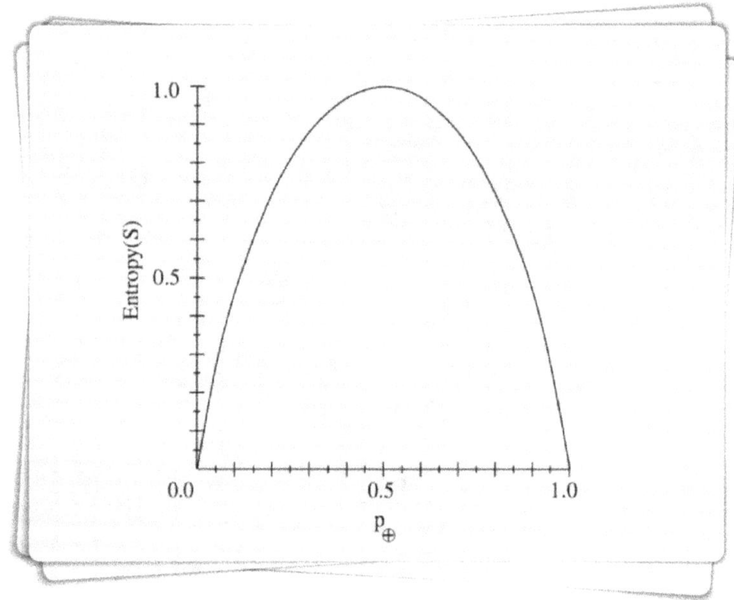

Figure 11-4 – *Entropie d'un système en fonction de la proportion de classe*

Un système très déséquilibré (forte disproportion entre les exemples positifs et négatifs) aura une entropie faible car les observations présentent déjà un certain niveau de « rangement ». A contrario, l'entropie d'un système où les classes sont équi-réparties est maximale.

Lors de la création d'une nouvelle feuille dans l'arbre, on définit une règle qui va ordonner les données. On mesure la performance de cette règle par le gain d'information qu'elle apporte ou par la réduction d'entropie qui lui est due. On choisira la règle qui maximisera le gain d'information ou, ce qui est équivalent, qui réduira l'entropie.

On définit le gain d'information comme suit :

• soit A un arrangement (une règle métier) des données produisant F nouvelles feuilles,

• le gain d'information pour notre système S après l'arrangement A est :

$$Gain(S, A) = Entropy(S) - \sum_{f \in F} \frac{|S_f|}{|S|} . Entropy(S_f)$$

Tom Mitchell nous offre dans son ouvrage *Machine learning* un excellent exemple jouet pour bien comprendre le calcul du gain d'information, qui conditionne donc le meilleur *split* possible : vais-je jouer au tennis compte tenu d'un ensemble d'indicateurs météorologiques (tableau 11-1) ?

Tableau 11-1. Vais-je jouer au tennis ou pas ?

Day	Outlook	Temperature	Humidity	Wind	PlayTennis
D1	Sunny	Hot	High	Weak	No
D2	Sunny	Hot	High	Strong	No
D3	Overcast	Hot	High	Weak	Yes
D4	Rain	Mild	High	Weak	Yes
D5	Rain	Cool	Normal	Weak	Yes
D6	Rain	Cool	Normal	Strong	No
D7	Overcast	Cool	Normal	Normal	Yes
D8	Sunny	Mild	High	Weak	No
D9	Sunny	Cool	Normal	Weak	Yes
D10	Rain	Mild	Normal	Weak	Yes
D11	Sunny	Mild	Normal	Strong	Yes
D12	Overcast	Mild	High	Strong	Yes
D13	Overcast	Hot	Normal	Weak	Yes
D14	Rain	Mild	High	Strong	No

On peut calculer aisément l'entropie initiale du système. On a 14 observations, dont 5 négatives et 9 positives.

$$E(S) = -\left(\frac{9}{14}\right)\log\left(\frac{9}{14}\right) - \left(\frac{5}{14}\right)\log\left(\frac{5}{14}\right) = 0.940$$

Comparons maintenant deux critères de split différents : *Humidity* et *Wind* (figure 11-5).

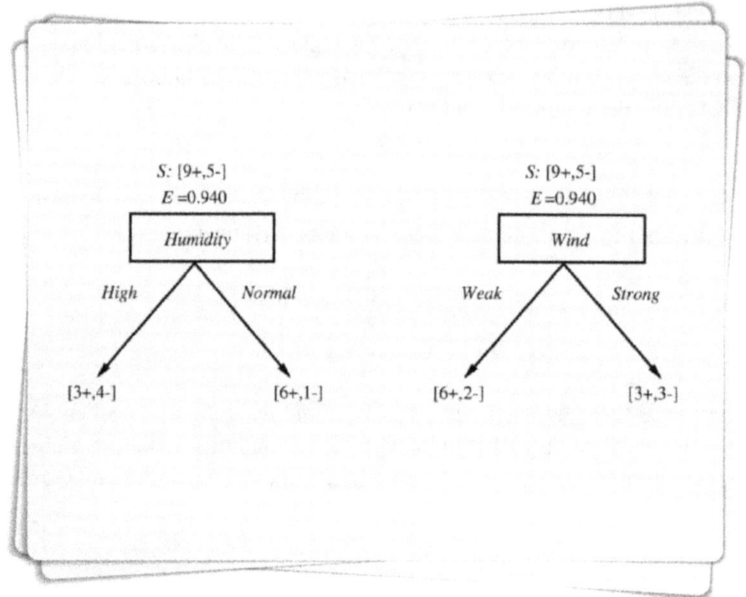

Figure 11-5 – *Comparaison de deux critères de split différents*

On peut calculer les entropies de chaque nouvelle feuille :

- $E\big(\text{Humidity} == \text{High}\big) = -\left(\dfrac{3}{7}\right)\log\left(\dfrac{3}{7}\right) - \left(\dfrac{4}{7}\right)\log\left(\dfrac{4}{7}\right) = 0.985$

- $E\big(\text{Humidity} == \text{Normal}\big) = 0.592$

- $E\big(\text{Wind} == \text{Weak}\big) = 0.811$

- $E\big(\text{Wing} == \text{Strong}\big) = 1.00$

Et on peut enfin calculer les gains d'information correspondant aux choix respectifs de *Humidity* et *Wind* :

- $Gain\big(S,\ Humidity\big) = 0.94 - \left(\dfrac{7}{14}\right)0.985 - \left(\dfrac{7}{14}\right)0.592 = 0.151$

- $Gain\big(S,\ Wind\big) = 0.94 - \left(\dfrac{8}{14}\right)0.811 - \left(\dfrac{6}{14}\right)1.00 = 0.048$

On laisse au lecteur le plaisir de choisir entre ces deux variables le meilleur candidat pour notre split !

Dans les faits, il n'y a pas de règle précise pour définir quel critère (Gini ou entropie) est le meilleur. Sincèrement, testez les deux et gardez celui qui vous offrira le meilleur score de classification.

Conseils pratiques

Les paramètres de random forest

Bien que le *random forest* soit l'un des algorithmes non linéaires les plus aisés à comprendre, le paramétrer n'est pas simple et ne viendra qu'avec l'expérience. Et pour cause, il dispose d'une multiplicité de paramètres. Son implémentation dans scikit-learn fait appel par exemple à pas moins de 14 paramètres :

```
class sklearn.ensemble.RandomForestClassifier(n_estimators=10, criterion='gini',
max_depth=None,min_samples_split=2, min_samples_leaf=1, max_features='auto',
max_leaf_nodes=None, bootstrap=True,oob_score=False, n_jobs=1,
random_state=None, verbose=0, min_density=None, compute_importances=None)
```

Passons les plus importants en revue.

- `n_estimators` : c'est tout simplement le nombre d'arbres différents à entraîner.
- `criterion` : c'est le critère statistique utilisé pour couper les feuilles de chaque arbre en cours de construction. Gini ou entropie pour la classification, nous en avons parlé en détail plus haut.
- `max_depth` : c'est la profondeur maximale de chaque arbre, un critère très important qui dépend du niveau d'interaction entre les variables.

Pour la plupart des problèmes, gérer ces trois paramètres devrait déjà vous donner des scores de classification tout à fait acceptables. Si vous recherchez encore un peu plus de performance dans votre modèle, vous pourrez paramétrer en plus.

- `min_samples_split` : le nombre minimum d'observations qu'il faut dans une feuille avant séparation. Ce critère est un contrôle supplémentaire qui permet d'éviter le sur-apprentissage. En effet, il peut arriver que, même avant d'atteindre la profondeur maximale, il faille stopper certaines branches de l'arbre avant pour éviter de se retrouver avec des feuilles trop isolées.
- `max_features` : c'est le nombre maximum de variables qu'on tire aléatoirement pour chaque arbre. Comme dit plus haut, le critère par défaut, $\sqrt{n}$, offre un excellent compromis. Mais il est déjà arrivé plus d'une fois aux auteurs d'avoir à paramétrer ce critère différemment. C'est le cas notamment quand le pouvoir prédictif des variables est très différent, ou dans le cadre de problème dit de signaux très faibles où le pouvoir de prédiction des variables est très « dilué ».

Enfin, il y a d'autres critères qui, bien que n'influençant pas le score de modélisation, sont très utiles à connaître.

- `n_jobs` : indique le nombre de cœurs de CPU que vous utiliserez pour la construction des arbres. Oui, car le *random forest* est un algorithme qui se parallélise bien, la construction de chaque arbre étant totalement indépendant des autres. Si vous souhaitez utiliser tous vos cœurs de CPU, vous fixerez ce paramètre à – 1. Si vous disposez d'un core i5 ou i7 assez récent, vous verrez que le *random forest* sait construire huit arbres en parallèle.
- `verbose` : ce paramètre vous permet de surveiller la construction de vos arbres. Il est intéressant quand vous savez que pour certains problèmes, et même avec huit cœurs, vous attendrez plus de 10 h avant d'avoir votre résultat !

Interprétation de random forest

Si Heisenberg avait fait du *machine learning*[4], il aurait très certainement fait une version *data science* de son célèbre principe d'incertitude, qui aurait été quelque chose comme ça :

$$\Delta perf.\Delta expl. \geq K$$

Autrement dit, difficile d'avoir un modèle très performant et facile à expliquer. Par « expliquer », nous entendons l'analyser d'un point de vue métier, par exemple, « l'algorithme a pris telle décision car le poids accordé à telle variable est de tant». Avec un algorithme non linéaire, pas d'explication de ce type.

Le *random forest* n'échappe pas à la règle. Toutefois, on peut exposer aux interlocuteurs métier les variables qui sont souvent utilisées par les arbres. Vous avez accès à cette information via le paramètre `compute_importance`.

Pour faire simple, plus une variable est utilisée par un nombre significatif d'arbres et plus elle est utilisée « haut » dans les arbres, plus cette variable est importante.

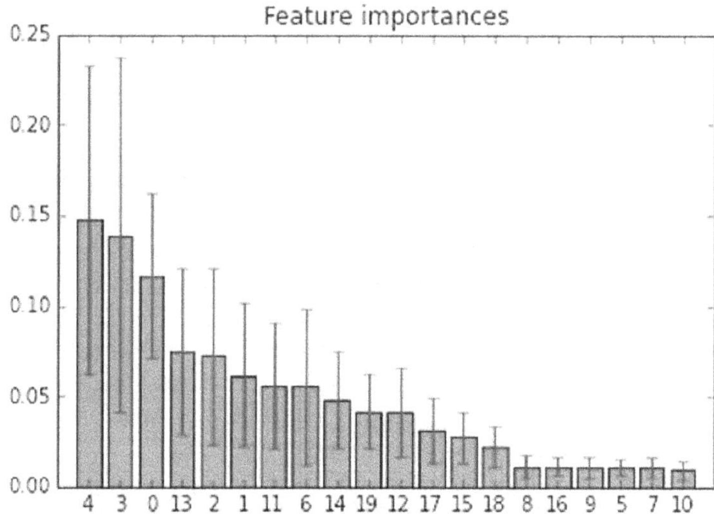

Figure 11-6 – *Importance des variables 4, 3, 0, etc. en post-traitement*

Par exemple, en assurance, on peut s'attendre à ce que l'âge ou le sexe, deux critères métier très discriminants, se retrouvent parmi les variables les plus importantes du modèle basé sur un algorithme de *random forest*.

Un autre moyen simple de tenter d'interpréter les résultats d'un *random forest* consiste tout simplement à tracer quelques arbres, si la profondeur le permet, et à visualiser le parcours d'une décision en particulier. R et Python offrent des possibilités de *data visualisation* d'arbre assez intéressantes, comme celle de la figure 11-7.

---

4. Cher Werner, si tu nous entends, ne te retourne pas et accorde-nous le droit de détourner tes travaux à des fins pédagogiques !

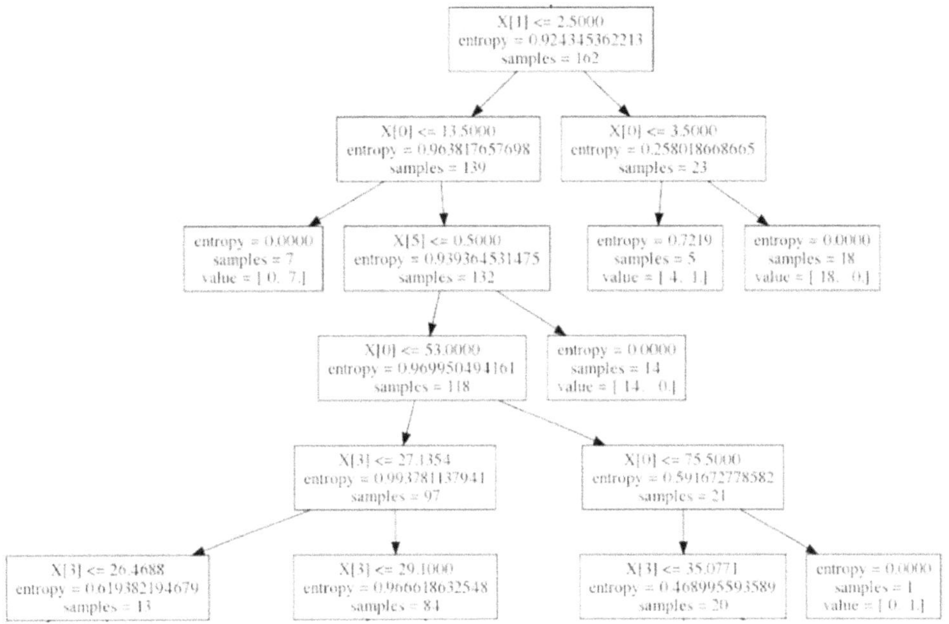

Figure 11-7 – *Un des arbres construits par le random forest*

Quelques variantes de random forest

Il existe quelques variantes au *random forest*. Citons-en deux :

- *Extremely[5] Randomized Trees* ou *extra trees*, qui rajoutent un état de *random* supplémentaire. Les *extra trees* comportent donc trois niveaux de *random* :

  1. Bagging,

  2. Feature sampling,

  3. Random split.

  Alors que le *random forest* choisit la meilleure variable parmi $\sqrt{n}$ variables sur la base d'un critère déterministe, à savoir le meilleur *split* pour chacune des variables, l'*extra trees* réalise pour chacune de ces variables des *splits* totalement aléatoires et sélectionne la meilleure variable uniquement sur ce résultat.

- *Rotation forest*, dont l'idée est de réaliser une extraction automatique de variables en réalisant une analyse en composantes principales avant de construire l'arbre, afin de conserver un maximum d'information. Le séquencement de cet algorithme est le suivant :

---

5. Vous verrez parfois en *machine learning* quelques vocables comme *extreme*, *ultimate* ou que sais-je encore. Sachez que souvent cela signifie simplement l'ajout d'un état de *random* supplémentaire ! Oui, nous aussi, on a le droit à un peu de snobisme...

1. Sélectionner K échantillons de variables,

2. Pour chacun des K nouveaux jeux de données, réaliser une analyse en composantes principales, en utilisant uniquement les variables sélectionnées,

3. Puis assembler toutes les composantes principales dans une nouvelle matrice,

4. Enfin, réaliser l'apprentissage sur cette nouvelle matrice.

L'analyse en composantes principales n'étant finalement qu'une rotation de l'axe des variables, vous comprendrez l'étymologie du nom de ce nouveau classifieur.

Pour terminer et pour ceux qui aiment les concours de kiki, la figure 11-8 suivante est un tableau comparatif des performances entre notamment le *random forest*, le *rotation forest* et les méthodes de *boosting* que nous verrons dans le chapitre qui suit.

Data Set	Rotations J48	J48	Bagging J48	Boosting J48	Random Forest
anneal	99.01±0.93	98.62±1.01	98.98±0.93	99.54±0.68	99.38±0.78
audiology	79.83±6.93	76.33±7.45 •	81.12±7.35	83.30±6.99	76.58±7.94
autos	82.56±8.66	82.86±9.25	84.12±8.42	84.61±7.93	81.95±7.85
balance-scale	90.26±2.62	79.43±4.01 •	81.39±3.70 •	76.82±4.14 •	80.28±3.80 •
breast-cancer	72.07±6.54	68.00±7.43	69.48±7.17	66.12±7.81 •	69.00±7.31
cleveland-14-heart	82.61±6.12	76.49±6.91 •	79.70±6.01	79.20±7.25	80.34±6.47
credit-rating	86.00±3.90	82.50±4.24 •	85.17±4.34	84.02±3.98	85.15±4.23
glass	74.33±8.06	67.77±9.70 •	73.85±9.34	76.23±9.09	75.65±8.42
german-credit	73.87±3.89	67.89±3.95 •	72.08±3.63	71.95±4.32	73.57±3.38
heart-statlog	82.37±6.45	76.69±7.51 •	80.44±6.84	79.38±7.40	80.86±6.53
hepatitis	82.92±8.88	78.95±9.27	80.68±8.89	82.45±8.17	83.04±8.07
horse-colic	84.80±5.35	82.16±5.89	84.80±5.96	81.05±6.20	84.96±5.43
hungarian-14-heart	79.57±6.45	78.85±7.30	78.74±6.65	79.08±7.00	79.28±6.31
hypothyroid	99.57±0.33	99.51±0.37	99.59±0.30	99.65±0.30	99.18±0.46 •
ionosphere	93.88±3.76	89.97±4.55 •	92.29±3.79	93.01±3.97	92.84±3.89
iris	95.73±5.20	94.93±4.99	94.58±5.15	94.36±5.22	94.13±5.18
labor	91.69±11.89	79.84±14.57 •	84.31±14.44	87.20±13.81	87.00±13.45
letter	95.54±0.47	88.02±0.75 •	92.85±0.65 •	95.44±0.50	94.52±0.49 •
lymphography	84.27±8.35	75.64±11.12 •	78.97±10.32	82.40±9.73	81.28±8.58
pendigits	99.21±0.25	96.46±0.57 •	97.99±0.44 •	99.01±0.28 •	98.81±0.29 •
pima-diabetes	76.39±4.43	73.85±4.94	75.59±4.54	72.49±5.08 •	74.78±4.42
primary-tumor	44.37±6.56	42.42±7.57	42.79±6.92	41.64±6.94	41.56±6.50
segment	98.05±0.95	96.81±1.26 •	97.58±1.05	98.25±0.80	97.71±1.06
sonar	83.49±7.88	73.82±8.71 •	78.34±9.14	79.95±9.51	80.75±7.84
soybean	94.17±2.47	90.67±3.34 •	91.88±3.15 •	92.44±2.76	91.92±2.83 •
splice	95.49±1.13	92.20±1.37 •	94.25±1.20 •	94.11±1.23 •	90.07±1.79 •
vehicle	77.95±3.74	72.38±4.25 •	74.70±4.07 •	76.44±4.01	74.37±4.43 •
vote	96.08±2.88	95.71±2.93	96.43±2.47	95.22±3.19	95.74±2.75
vowel-c	96.87±1.76	81.26±4.18 •	91.72±2.89 •	94.15±2.42 •	95.59±2.23
vowel-n	95.77±1.94	79.22±4.59 •	89.52±3.27 •	91.93±2.72 •	92.37±2.73 •
waveform	83.94±1.72	75.14±1.99 •	81.78±1.74 •	81.45±1.71 •	81.89±1.74 •
wisconsin-breast-cancer	97.02±1.93	94.30±2.74 •	95.82±2.54 •	95.97±2.11	95.75±2.14 •
zoo	92.35±8.04	93.42±6.93	93.50±7.11	97.04±5.21 ○	95.83±6.02
(Win/Tie/Loss)		(0/13/21)	(0/24/10)	(1/25/8)	(0/24/10)

○ Rotation Forest is significantly worse, • Rotation Forest is significantly better, level of significance 0.05

Figure 11-8 – *Qui a la meilleure performance ?*
Comparaison de différentes méthodes ensemblistes (15 fois 10-folds cross-validation)

> **À RETENIR Random forest**
>
> *Apprentissage supervisé – régression ou classification*
>
> Le *random forest* construit plusieurs arbres de décision indépendants.
>
> Chaque arbre construit dispose d'une vision parcellaire du problème, conditionnée par un double tirage aléatoire :
>
> - *tree bagging* : tirage aléatoire avec remplacement sur les lignes (les observations) ;
> - *feature sampling* : tirage aléatoire sur les colonnes (les variables).
>
> La construction de chaque arbre se base (en classification) sur deux critères :
>
> - Gini, qui se focalise sur la séparation de la classe la plus représentée ;
> - entropie, qui vise à maximiser le gain d'information à chaque étape de réalisation de l'algorithme.
>
> Les arbres créés sont ensuite assemblés. La prévision pour de nouvelles données est une moyenne (en régression) ou un vote (en classification).

Références

Deux publications de référence par le papa du *random forest* :

- Breiman L., Friedman J., Olshen R., C. Stone C. 1984. *Classification and regression Trees.* Pacific Grove.

- Breiman L. 1996. Some properties of splitting criteria. *Machine Learning*, 24:1, p. 41-47.

Le livre de Tom Mitchell dont est issu notre exemple jouet :

- Mitchell T. 1997. *Machine Learning.* McGraw Hill.

Quelques éléments sur les variantes du *random forest* :

- Geurts P., Ernst D., Wehenkel L. 2005. Extremely randomized trees. *Machine Learning*, 63:1, p. 3-42.

- Rodriguez JJ., Kuncheva LI., Alonso CJ. 2006. Rotation forest: a new classifier ensemble method. *IEEE Transactions on Pattern Analysis and Machine Intelligence*, 28:10, p. 1619-1630.

- Rodriguez JJ., Alonso CJ. 2004. Rotation-based ensembles. In Current topics in Artificial Intelligence, 3040, p. 498-506.

12

Gradient boosting

Introduction

Commençons ce chapitre en divaguant un peu : le *boosting*, c'est un peu l'expérience de la vie… Premièrement, on fait des erreurs puis on les corrige. La personnalité est souvent forgée par les erreurs commises, que l'on s'efforce de corriger lorsqu'on est confrontés à des situations similaires. Toutes nos erreurs vont ainsi avoir des poids plus ou moins forts dans leur contribution à notre personnalité finale. Deuxièmement, notre vie n'est pas gérée par une seule règle universelle qui couvre toutes les situations, mais par de multiples petites règles simples, dont l'assemblage se révèle très puissant…

Les méthodes de *boosting* implémentent ces principes. Elles correspondent à une forme de régression (et de classification) non linéaire extrêmement performante. Le *gradient boosting*, en particulier, partage avec le *random forest* le gène commun d'être une méthode ensembliste, qui se base sur des arbres de décision comme méthode sous-jacente à l'ensemble. Même si l'ensemble formé est très différent, nous raisonnerons souvent en différentiel par rapport au *random forest*.

On parlera dans ce chapitre tout d'abord du *boosting* en général, puis on se focalisera assez rapidement sur le *gradient boosting machine*, la star des compétitions de *data science* !

Le modèle en détail

Adaboost, le prestigieux ancêtre

Alors que le *random forest* construit plusieurs arbres en parallèle, le *boosting* construit lui aussi k arbres (ou d'autres algorithmes basiques), mais il le fait en série. L'arbre $k + 1$ aura accès à son prédécesseur, ou plus précisément à l'<u>erreur</u> de son prédécesseur. En conséquence, il sera pour ainsi dire un spécialiste de l'erreur passée et concentrera son effort sur la correction de ces erreurs désormais dévoilées. Pour un problème de classification, la prédiction n'est plus un vote à la majorité, mais une somme pondérée de chacun des algorithmes faibles.

La première implémentation de cette idée, proposée par Yoav Freund et Robert Schapire, se nomme *adaboost* (pour *adaptative boosting*). Elle a rencontré un fort succès tant théorique que pratique, au point de recevoir le célèbre Prix Gödel, qui récompense annuellement depuis 1993 les avancées significatives en sciences de l'informatique[1].

Notons que, au début des années 1990, chacun de leur côté, Schapire d'abord, puis Freund, ont réalisé des travaux mettant en scène la notion d'algorithme faible (*weak learner*). Schapire a démontré que n'importe quel algorithme faible pouvait être efficacement transformé (« boosté ») en un algorithme robuste. Plus tard, Freund a présenté une nouvelle approche, *boost-by-majority*, qui améliore sensiblement l'approche initiale de Schapire. Mais tous deux partagent cette idée commune : un méta-algorithme fait travailler successivement des algorithmes faibles, chacun ayant accès à une distribution différente du problème, se focalisant sur les observations difficiles à traiter et forçant ainsi son successeur à les traiter correctement. Le tout est assemblé dans le méta-algorithme. Pour faire simple, le terme *boosting* désigne, au sens large, les méthodes fonctionnant sur ce principe d'assemblage en série d'algorithmes faibles.

Pour clarifier les choses, voici dans les figures 12-1 et 12-2 suivantes deux graphiques mettant en évidence les points communs et les différences entre *random forest* et *boosting*, dans leurs principes de construction et d'assemblage des algorithmes faibles.

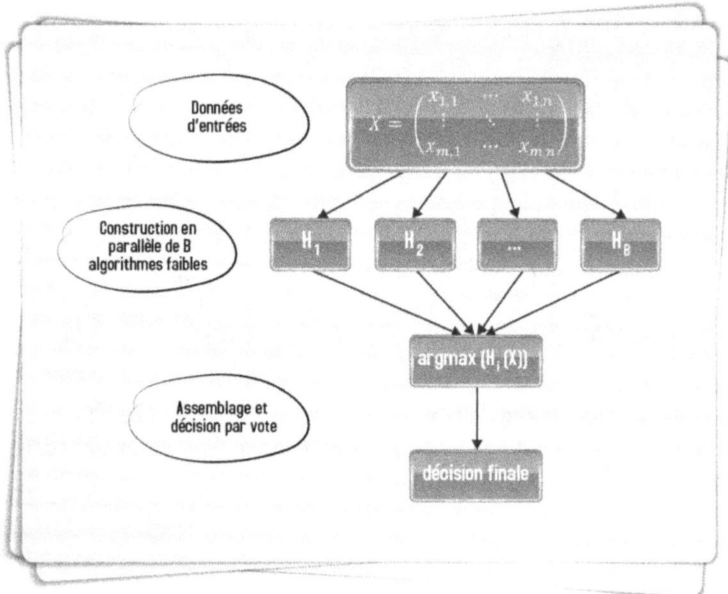

Figure 12-1 – *Random forest : processus de construction et d'assemblage*

---

1. Pour ne pas froisser nos amis québécois, nous traduisons *computer science* ; mais admettez que Shakespeare l'aurait emporté sur Molière pour le coup !

Dans le cas de *random forest*, les algorithmes faibles sont des arbres de décision unitaires, construits de façon totalement indépendante. Chaque algorithme dispose de la même voix pour le vote final. Le *boosting* est un peu moins démocratique et réalise une somme pondérée pour la décision finale.

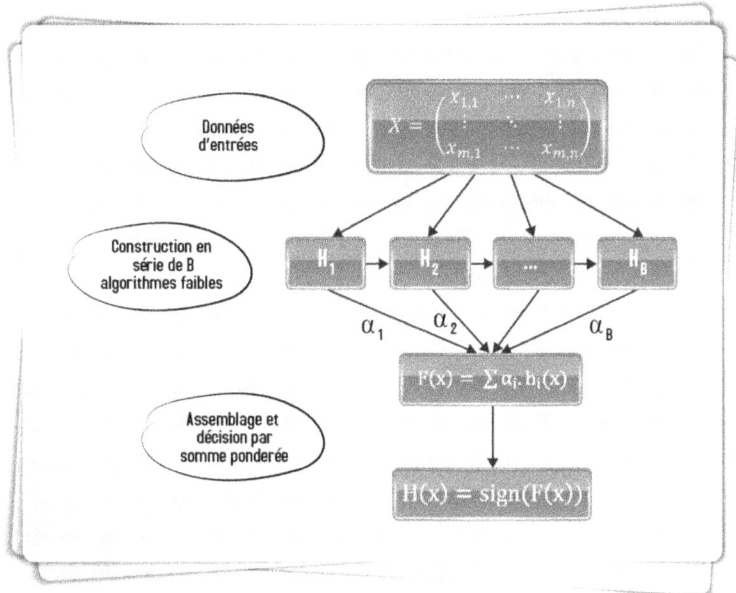

Figure 12-2 – *Boosting : processus de construction et d'assemblage*

Outre leurs spécificités lors de l'étape d'assemblage, la différence majeure réside dans la sérialisation de la construction des algorithmes. Illustrons cela par un exemple simple.

Plaçons-nous dans un espace à deux dimensions. Nous devons construire un classifieur pour l'ensemble de points non linéairement séparables de la figure 12-3.

Il est impossible de séparer linéairement ces points dans cet espace, mais nous utilisons malgré tout des séparateurs linéaires. Nous ajoutons la contrainte que chaque algorithme faible doit être forcément horizontal ou vertical.

Pour le premier round, c'est-à-dire l'entraînement du premier algorithme faible, que nous appellerons h_1, il est probable que le résultat soit celui de la figure 12-4.

Imaginez le round suivant comme un dialogue entre le premier algorithme faible, h_1 et le suivant, h_2[2] (figure 12-5).

h_2 va maintenant prendre le relais en voyant une distribution différente des données, les erreurs de son prédécesseur ayant été surpondérées. Voici maintenant dans la figure 12-6 le résultat du travail de h_2, qui a eu à cœur de respecter son engagement vis-à-vis de h_1...

---

2. Tant qu'à faire des exemples jouets, autant le faire jusqu'au bout, non ?

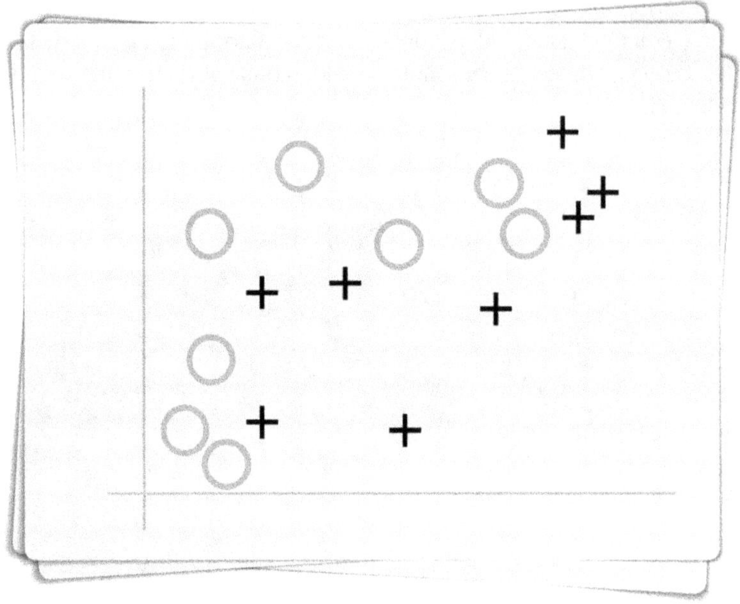

Figure 12-3 – *Un ensemble de points à classifier*

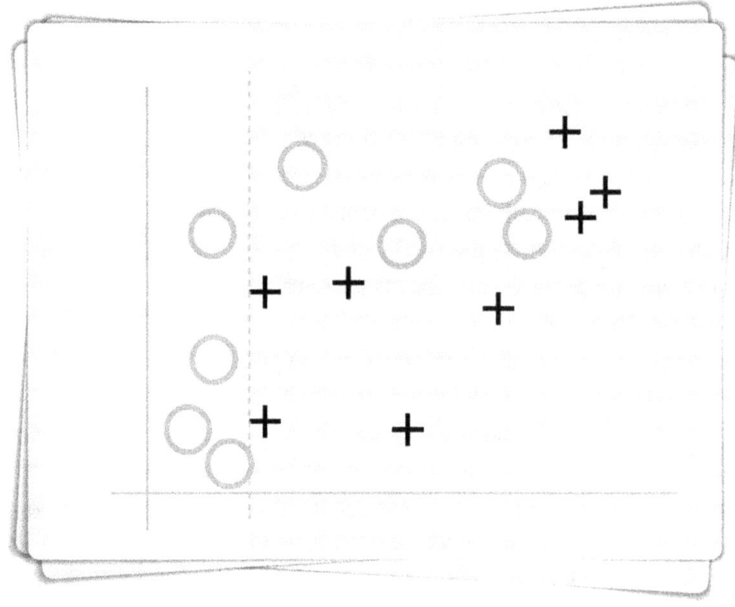

Figure 12-4 – *Résultat de h_1*

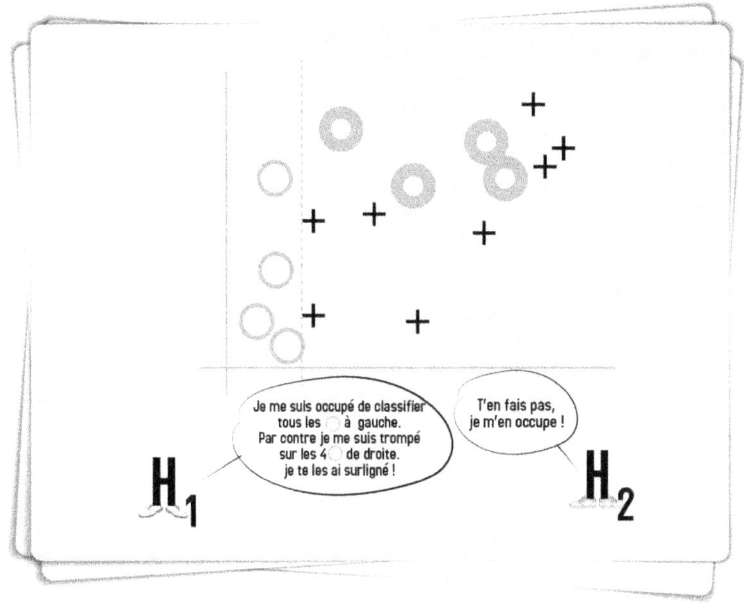

Figure 12-5 – *Quand deux algorithmes faibles en série discutent...*

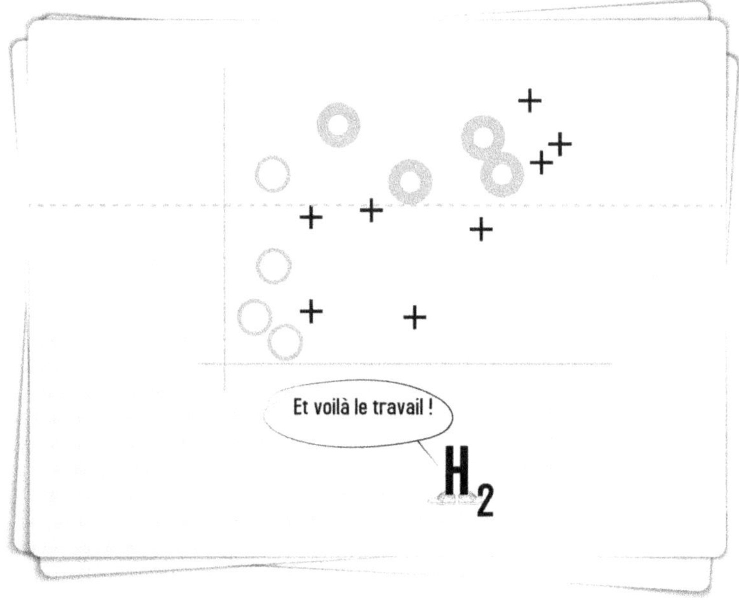

Figure 12-6 – *Résultat de* h_2

Ensuite, h_2 va lui-même passer la main à h_3, qui verra quant à lui le problème avec une nouvelle pondération et qui proposera une nouvelle classification, telle que dans la figure 12-7.

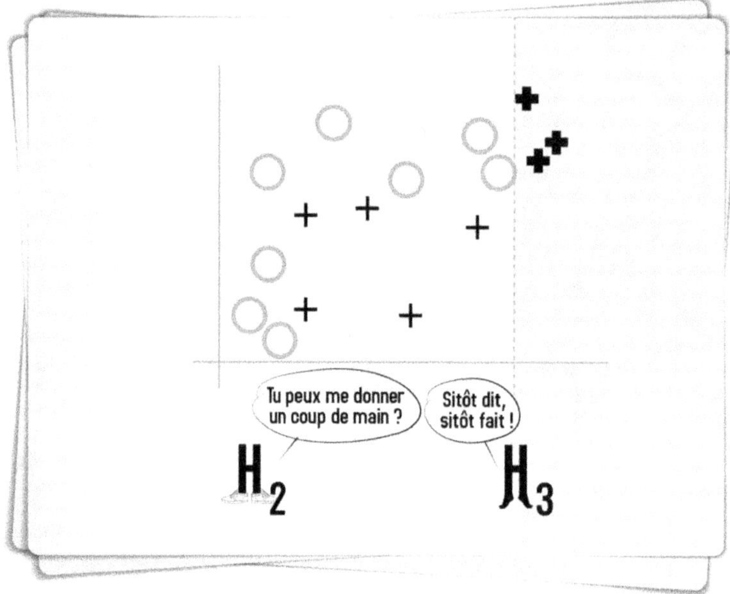

Figure 12-7 – *Résultat de h_3*

Au final, on obtiendra un méta-classifieur H composé de l'assemblage de h_1, h_2 et h_3, présenté dans la figure 12-8.

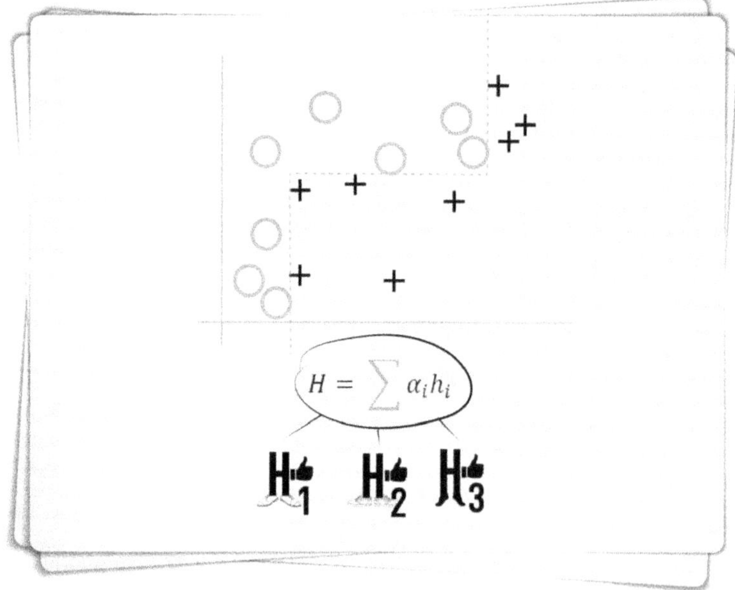

Figure 12-8 – *Le méta-classifieur obtenu par assemblage d'algorithmes faibles*

Les coefficients de pondération α_i dépendent uniquement des erreurs de chacun des h_i, notées ε_i (l'indice i de h représente un algorithme faible et non pas une observation) :

$$\alpha_i = \frac{1}{2}\ln(\frac{1-\varepsilon_i}{\varepsilon_i})$$

Vous noterez la règle très intuitive de contribution finale de chacun des h_i :

$$\varepsilon_i < \varepsilon_j \Rightarrow \alpha_i > \alpha_j$$

Vous connaissez maintenant les grands principes des méthodes de *boosting*, et *adaboost* en particulier. Terminons par cette citation du grand Léo Brieman, qu'il aurait prononcée en 1996 :

Adaboost: best off-the-shelf classifier in the world.

Mais en 1996, ce cher Breiman ne connaissait pas encore le *gradient boosting* !

Le gradient boosting

Principe

On doit le *gradient boosting* à Jerome Friedman, statisticien américain qui officie à Standford et qui est un des co-auteurs de l'une des bibles du *machine learning* : *The elements of statistical learning*. Le *gradient boosting* reprend les principes d'*adaboost*, mais les généralise à plusieurs fonctions de coût, quand *adaboost* n'en utilise qu'une seule. Cette généralisation est rendue possible par l'utilisation de la descente de gradient dans la construction itérative des algorithmes faibles.

Vous connaissez la descente de gradient depuis le chapitre sur la régression linéaire. Vous connaissez aussi les méthodes de *boosting*. Eh bien, le *gradient boosting* est tout simplement la combinaison des deux méthodes !

Gradient Boosting = Descente de Gradient + Boosting

Rentrons un peu dans le détail. Commençons pour cela par rappeler quelques notions sur les fonctions de coût. Dans un cadre assez général, une fonction de coût, qu'on cherchera bien évidemment à minimiser, est définie comme suit :

- Soit S un set de m observations : $S = \left\{x_1, x_2, ..., x_m\right\}$

- Les données S sont supervisées par le vecteur $Y = \left\{y_1, y_2, ..., y_m\right\}$

- Si h est notre fonction hypothèse qui cherche à approximer le vecteur Y, on définit la fonction de coût J :

$$J(h) = \sum_{i=1}^{m} j(y_i, h(x_i))$$

La notion de coût et donc d'erreur pour le *boosting* revêt un sens un peu différent. En effet, nous étions habitués avec les méthodes classiques à qualifier d'« erreur » l'écart entre la fonction hypothèse h et la cible Y, que l'on cherche à approximer comme défini ci-dessus. Dans le cadre du *boosting*, on compare les résultats de chaque nouvelle fonction hypothèse h_i aux résidus « laissés » par h_{i-1}.

Voyons plus précisément comment l'information liée aux résidus circule entre deux itérations. Reprenons pour cela notre jeu de données de m observations, $S = \left\{ x_1, x_2, ..., x_m \right\}$, labélisées par $Y = \left\{ y_1, y_2, ..., y_m \right\}$, qu'on cherche à approximer à l'aide d'une méthode de *boosting*. Vous avez compris qu'on va construire itérativement B fonctions hypothèses h, qu'on assemblera dans l'algorithme final H.

La première de ces fonctions hypothèses h_1 va réaliser un premier apprentissage des données. À la fin de cette première étape, la fonction H est égale à h_1. Le rôle du second algorithme faible h_2 est d'améliorer cette piètre fonction H, telle que :

$$\forall\ i \in \left\{ 1, ..., m \right\} \qquad H\left(x_i \right) + h_2\left(x_i \right) \approx y_i$$

Plus clairement, et pour les besoins de notre démonstration, on cherche h_2 telle que :

$$\forall\ i \in \left\{ 1, ..., m \right\} \qquad h_2\left(x_i \right) \approx y_i - H\left(x_i \right)$$

Le rôle de h_2 est bien d'approximer nos données d'entrée par rapport aux erreurs de h_1. Autrement dit, on réalise :

$$h_2.fit\left(X,\ y - H \right)$$

Ces quelques lignes de trivialité nous ont permis d'extraire le terme $y_i - H\left(x_i \right)$, correspondant aux résidus de l'étape précédente.

Plutôt que de simplement sur-pondérer ces résidus comme précédemment, nous allons tenter d'exprimer ce terme comme un gradient négatif d'une certaine fonction de coût. Il suffit pour cela d'utiliser la fonction de coût des moindres carrés pour un problème de régression :

$$j\left(y_i,\ H\left(x_i \right) \right) = \frac{\left(y_i - H\left(x_i \right) \right)^2}{2}$$

$$J = \sum_{i=1}^{m} j\left(y_i,\ H\left(x_i \right) \right)$$

Ainsi, la tâche qui incombe à h_2 revient à minimiser cette fonction de coût. Pour s'en convaincre, il suffit de calculer le gradient de J par rapport à $H\left(x_i \right)$:

$$\frac{\partial J}{\partial H\left(x_i \right)} = \frac{\partial \sum_k j\left(y_k,\ H\left(x_k \right) \right)}{\partial H\left(x_i \right)} = H\left(x_i \right) - y_i$$

Ainsi, la construction de H se fait itérativement en mettant à jour notre fonction H comme suit :

$$H(x_i) := H(x_i) - \frac{\partial J}{\partial H(x_i)} \quad \forall \; i \in \{1,\dots,m\}$$

Cela doit sans doute vous rappeler l'expression de mise à jour des coefficients θ_j des modèles linéaires[3] $\theta_j := \theta_j - \alpha \frac{\partial J}{\partial \theta_j}$.

Maintenant qu'on sait exprimer nos résidus $y_i - H(x_i)$ comme le gradient négatif de J, remarquons qu'on peut aisément utiliser d'autres fonctions de coût. C'est là un énorme avantage que nous offre le *gradient boosting*. En effet, certaines fonctions de coût peuvent ne pas être appropriées pour votre problème.

Fonctions de coût

Principalement, ce sont les potentiels *outliers* statistiques dans les données qui vont fortement conditionner le choix de la fonction de coût. En effet, les méthodes de *boosting* peuvent être particulièrement sensibles à ces points atypiques. Cela se comprend aisément : comme chaque itération vise à corriger les erreurs précédentes, un *outlier* se retrouvera avec une sur-pondération obligeant la prochaine itération à chercher à le traiter correctement. Ainsi, un poids excessif sera donné à cette valeur, qui peut n'être qu'une aberration dans les données. Ceci peut nuire fortement à la robustesse du modèle.

Le choix de la fonction de coût pour le *gradient boosting* (et plus généralement pour les autres algorithmes) est très important. On peut énoncer cette règle : la fonction de coût choisie doit être le plus possible liée au problème métier que vous cherchez à résoudre. Autrement dit, choisissez <u>la fonction de coût en fonction du critère sur lequel sera évalué en production votre algorithme</u>.

Cela peut paraître évident, mais on voit beaucoup de *data scientists* utiliser les fonctions de coût qu'ils connaissent bien, en oubliant le critère d'évaluation final. Dans l'API scikit-learn, vous pouvez par exemple utiliser les quatre fonctions de coût suivantes en régression :

- Norme L_2 caractérisée par $(y - h(x))^2$
- Norme L_1 caractérisée par $|y - h(x)|$
- Huber, qui est un peu un mélange des deux. Cette fonction est quadratique pour les petites erreurs et linéaire pour les grandes erreurs, ce qui la rend moins sensible aux *outliers*. Elle est caractérisée comme suit :

$$J_\delta(x) = \begin{cases} \dfrac{1}{2}(y - h(x))^2, & |y - h(x)| \le \delta \\[2ex] \delta|y - h(x)| - \dfrac{1}{2}\delta^2, & sinon \end{cases}$$

---

3. L'analogie avec le modèle linéaire ne s'arrête pas là. Si on se rappelle que l'algorithme final assemble les algorithmes faibles en en faisant la somme pondérée $\sum_i \alpha_i h_i$, on peut voir H comme un modèle linéaire dont les variables seraient... ses propres algorithmes faibles !

- Quantile, qui est une fonction de coût utilisée, comme vous pouvez l'imaginer, pour la régression quantile[4].

L'idée géniale de Friedman d'utiliser la descente de gradient rend possible l'utilisation de multiples fonctions de coût. Cela rend notamment le *gradient boosting* éligible aux problèmes de classification, en utilisant par exemple le *log loss* comme fonction de coût, ou toute autre fonction de coût pour la classification.

Il est intéressant de noter que même si vous demandez de traiter un problème de classification au *gradient boosting*, celui-ci ne le verra pas de cet œil et utilisera des algorithmes sous-jacents de régression, en l'occurrence des arbres de régression. En effet, chacun de ces arbres verra non pas la cible Y, mais le gradient de la fonction de coût. Quelle que soit la fonction de coût choisie, les valeurs des résidus seront continues. Ainsi, les algorithmes faibles seront exclusivement des algorithmes de régression.

Pour terminer ce voyage dans le territoire des fonctions de coût, voici dans la figure 12-9 le graphe de quelques-unes des plus célèbres d'entre elles.

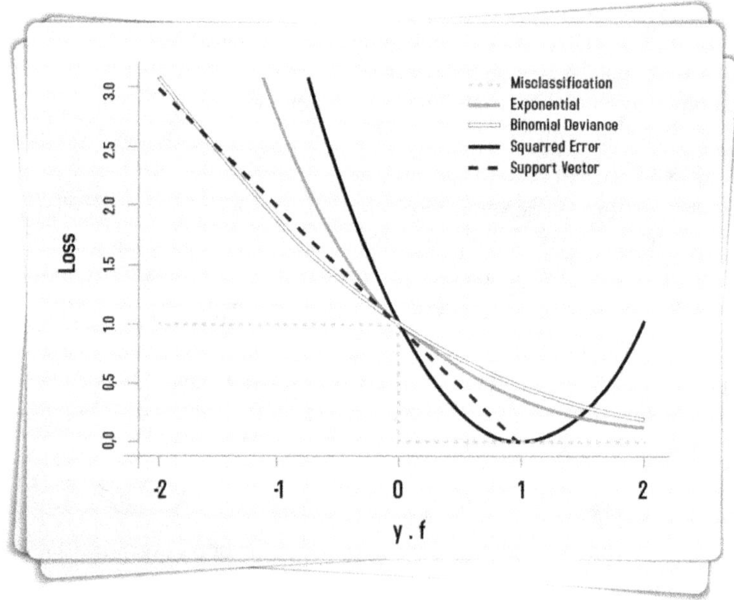

Figure 12-9 – *Quelques fonctions de coût célèbres*

---

4. La régression quantile est une forme de régression alternative à la régression linéaire. Contrairement à cette dernière, elle n'estime pas la moyenne conditionnelle du vecteur Y, mais fournit une approximation par la médiane ou par les autres quantiles de Y.

Le gradient boosting dans la pratique

Mise en œuvre dans scikit-learn

Le *gradient boosting* est un algorithme complexe dont le paramétrage n'est pas aisé. Par rapport au *random forest*, il présente l'inconvénient d'être itératif et donc de ne pas être un candidat idéal à la parallélisation. Autrement dit, la recherche des bons paramètres peut être longue… très longue. Mais rassurez-vous, avec un peu d'expérience et les bases théoriques que vous avez maintenant, vous devriez y arriver !

Voici la signature de la classe *gradient boosting regressor* dans scikit learn :

```
class sklearn.ensemble.GradientBoostingRegressor(loss='ls', learning_rate=0.1,
n_estimators=100,subsample=1.0, min_samples_split=2, min_samples_leaf=1, max_depth=3,
init=None, random_state=None,max_features=None, alpha=0.9, verbose=0,
max_leaf_nodes=None, warm_start=False)
```

Passons les paramètres les plus importants en revue.

- `loss` : la fonction de coût utilisée pour la descente de gradient, un critère très important comme nous venons de le voir.

- `Learning_rate` : définit le pas à chaque descente de gradient. Vous serez souvent dans la fenêtre [0.03, 0.2].

- `n_estimators` : c'est tout simplement le nombre d'estimateurs ou d'itérations que vous ferez. Pour le paramétrer, observez simplement les erreurs train et test : tant que vous n'*overfittez* pas, augmentez le nombre d'estimateurs. Il n'est pas rare d'avoir plusieurs milliers d'estimateurs.

- `max_depth` : la profondeur des arbres entraînés. Les arbres sont en général peu profonds comparativement au *random forest*, de trois à huit dans la pratique. Pour enfoncer le clou sur l'idée des algorithmes faibles, sachez qu'on peut déjà obtenir de bons résultats avec des arbres de profondeur 2 (aussi appelés *stump trees*), soit à un seul *split* !

Ces quatre critères devraient amplement suffire pour la plupart de vos problèmes. Si vous êtes expérimenté avec le *random forest*, vous pourriez être amené à ajuster les paramètres suivants.

- `min_sample_split`, le nombre minimum d'observations qu'il faut dans une feuille avant séparation, pour éviter les feuilles trop isolées.

- `max_features`, qui contrôle le tirage des variables à disposition des arbres lors de leur construction.

- `Subsample`, qui contrôle le tirage aléatoire parmi les observations.

Par défaut, ces deux derniers paramètres sont désactivés : on utilise toutes les variables et toutes les observations à chaque itération.

En 1996, Friedman a publié un autre papier, très rapidement après sa première publication sur le *gradient boosting*. Il y a présenté une sorte de mariage entre sa méthode et les méthodes de *bagging* de Brieman (encore lui !). Il a montré de substantielles améliorations pour certains problèmes et a appelé cette méthode *stochastic gradient boosting*[5]. Il suffit de paramétrer `Subsample` < 1 pour transformer votre *gradient boosting* en *stochastic gradient boosting*.

Terminons par deux paramètres qui, bien que n'ayant aucune incidence sur la construction des arbres et de l'estimateur final, se révèlent fort utiles.

- `Verbose` : ce paramètre permet de contrôler les itérations et vous donne une estimation du temps restant (figure 12-10).

Iter	Train Loss	Remaining Time
1	0.9238	1.04m
2	0.8937	55.90s
3	0.8679	53.92s
4	0.8439	52.90s
5	0.8228	52.14s
6	0.8033	52.20s
7	0.7862	52.65s
8	0.7689	52.54s
9	0.7513	52.39s
10	0.7368	51.94s
11	0.7204	51.79s
12	0.7063	51.75s
13	0.6907	51.81s
14	0.6782	51.83s
15	0.6663	51.76s
16	0.6564	51.46s
17	0.6457	51.35s
18	0.6339	51.22s

Figure 12-10 – *Verbose = 1*

- `Warmstart` : permet d'ajouter des itérations à un *gradient boosting* déjà entraîné, très pratique quand on connaît le temps d'apprentissage du *gradient boosting*…

- Comme nous le disions plus haut, rien de tel que d'observer les erreurs train et test pour paramétrer votre gradient boosting. À cet effet, ces quelques lignes de code tracent sur le même graphe ces deux erreurs :

```python
import pylab as pl

def diagnose(X, gb, params):
    #params est le dictionnaire de paramètres du gradient boosting
    test_score = np.zeros((params['n_estimators'],), dtype=np.float64)

    for i, y_pred in enumerate(gb.staged_decision_function(X_test)):
        test_score[i] = gb.loss_(y_test, y_pred)
```

---

5. À ne pas confondre avec le SGD (*Stochastic Gradient Descent*), qui combine bien *bagging* et descente de gradient, mais sans *boosting*.

```
pl.figure(figsize=(12, 9))
pl.title('Deviance')
pl.plot(np.arange(params['n_estimators']) + 1, gb.train_score_, 'b-',
        label='Training Set Deviance')
pl.plot(np.arange(params['n_estimators']) + 1, test_score, 'r-',
        label='Test Set Deviance')
pl.legend(loc='upper right')
pl.xlabel('Boosting Iterations')
pl.ylabel('Deviance')
pl.show()
```

Ce genre de simple diagnostic visuel vous permettra de tester un nouveau paramétrage
(figure 12-11).

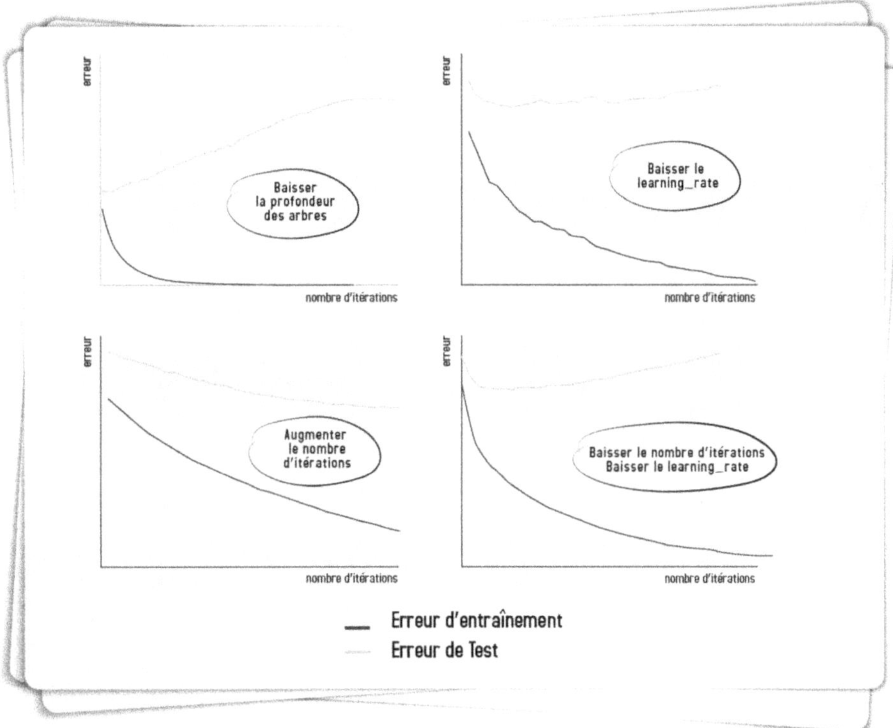

Figure 12-11 – *Diagnostic visuel pour ajuster le paramétrage*

Terminons par un dernier paramètre important du *gradient boosting* qui permet, comme pour le
random forest, d'identifier les variables les plus discriminantes (figure 12-12). Cette information
est très précieuse (en tout cas bien plus qu'un test univarié d'importance) car le *gradient boosting* est capable de détecter de sévères non-linéarités dans les variables et les interactions entre
variables les plus cachées !

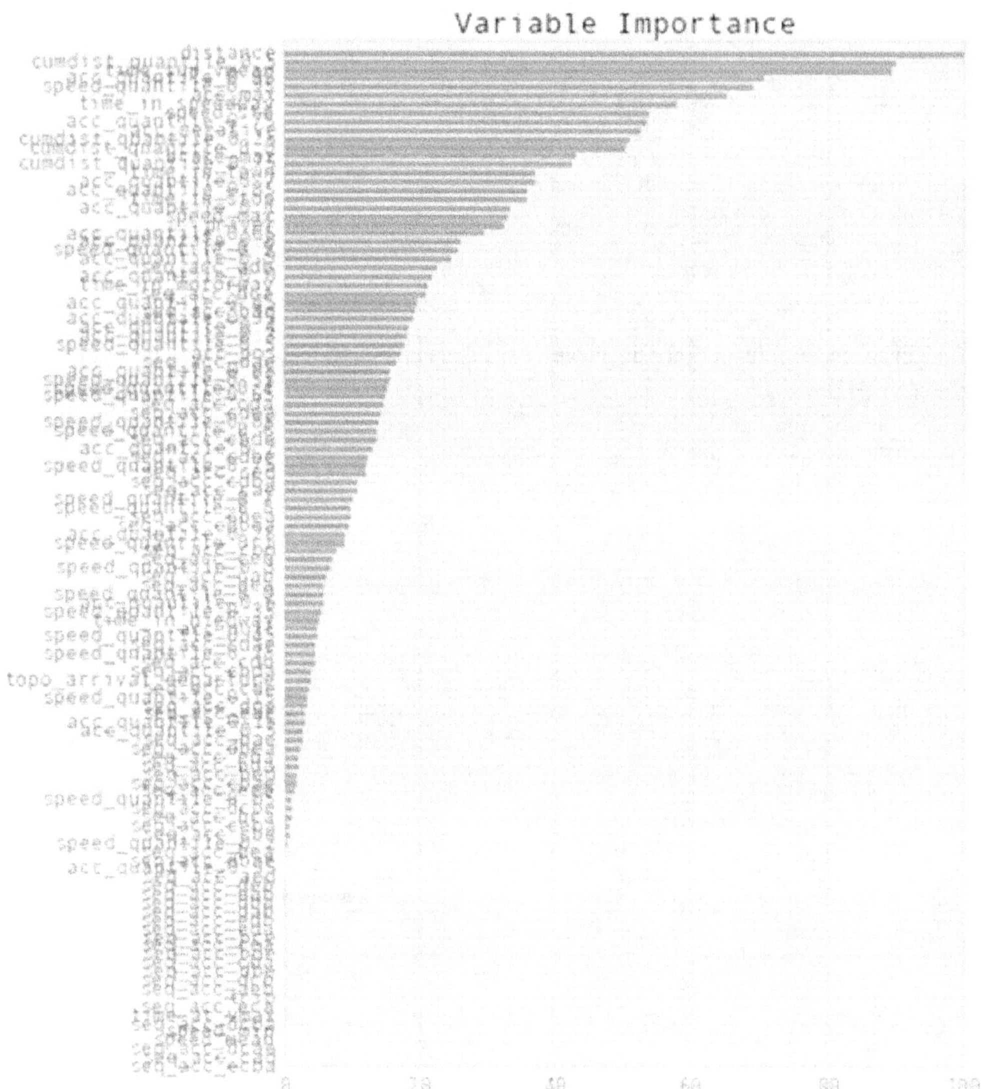

Figure 12-12 – *Importance des variables du gradient boosting en post-traitement*

Un exemple en classification

Il est temps de mettre tout cela au clair avec un exemple. Les bonnes librairies de *machine learning* en R et Python arrivent avec des jeux de données qu'il suffit de charger. Jouons un peu avec le célèbre problème de classification de chiffres, un problème de classification en 10 dimensions.

```
from sklearn.datasets import load_digits
digits = load_digits()
X = digits.data
y = digits.target
```

Nous disposons de 1797 observations définies par les niveaux de gris des pixels des images. Par exemple, voici dans la figure 12-13 la première ligne de notre jeu de données et l'image correspondante.

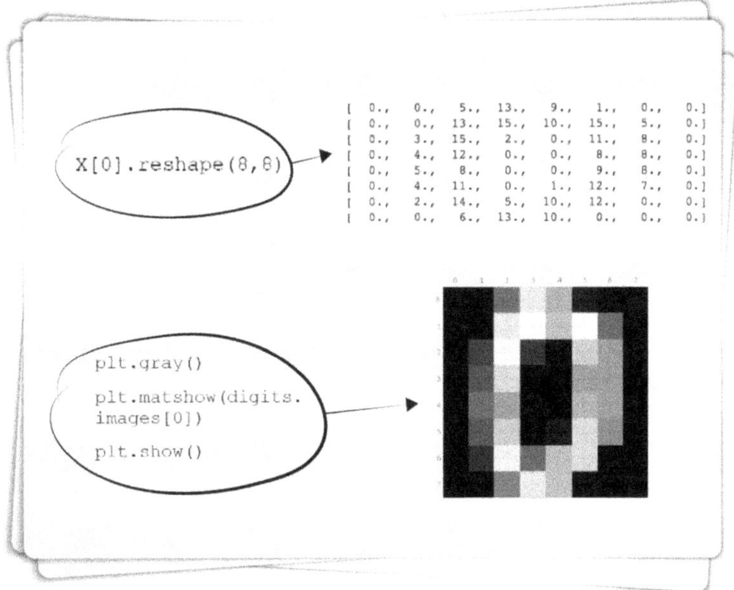

Figure 12-13 – *Deux façons de voir un zéro*

Réalisons un premier modèle :

```
from sklearn.ensemble import GradientBoostingClassifier
from sklearn.cross_validation import train_test_split
X_train, X_test, y_train, y_test = train_test_split(X, y)
gb = GradientBoostingClassifier(n_estimators=20)
gb.fit(X_train, y_train)
```

On vérifie aisément, comme souligné plus haut, que les algorithmes sous-jacents de notre *gradient boosting* sont bien des arbres de régression, alors même que notre problème est un problème de classification. Effectivement, l'appel ci-dessous renvoie la liste des algorithmes faibles entraînés pour chacun des labels, soit dix arbres par itération. Vous remarquez que les algorithmes sous-jacents sont bien des `DecisionTreeRegressor`.

```
print gb.estimators_[0]
```

```
[ DecisionTreeRegressor(compute_importances=None,              criterion=<sklearn.tree._
tree.FriedmanMSE object at 0x10ecc2390>,              max_depth=3, max_features=None,
max_leaf_nodes=None,              min_density=None, min_samples_leaf=1, min_samples_
split=2,              random_state=<mtrand.RandomState object at 0x1002bf6d8>,
splitter=<sklearn.tree._tree.PresortBestSplitter object at 0x10ead6470>)

DecisionTreeRegressor(compute_importances=None,              criterion=<sklearn.tree._
tree.FriedmanMSE object at 0x10ecc2390>,              max_depth=3, max_features=None,
max_leaf_nodes=None,              min_density=None, min_samples_leaf=1, min_samples_
split=2,              random_state=<mtrand.RandomState object at 0x1002bf6d8>,
splitter=<sklearn.tree._tree.PresortBestSplitter object at 0x10ead6470>)

DecisionTreeRegressor(compute_importances=None,              criterion=<sklearn.tree._
tree.FriedmanMSE object at 0x10ecc2390>,              max_depth=3, max_features=None,
max_leaf_nodes=None,              min_density=None, min_samples_leaf=1, min_samples_
split=2,              random_state=<mtrand.RandomState object at 0x1002bf6d8>,
splitter=<sklearn.tree._tree.PresortBestSplitter object

...
```

Ces arbres sont, comme prévu, très peu profonds. Ces quelques lignes permettent d'introspecter un des arbres pour le vérifier :

```
from sklearn.externals.six import StringIO
from sklearn.tree import export_graphviz
from IPython.display import Image
import pydot

tree0 = gb.estimators_[0][0]
dot_data = StringIO()
export_graphviz(tree0, out_file="dot_data.dot")
```

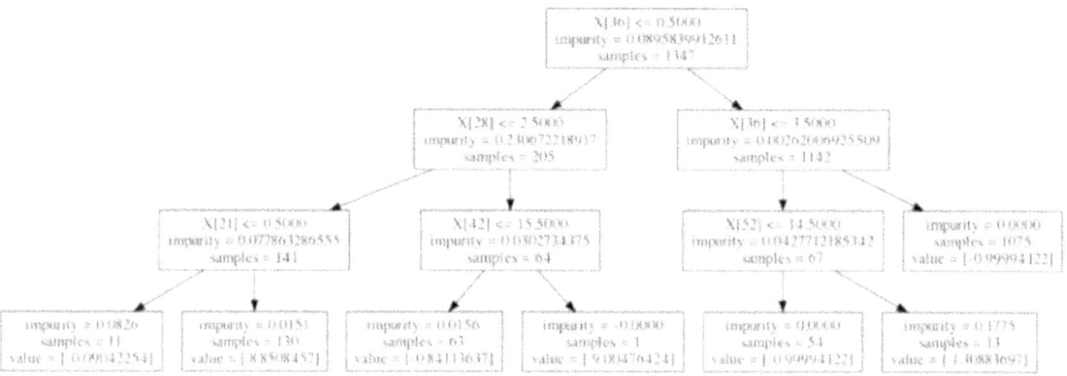

Figure 12-14 – *Un arbre type construit par le gradient boosting*

Il est intéressant de noter l'évolution de l'intervalle de confiance de plus en plus faible au fil des itérations de *boosting*. Vous avez accès à l'algorithme en cours de construction avec la commande :

```
gb.staged_predict_proba
```

Voici par exemple le graphe de la moyenne des probabilités pour chaque label à chaque itération (figure 12-15).

On observe que la succession des itérations rend le méta-algorithme de plus en plus sûr de lui, ce qui se traduit par des probabilités de plus en plus élevées pour chaque label.

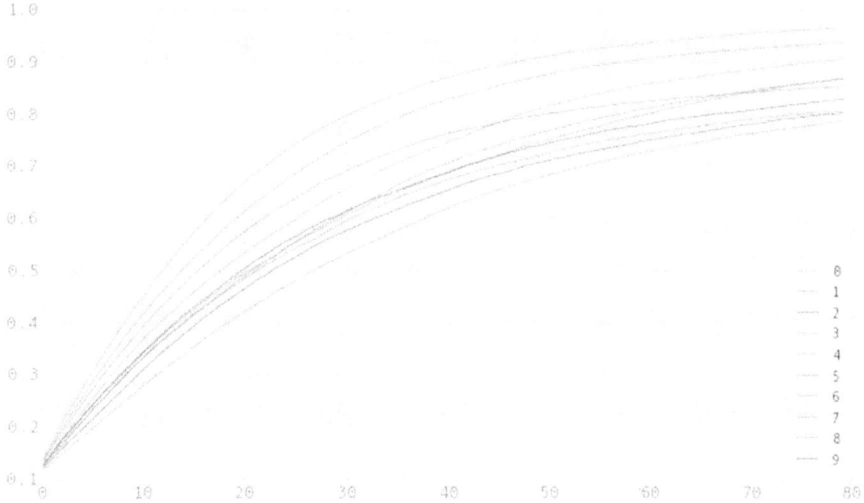

Figure 12-15 – *Moyenne des probabilités pour chaque label à chaque itération*

Une variante : xgboost

Comme souvent avec les algorithmes, il en existe une version « extrême ». Le *gradient boosting* n'échappe pas à la règle : voici le *extreme gradient boosting* ! *Xgboost* apporte deux éléments très intéressants par rapport au *gradient boosting*.

- Son implémentation est parallèle, ce qui permet de l'entraîner beaucoup plus vite. Disons-le, le temps d'entraînement est un énorme défaut du *gradient boosting*. Même sur une très belle machine avec un bon stock de RAM et assez de cœurs de CPU pour enfin savoir si $P = NP$, vous passerez votre week-end à attendre les résultats de votre *gradient boosting*.

- Et alors que le *gradient boosting* n'implémente que des arbres de régression comme algorithmes faibles, *xgboost* permet l'utilisation d'autres algorithmes sous-jacents, comme des modèles linéaires.

À noter que *xgboost* dispose d'une API Python, ce qui vous permet de l'utiliser dans votre *notebook* préféré.

> **À retenir *Gradient Boosting***
>
> *Apprentissage supervisé – régression ou classification*
>
> Le *gradient boosting* est une méthode ensembliste non linéaire extrêmement performante.
>
> Il reprend le principe général du *boosting*, qui consiste à réaliser un méga-algorithme par itérations successives, chaque itération visant à corriger l'erreur de la précédente.
>
> Il généralise toutefois à l'utilisation de plusieurs fonctions de coût. La mise à jour, à chaque itération, du méta-algorithme se fait au travers du gradient de la fonction de coût choisie.
>
> L'assemblage final est une combinaison linéaire de chacun des algorithmes faibles, ceux réalisant l'erreur la plus faible étant sur-pondérés lors de l'assemblage.

Références

Les premiers travaux de Schapire et Freund sur la notion de *weak learner* :

- Schapire RE. 1990. The strength of weak learnability. *Machine Learning*, 5:2, p. 197-227.
- Freund Y.,1993. *Data Filtering and Distribution Modeling Algorithms for Machine Learning.* Ph.D. thesis.
- Freund Y. 1995. Boosting a weak learning algorithm by majority. *Information and Computation*, 121:2, p. 256-285.

Le papier original qui a permis à Freund et Schapire de remporter le prix Gödel en 2003 :

- Freund Y., Schapire R.E. 1997. A decision-theoretic generalization of on-line learning and an application to boosting. *Journal of Computer and System Sciences*, 55:1, p. 119-139.

Les deux papiers de Friedman sur le *gradient boosting machine* :

- Friedman JH. 2001. *The Annals of Statistics*, 29:5, p. 189-1232. (http://www-stat.stanford.edu/~jhf/ftp/trebst.pdf)
- Friedman JH. 2002. *Computational Statistics and Data Analysis*, 38:4, p. 367-378. (https://statweb.stanford.edu/~jhf/ftp/stobst.pdf)

Sur les fonctions de coût :

- Michelis A. 2012. *Traditional versus non-traditional boosting algorithms.* A Dissertation Submitted to the University of Manchester for the Degree of Master of Science in the Faculty of Engineering and Physical Sciences.

Le papier ci-dessous met en évidence le lien entre *boosting* et les SVM, traités dans le chapitre suivant :

- Freund Y., Schapire RE. 1999. A Short introduction to boosting. *Journal of Japanese Society for Artificial Intelligence*, 2, p. 1404-1406.

Voici également l'excellente vignette de Ridgeway sur le paramétrage du *gradient boosting* (sous R, mais généralisable) :

- Ridgeway. 2007. *Generalized Boosted Models: A guide to the gbm package.* (https://r-forge.r-project.org/scm/viewvc.php/*checkout*/pkg/inst/doc/gbm.pdf?revision=18&root=gbm&pathrev=18)

Le *gradient boosting* sur sklearn :

- http://fr.slideshare.net/DataRobot/gradient-boosted-regression-trees-in-scikitlearn

Et enfin, quelques slides très pédagogiques sur le *gradient boosting* par le créateur de *xgboost* :

- http://homes.cs.washington.edu/~tqchen/pdf/BoostedTree.pdf

13

Support Vector Machine

Introduction

Le *Support Vector Machine* ou SVM est un puissant algorithme capable de trouver des *patterns* fortement non linéaires. Il repose sur deux idées essentielles :

- la maximisation de la marge entre la frontière de décision et les exemples les plus proches, qu'on appelle les vecteurs de support ;
- et le choix d'un hyperplan séparateur dans un nouvel espace de combinaisons non linéaires entre les variables, dans lequel une séparation linéaire des individus sera possible.

Mais avant tout, nous profiterons du chapitre consacré au SVM pour introduire une notion importante en *machine learning* : la dimension VC, qui est une sorte de mesure de la complexité d'un modèle. Nous verrons notamment l'importance qu'elle joue dans le modèle SVM.

La dimension VC

La théorie de Vapnik-Chervonenkis

La théorie de Vapnik-Chervonenkis a été développée dans la seconde moitié du 20e siècle par Vladimir Vapnik et Alexey Chervonenkis, tous deux de brillants mathématiciens russes (comme n'importe quel algorithme de NLP l'aurait prédit, n'est-ce pas ?). Entre autres apports théoriques, et pour nous restreindre aux besoins de cet ouvrage, nous la résumerons à :

- un apport considérable à la théorie de la généralisation des modèles, en se focalisant sur la notion de stabilité (que deviennent nos prédictions si nous perturbons légèrement nos données d'entrées ?) ;

- l'inégalité de VC, qui borne les écarts d'erreur *in-sample* et *out-sample*[1] pour les problèmes de classification binaire ;
- et la célèbre dimension VC, qui permet de mesurer la complexité de l'espace des fonctions hypothèses.

Il y aurait de quoi passer une thèse de doctorat sur chacun de ces trois points, mais dans le cadre de cet ouvrage, nous nous focaliserons sur les éléments importants du dernier point.

La dimension de Vapnik-Chervonenkis

Pour simplifier, plaçons-nous dans le cadre d'une classification binaire et posons quelques éléments et définitions.

- Soit S un ensemble de m observations :

$$S = \left\{ x_1, x_2, ..., x_m \right\}$$

À chaque observation correspond un label positif ou négatif. Cette information est portée par le vecteur Y suivant :

$$Y = \left\{ y_1, y_2, ..., y_m \right\}$$

- Une <u>dichotomie</u> de S est une partition de S en deux sous-ensembles disjoints. Posons alors :

$$S_+ = \{x_i \mid y_i = 1\}$$

$$S_- = S_+ - S = \{x_i \mid y_i = -1\}$$

- L'espace H des fonctions hypothèses est l'ensemble de toutes les fonctions hypothèses possibles (de dimension infinie).
- On dit que l'ensemble S est <u>pulvérisé</u> par l'espace H si et seulement si, pour chaque dichotomie de S, on arrive à trouver une fonction h de H qui est cohérente avec cette dichotomie.

Autrement dit, quel que soit la dichotomie de S, il existe une fonction hypothèse h qui classe correctement tous les points de S_+ en positif et tous les points de S_- en négatif. Nous indiquons ces éléments dans le schéma récapitulatif de la figure 13-1.

---

1. Ces notions sont précisées dans le chapitre traitant de la validation croisée.

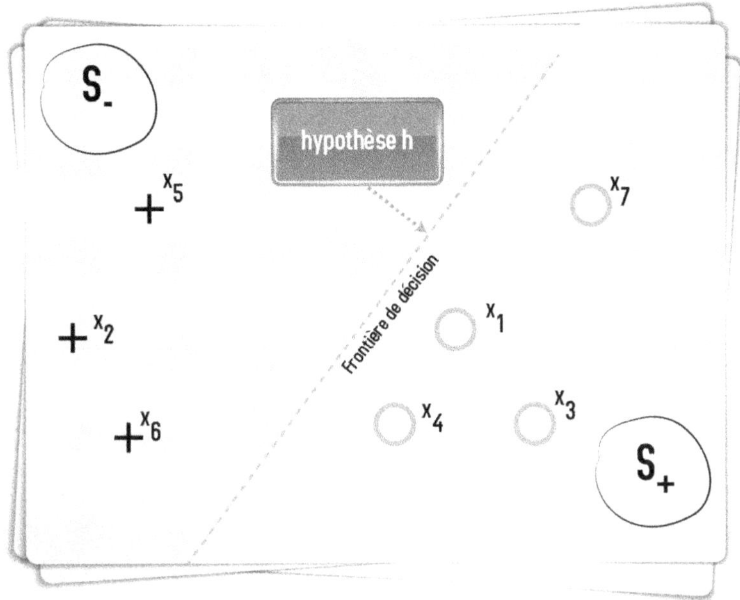

Figure 13-1 – *Vocabulaire de la dimension de Vapnik-Chervonenkis*

Enfin, on définit la dimension VC comme étant <u>le nombre maximum de points qui peuvent être répartis de façon à trouver une fonction h qui les pulvérisera</u>.

Pour bien comprendre ce qu'est la dimension VC, on a coutume de la représenter comme un jeu mettant en scène deux personnes, qui jouent à tour de rôle avec les règles du tableau 13-1.

Tableau 13-1. La dimension de Vapnik-Chervonenkis : les règles du jeu

	Joueur 1	Joueur 2
#1	Choisir un espace H de fonctions hypothèses (par exemple linéaire)	
#2	Choisir la localisation de m vecteurs $\left(x_1, x_2, \ldots, x_m\right)$	
#3		Choisir les labels pour les m observations : $\left(y_1, y_2, \ldots, y_m\right)$
#4	Choisir une fonction h de H qui ne fait aucune erreur de classification	

Ainsi, si le joueur 1 arrive à réaliser l'étape 4, on sait que la dimension VC de H est au moins égale à m. Et s'il n'y arrive pas, on dit que m est un *break point*. Ce n'est pas encore tout à fait clair ? Alors prenons quelques exemples et jouons !

Un classifieur linéaire en dimension 1

Prenons pour commencer un espace de dimension 1, une droite. Combien de points – au maximum – peut-on classifier correctement sur cette droite avec un classifieur linéaire ? Essayons avec deux points que le joueur 1 va placer sur la droite. Le joueur 2 n'a que quatre façons de labéliser ces deux points (rappelez-vous qu'on doit classifier ces deux points quelle que soit la façon de les labéliser).

Figure 13-2 – *Les quatre façons de labéliser deux points en dimension 1*

Pour chacun de ces cas, on trouve aisément une fonction h qui ne fait aucune erreur, comme celle de la figure 13-3.

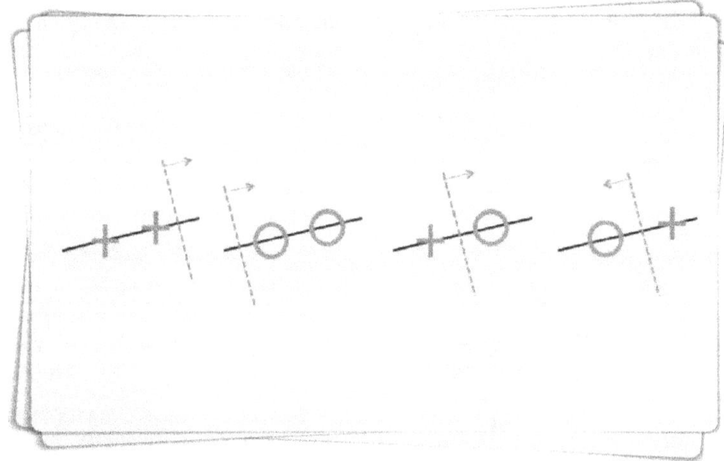

Figure 13-3 – *Quelques fonctions h classifiant parfaitement les deux points en dimension 1*

Nous en concluons donc que la dimension VC est au moins égale à 2 ($m = 2$ observations correctement classifiées, quelle que soit la façon dont ils sont labélisés).

Et avec trois points ? Eh bien cette fois-ci, on trouve aisément au moins une façon de labéliser les données qui sont impossibles à classer avec un classifieur linéaire (figure 13-4).

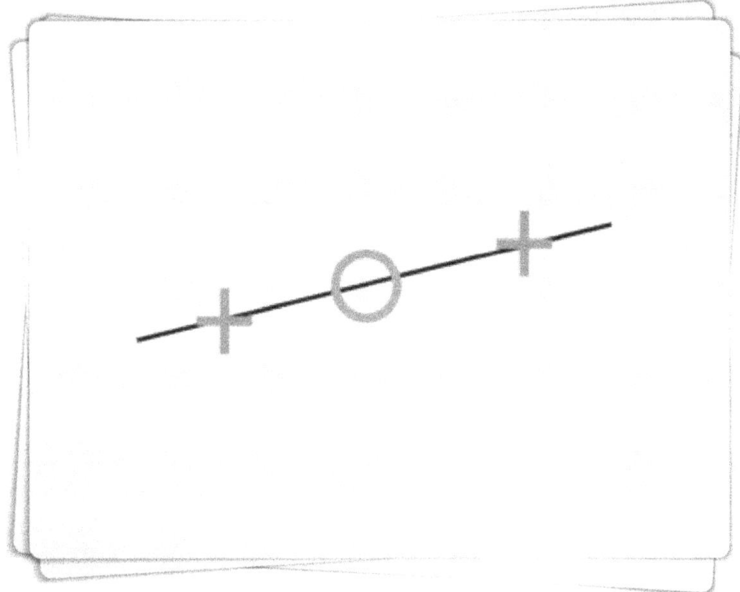

Figure 13-4 – *Il est impossible de classifier correctement ces trois points avec un classifieur linéaire*

Aucune fonction (linéaire) hypothèse h (de l'espace H initial) ne permet de classifier sans erreur les trois points de la figure ci-dessus. Comme nous avons vu au *round* précédent que la dimension VC est au moins égale à 2, nous concluons maintenant que la dimension VC est égale à 2.

Un classifieur linéaire en dimension 2

En deux dimensions, il n'existe que $2^3 = 8$ façons de labéliser trois points arbitraires. Les voici dans la figure 13-5.

Pour chacun des cas, on arrive à trouver un classifieur linéaire qui sépare S_+ et S_-. Ceci implique que la dimension VC de notre problème est au moins de 3 (figure 13-6).

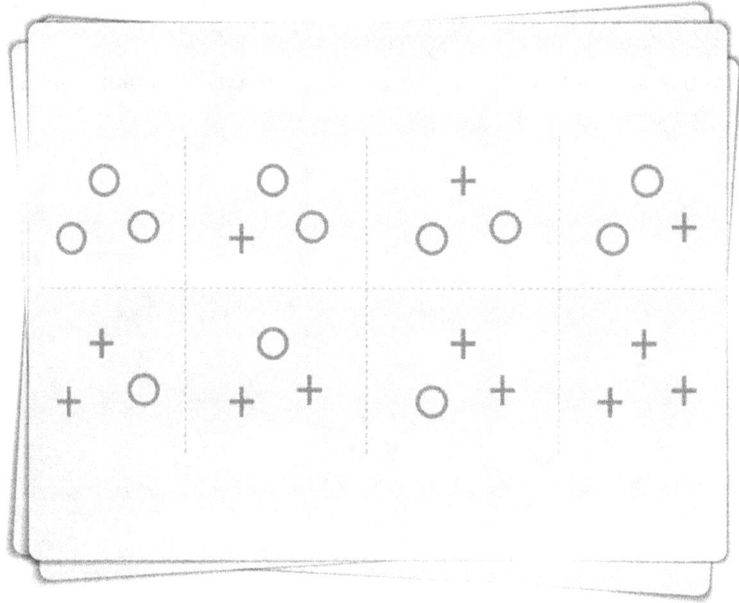

Figure 13-5 – *Les huit façons de labéliser trois points en dimension 2*

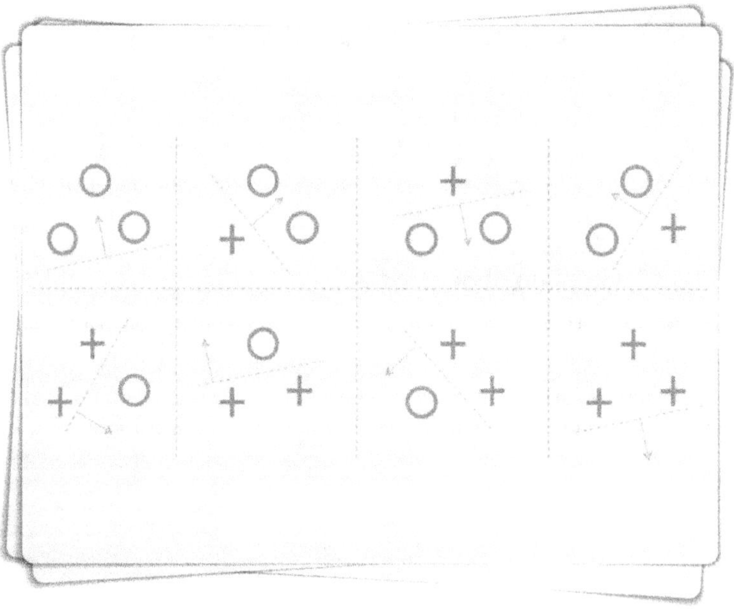

Figure 13-6 – *Un séparateur linéaire peut être trouvé pour chaque cas*

En revanche, il n'est pas aisé de trouver une labélisation pour quatre points qui ne sont pas linéairement séparables, comme ceux de la figure 13-7.

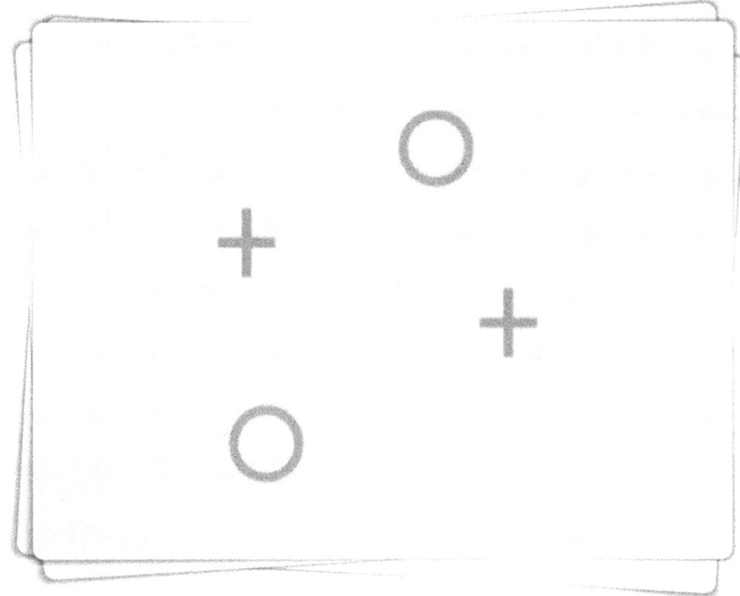

Figure 13-7 – *Exemple de quatre points ne pouvant être linéairement séparés*

La dimension VC de notre problème (classifieur linéaire en dimension 2) est donc de 3. Ces exemples se généralisent de la façon suivante.

Un classifieur linéaire dans le cas général

En dimension n, on peut démontrer que la dimension VC d'hyperplan orientée (cas général des deux exemples ci-dessus) est $n + 1$.

Cela signifie qu'il est toujours possible, pour un nombre fini d'observations, de trouver une dimension où toutes ces observations peuvent être pulvérisées.

Interprétation de la dimension VC

La dimension VC est une mesure de la complexité du modèle. En effet, on peut la voir comme les degrés de liberté de notre modèle. Une fonction polynôme de dimension suffisamment grande pourra toujours interpoler un groupe fini de points et ne faire aucune erreur. Autre exemple, un arbre de décision dont la profondeur n'est pas limitée pourra classifier correctement autant de points qu'on veut ! Mais ces deux exemples sont des cas de sur-apprentissage bien connus…

On peut démontrer (nous ne le ferons pas ici) que :

- les classifieurs de grande dimension VC pourront plus aisément trouver une façon d'approximer les données d'entrée, mais auront une forte propension à sur-apprendre ;
- les classifieurs de faible dimension VC approximeront plus difficilement les données d'entrée, mais sur-apprendront beaucoup moins car ils n'ont tout simplement pas assez de degré de liberté pour ce faire.

L'inégalité de Vapnik-Chervonenkis permet de décrire plus formellement cette intuition. Pour des problèmes de classification binaire, les mathématiciens ont effectivement établi une limite supérieure à l'erreur de généralisation, partant notamment de l'erreur d'apprentissage et de la dimension VC. Pour la simplifier[2], nous l'exprimons comme ceci :

$$\varepsilon_{test}\left(h\right) \le \varepsilon_{train}\left(h\right) + f\left(d_{VC}\left(\mathcal{H}\right),\, m\right)$$

où f est une fonction évidemment décroissante de m, le nombre d'exemples d'apprentissage, et surtout, une fonction croissante de $d_{VC}\left(\mathcal{H}\right)$!

Autrement dit, plus $d_{VC}\left(\mathcal{H}\right)$ est grande, plus on a d'incertitude entre ε_{test} et ε_{train} pour un espace de fonction $\mathcal{H}$ donnée. La dimension VC n'est pas propre au SVM, vous l'aurez compris. Néanmoins, elle a un impact direct sur cet algorithme que nous allons détailler dès à présent.

Le SVM en détail

La notion de marge

Cas de base

Reprenons le cas le plus aisé à représenter : la séparation en deux populations de m observations (classification binaire, donc) selon deux dimensions. On remarque qu'il existe une infinité de solutions possibles.

Les trois modèles a, b et c offrent exactement les mêmes scores de classification sur cet échantillon. Ce qui les différencie, c'est <u>leur capacité à généraliser</u>. En effet, si le nombre d'observations augmente, il est fort probable que le modèle a commence à produire des faux négatifs et c des faux positifs. Le modèle b semble plus optimal, justement parce qu'il maximise ses chances de généraliser. Cette représentation donne une intuition de la notion de « marge ». C'est l'une des idées essentielles du *Support Vector Machine*.

---

2. La formulation exacte est :

$$E\left[\varepsilon_{test} \le \varepsilon_{train} + \sqrt{\frac{d_{vc}\left(\log\left(2m\big/d_{vc}\right)+1\right)-\log\left(\eta\big/4\right)}{m}}\right] = 1-\eta$$

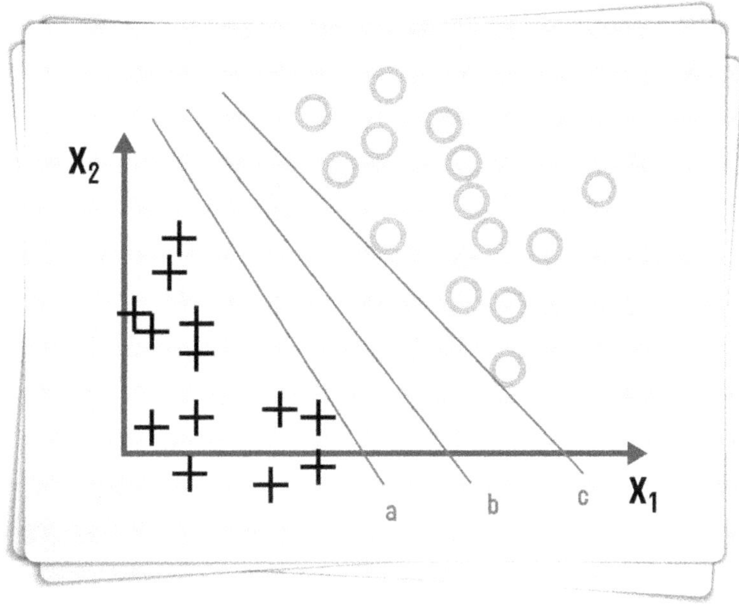

Figure 13-8 – *Trois modèles « possibles » de classification (parmi une infinité)*

Précisons un peu. On distingue la marge pour les exemples positifs et pour les exemples négatifs. On définit ainsi :

- d_+ : la marge pour les exemples positifs comme étant la plus petite distance entre l'ensemble des exemples positifs et l'hyperplan ;

- d_- : la marge pour les exemples négatifs comme étant la plus petite distance entre l'ensemble des exemples négatifs et l'hyperplan.

La marge pour l'ensemble des données d'apprentissage est donc :

$$S = d_+ + d_-$$

Mettons maintenant en évidence le lien qui existe entre cette marge et le vecteur Θ des paramètres de notre modèle, en nous rappelant qu'en classification binaire, c'est le signe de $\Theta^T x_i$ qui donne la prédiction pour l'observation x_i.

Imaginons que nous cherchions à définir un espace dans lequel nos données d'entraînement soient toutes linéairement séparables. Il existe un hyperplan P qui sépare les observations positives et négatives tel que :

$$\forall\, x_i \,,\, x_j \,\in P,\;\; \Theta^T\!\left(x_i - x_j\right) = 0$$

D'un point de vue géométrique, cela est équivalent à dire que Θ et le vecteur défini par $x_i - x_j$ sont orthogonaux, comme on s'en rend compte dans le schéma 13-10. Nous y avons ajouté l'observation x_n, définie comme le point le plus proche de l'hyperplan (et donc celui qui servira à définir la marge).

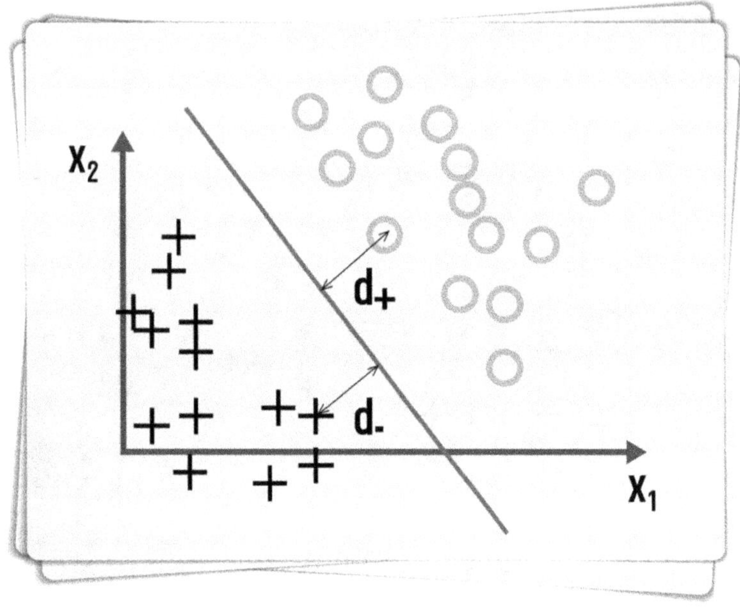

Figure 13-9 – *La marge pour l'ensemble des exemples d'apprentissage est définie par = $d_+ + d_-$, qu'on cherchera à maximiser*

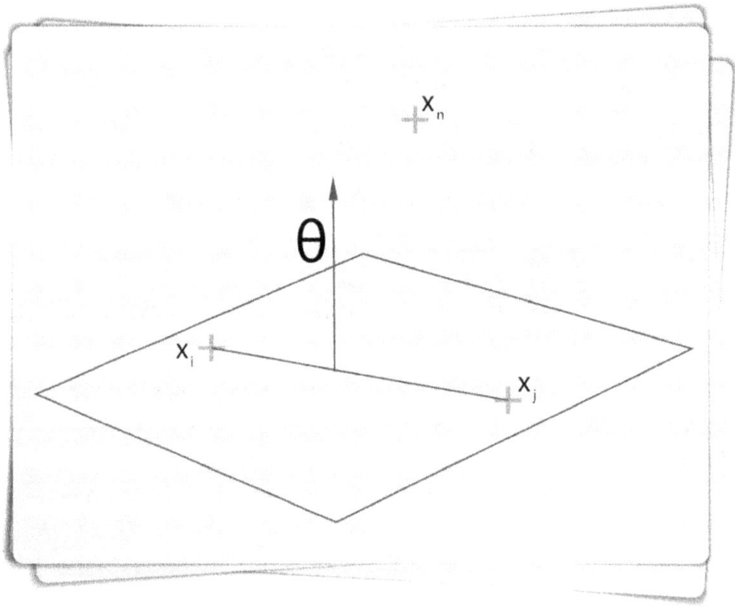

Figure 13-10 – *x_n est le point le plus « proche » de l'hyperplan*

La distance entre x_n et l'hyperplan est définie par :

$$d = \frac{1}{\|\Theta\|}\left|\Theta^T\left(x_n - x\right)\right| \ \forall x \ \epsilon \ P$$

Pour l'établir, il suffit d'écrire le produit scalaire entre Θ et $x_n - x$ et de décomposer ce dernier vecteur en sa composante du plan et sa composante orthogonale au plan, qui est précisément d.

L'hyperplan qui est parallèle à P et qui passe par x_n vérifie naturellement :

$$\Theta^T x_i \geq d \ \ \forall \ x_i \ \epsilon \ S_+$$

Notons enfin que nous pouvons, sans rien changer à notre problème, normaliser le vecteur Θ de la sorte : $\left|\Theta^T x_n\right| = 1$ pour x_n, le point le plus proche de l'hyperplan séparateur. Ce sera une contrainte que nous imposerons au modèle. Dans ces conditions, la distance d, qu'il faut maximiser, devient simplement :

$$d = \frac{1}{\|\Theta\|}$$

Le problème que doit résoudre le SVM est donc celui-ci :

$$\begin{cases} max\left(\dfrac{1}{\|\Theta\|}\right) \\ \\ sous\ contrainte : \min_{i=1,2,\,..,\,m}|\Theta^T x_i| = 1 \end{cases}$$

On peut ramener ce problème d'optimisation à une formulation plus standard, en remarquant que :

- comme nous sommes dans un problème où l'erreur *in-sample* est nulle, y_i et $\Theta^T x_i$ seront toujours de même signe et par conséquent : $\left|\Theta^T x_i\right| = y_i\left(\Theta^T x_i\right)$;
- la contrainte ci-dessus peut être remplacée par l'inégalité suivante : $y_i\left(\Theta^T x_i\right) \geq 1 \ \forall \ i = 1, 2, ..., m$;
- et enfin, en optimisation, on préfère minimiser que maximiser !

La nouvelle formulation du problème devient donc :

$$\begin{cases} min\left(\dfrac{1}{2}\Theta^T\Theta\right) \\ \\ sous\ contrainte : y_i\left(\Theta^T x_i\right) \geq 1 \ \forall \ i = 1, 2, ..., m \end{cases}$$

Il est intéressant de remarquer que ce problème ressemble très fortement à un problème de régularisation… Tout ça pour revenir à un problème que nous connaissons bien depuis le chapitre 6 ?

Non, pas tout à fait… En fait, si on note la contrainte ci-dessus ε_{train}, pour « erreur sur les données d'entraînement », on se rend compte que la cible à optimiser et la contrainte sont tout simplement inversées entre le SVM et la régularisation. En effet, rappelez-vous qu'en régularisation, on cherche à minimiser ε_{train}, tout en contraignant le vecteur de paramètre à être « le plus petit possible » pour éviter l'*overfitting*. Avec le SVM, on cherche à minimiser le vecteur de paramètre tout en contraignant ε_{train} à être nulle, pour maximiser nos chances de généraliser ! Voilà l'idée de base de la « première version » du SVM présenté par Vapnik. Première, oui, car, il en a proposé une autre plus performante dans les années 1990.

En effet, cette première version impose tout de même une contrainte forte : l'erreur d'entraînement doit être nulle. On se rend compte avec le schéma 13-11 qu'un seul point atypique (*outlier* statistique) va vite dégrader les performances du classifieur.

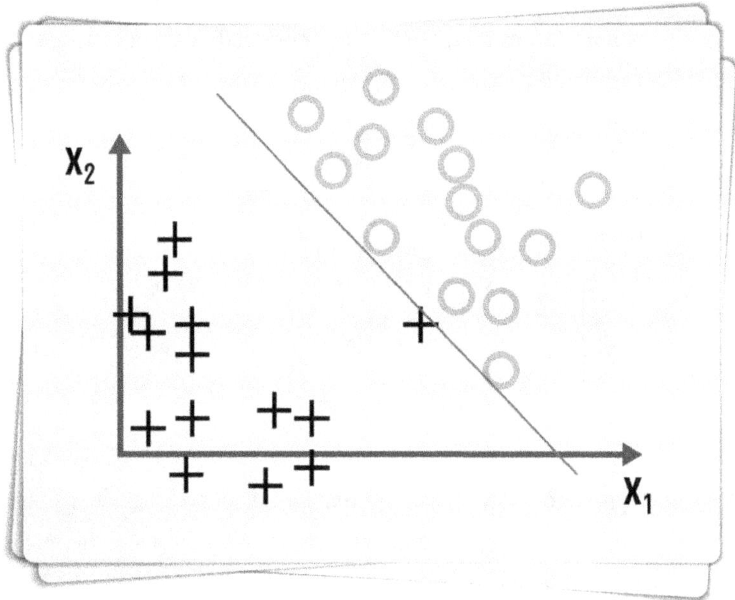

Figure 13-11 – *Impact de la contrainte* ε_{train} = 0 *sur la marge*

N'avez-vous pas l'intuition qu'on ferait mieux de ne pas tenir compte de cet *outlier* et de sacrifier une erreur *in-sample* au profit d'une meilleure généralisation ? Si oui, félicitations : vous venez de comprendre la notion de « *soft margin* » !

Soft margin

En 1995, Vapnik et Corinna Cortes introduisent un nouveau type de SVM où l'erreur sur les données d'apprentissage n'est plus nécessairement nulle, mais minimale. Pour cela, la contrainte $y_i\left(\Theta^T x_i\right) \geq 1$ devient :

$$y_i\left(\Theta^T x_i\right) \geq 1 - \xi_i \ \forall \ i \in 1, \ldots, m$$

ξ_i est non-négatif et mesure l'erreur commise sur les données d'apprentissage.

La nouvelle formulation du problème à optimiser devient :

$$\begin{cases} \min\left(\dfrac{1}{2}\Theta^T\Theta + C\displaystyle\sum_{i=1}^{m}\xi_i\right) \\[2em] sous\ contrainte\ de : \\[1em] y_i\left(\Theta^T x_i\right) \geq 1 - \xi_i \\[0.5em] \xi_i \geq 0\ \forall\ i = 1,\ 2,\ ..,m \end{cases}$$

Formulé ainsi, cette version du SVM va tout simplement rechercher le meilleur compromis possible entre maximisation de la marge et minimisation de l'erreur d'apprentissage.

C est une constante qui pénalise les termes d'erreur. C'est l'un des paramètres essentiels lorsque vous utilisez le SVM. En fonction des valeurs prises par C, on aura :

- C faible : surface de décision plus régulière, autorisant quelques erreurs de classification, mais une meilleure généralisation ;
- C élevé : surface de décision plus complexe, donc attention à la généralisation.

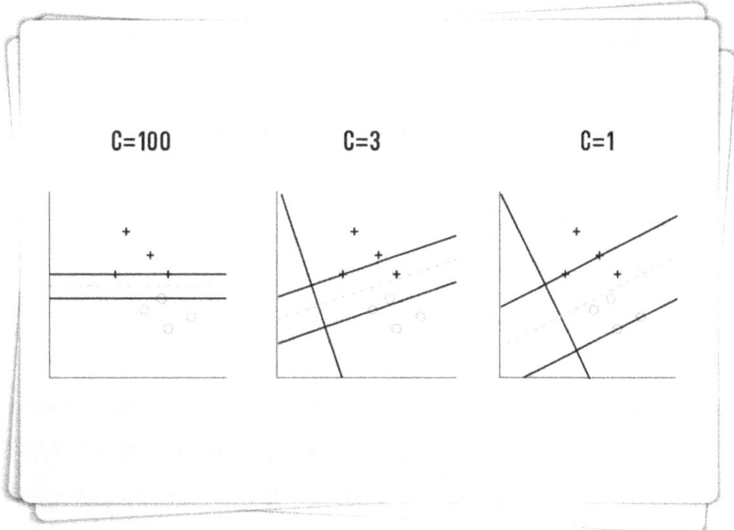

Figure 13-12 – *Différentes valeurs de C et leur influence sur l'hyperplan séparateur*

On remarque que les « vecteurs supports », qui définissent la marge, sont plus ou moins éloignés de la surface de décision. Un C faible utilisera des vecteurs supports qui ne seront pas forcément les plus proches de la surface de décision.

Cas non linéairement séparable

Problème

Ce que nous avons vu jusqu'ici suppose de trouver un séparateur linéaire dans l'espace des variables, ce qui un facteur limitant assez fort. En effet, et pour rappel, cette linéarité sous-entend que le poids accordé à une variable j sera toujours le même quelles que soient les valeurs prises par les autres variables. Par ailleurs, certains problèmes ne sont tout simplement pas linéairement séparables, comme dans le cas très simple de la figure 13-13.

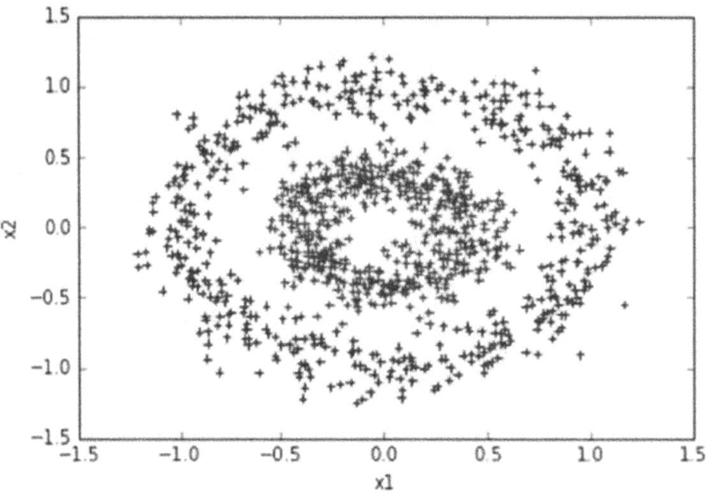

Figure 13-13 – *Un exemple de classification non linéaire*

Solution 1 : création de variables

Ce type de problème va nous amener à toucher du doigt l'art de la création de variables. Il est en effet très rare de manipuler les variables d'entrée des problèmes que nous avons à résoudre telles quelles. Les *data scientist*s passent beaucoup de temps à créer de nouvelles variables pour « aider » leurs chers algorithmes à mieux faire leur travail.

Comme nous l'avons déjà vu au chapitre consacré à la régression logistique (paragraphe « Derrière la linéarité »), un choix judicieux pour le problème non linéaire (dans l'espace $\left(X_1, X_2 \right)$ donc !) est d'élever les variables au carré pour trouver un séparateur linéaire dans le nouvel espace contenant ces variables quadratiques. On redécrit donc les observations dans un autre espace, de plus grande dimension, en se basant sur des mesures de « similarités » entre les observations. Voyons cela plus en détail :

- soit S notre ensemble de m observations :

$$S = \left\{ x_1 \, , \, x_2 \, , \, ..., \, x_m \right\}$$

- appelons $\mathcal{X}$ l'espace initial de description de nos observations,
- nommons ϕ une transformation non linéaire de $\mathcal{X}$ vers $\mathcal{F}$, l'espace de redescription de nos observations :

$$\phi : x \rightarrow \phi(x) \in \mathcal{F}$$

Si nous reprenons l'exemple ci-dessous, $\mathcal{X}$ est de dimension 2 et chaque observation est donc définie par deux variables $\left(X_1, X_2 \right)$. Dans cet espace initial $\mathcal{X}$, aucun séparateur linéaire ne permet de classifier nos données S. La transformation ϕ, qui s'appliquera sur nos observations initiales, doit être choisie de façon à permettre une séparation linéaire dans le nouvel espace $\mathcal{F}$. Un choix judicieux de ϕ est par exemple :

$$\phi(x_1, x_2) = \left(x_1, \; x_2, \; x_1^{\,2} + x_2^{\,2} \right)$$

Voici dans la figure 13-14 nos données transformées dans le nouvel espace $\mathcal{F}$:

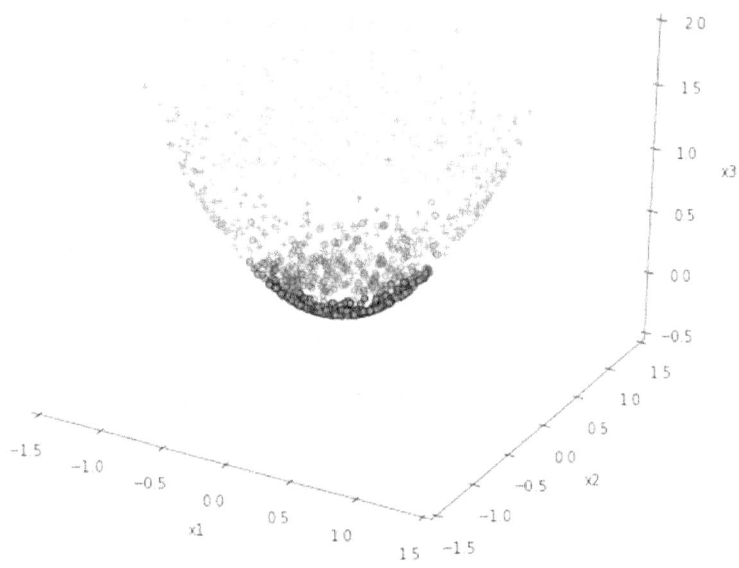

Figure 13-14 – *Observations dans l'espace de redescription, après application de la fonction ϕ*

Appliquons maintenant un SVM linéaire sur les deux problèmes (avec et sans redescription) pour vérifier l'importance de ce changement d'espace. Partants pour une petite simulation Python ?

```python
from sklearn.datasets import make_circles
from sklearn.svm import LinearSVC
from sklearn.cross_validation import train_test_split

#Génération des points
X,y=make_circles(n_samples=1000,noise=0.11, factor=0.4)

#Split du dataset
X_train, X_test, y_train, y_test = train_test_split(X, y)

#Définition de notre classifieur
svc = LinearSVC()

#Apprentissage sur X_train
svc.fit(X_train, y_train)

#Prédiction sur X_test
y_pred = svc.predict(X_test)

#Calcul de la performance de nos prédictions
print accuracy_score(y_test, y_pred)
```

```
0.524
```

Sans surprise, un classifieur linéaire dans l'espace originel $\mathcal{X}$ donne de bien médiocres résultats (score de performance égal à 0,524 ; nous reviendrons sur cette notion de score au chapitre 14). Voyons maintenant comment l'algorithme `linearSVC` se débrouille dans l'espace $\mathcal{F}$:

```python
#Définition de la fonction phi
def phi(x1, x2):
    return np.array([x1, x2, x1**2 + x2**2])

#Génération du nouveau dataset
new_X = np.array([phi(x1, x2) for x1, x2 in zip(X[:, 0], X[:, 1])])

#Split du dataset
X_train, X_test, y_train, y_test = train_test_split(new_X, y)

#Définition de notre classifieur
svc = LinearSVC()

#Apprentissage sur X_train
svc.fit(X_train, y_train)

#Prédiction sur X_test
y_pred = svc.predict(X_test)

#Calcul de la performance de nos prédictions
print accuracy_score(y_test, y_pred)
```

```
0.996
```

Comme espéré, le même classifieur trouve dans le nouvel espace un hyperplan lui permettant de séparer correctement nos classes (score de performance égal à 0,996). Et voilà comment faire du non linéaire avec un classifieur linéaire !

Néanmoins, cette méthode présente deux inconvénients majeurs :

- il faut trouver manuellement la bonne fonction ϕ, ce qui sera tout simplement impossible pour certains problèmes ;

- le coût en temps CPU et mémoire peut devenir très élevé si on choisit des fonctions ϕ complexes : il faudra, pour chaque observation, calculer explicitement la transformation ϕ.

Pour surmonter ces difficultés, nous pouvons utiliser une astuce dite du *kernel trick* (l'astuce du noyau, en français).

Solution 2 : le kernel trick

Jusqu'ici, nous avons passé sous silence la méthode de résolution du problème d'optimisation posé par le SVM, que nous rappelons ici :

$$
\begin{cases}
\min\left(\dfrac{1}{2}\Theta^T\Theta + C\displaystyle\sum_{i=1}^{m}\xi_i\right) \\[2em]
\textit{sous contrainte de :} \\[1em]
y_i\left(\Theta^T x_i\right) \geq 1 - \xi_i \\[0.5em]
\xi_i \geq 0 \ \forall \ i = 1, 2, ..,m
\end{cases}
$$

Pour des raisons de simplicité, oublions quelques instants le terme ξ_i, les principes de la méthode de résolution que nous allons survoler ne changeant pas. Nous disons volontairement «survoler» car les quelques lignes qui suivent sacrifient la rigueur mathématique au profit, nous l'espérons, de la pédagogie. Par ailleurs, nous ne souhaitons pas démontrer la résolution du problème d'optimisation, mais introduire l'idée du *kernel trick*.

La formulation du problème ci-dessus, dite primale, est trop coûteuse à résoudre du fait de la complexité de la contrainte. On pose alors une nouvelle formulation du problème, où la contrainte est intégrée dans la fonction objectif. Cette nouvelle formulation, dite duale ou de Lagrange, est la suivante :

$$
\begin{cases}
\min \ \mathcal{L}\left(\Theta, \alpha\right) = \dfrac{1}{2}\Theta^T\Theta - \displaystyle\sum_{i=1}^{m}\alpha_i y_i\left(\Theta^T x_i - 1\right) \\[3em]
\textit{sous contrainte de :} \\[1em]
\alpha_i \geq 0 \ \forall \ i = 1, 2, ..,m
\end{cases}
$$

En différenciant $\mathcal{L}$ par rapport à Θ et en réinjectant ce résultat, on obtient une fonction à optimiser de la forme :

$$\mathcal{L}(\alpha) = \sum_{i=1}^{m} \alpha_i - \frac{1}{2} \sum_{i=1}^{m} \sum_{j=1}^{m} y_i y_j \alpha_i \alpha_j x_i^T x_j$$

À ce stade, la chose la plus importante qu'il faut retenir est la présence du produit scalaire entre les observations x_i et x_j dans l'espace $\mathcal{X}$ d'origine. Mais on aura beau résoudre ce problème d'optimisation de la façon la plus rigoureuse qui soit, nous savons déjà qu'on ne peut trouver de classifieur linéaire dans l'espace $\mathcal{X}$. Utilisons donc notre fonction de transformation non linéaire et intéressons-nous à la formulation de la même fonction dans le nouvel espace $\mathcal{F}$:

$$\mathcal{L}(\alpha) = \sum_{i=1}^{m} \alpha_i - \frac{1}{2} \sum_{i=1}^{m} \sum_{j=1}^{m} y_i y_j \alpha_i \alpha_j \phi(x_i)^T \phi(x_j)$$

Comme nous le disions plus haut, le calcul de la transformation de chaque observation peut être très coûteux si nous utilisons des fonctions ϕ très complexes. Mais avons-nous réellement besoin de transformer toutes nos données d'entrées ? Non !

Remarquons pour cela que la seule et unique chose dont nous ayons vraiment besoin, c'est le produit scalaire dans l'espace $\mathcal{F}$. Appelons le :

$$K(x, x') = \phi(x)^T . \phi(x')$$

Il suffit donc de trouver une fonction K qui corresponde à un produit scalaire dans l'espace $\mathcal{F}$. Nous n'aurions alors même pas besoin de connaître explicitement la fonction ϕ ! De telles fonctions existent. Elles doivent respecter quelques conditions décrites par James Mercer, un mathématicien anglais du début du siècle dernier. En *machine learning*, on les nomme « *kernel* ». En voici un exemple.

Reprenons nos données non linéairement séparables définies dans $\mathbb{R}^2$, introduites plus haut, et posons :

$$K(x, x') = \left(1 + x^T x'\right)^2 .$$

Calculons K pour deux vecteurs $x = (x_1, x_2)$ et $x' = (x_1', x_2') \in S$:

$$K(x, x') = \left(1 + x^T x'\right)^2$$

$$= (1 + x_1 x_1' + x_2 x_2')^2$$

$$= 1 + x_1^2 x_1'^2 + x_2^2 x_2'^2 + 2x_1 x_1' + 2 x_2 x_2' + 2x_1 x_1' x_2 x_2'$$

Ce terme est bien l'expression d'un produit scalaire entre les vecteurs x et x', transformés dans un espace de plus grande dimension. Cette transformation est :

$$\phi\left(x_1,\, x_2\right) = \left(1,\, x_1^2,\, x_2^2,\, \sqrt{2}x_1,\, \sqrt{2}x_2,\, \sqrt{2}x_1x_2\right)$$

Nous avons atteint notre but : résoudre notre problème d'optimisation sans même avoir à transformer nos données ! Voilà ce qu'est le *kernel trick*.

Il existe différentes formes de *kernel*, les plus populaires étant :

- le *kernel polynomial*, que nous venons de voir et dont la forme générale est :
$$K\left(x,\, x'\right) = \left(1 + x^T x'\right)^q$$

- le *kernel* RBF (pour *Radial Basis Function*) ou Kernel Gaussien :
$$K\left(x,\, x'\right) = e^{-\gamma x - x'^2}$$

- le *kernel sigmoid* :
$$K\left(x,\, x'\right) = \tanh\left(kx.x' - \delta\right)$$

Le choix du *kernel* est important. Il doit respecter ce qu'on vient d'expliciter, mais il doit aussi maximiser les chances de se placer dans le bon espace. Chacun de ces *kernels* a pour objectif de « mesurer » l'influence réciproque ou la similarité de couples d'observations.

Dans scikit-learn, le *kernel* par défaut pour le SVM est le *kernel* RBF. C'est un *kernel* passe-partout qui est très puissant pour mesurer l'interaction entre les observations. En plus du paramètre C qu'il convient de fixer judicieusement, il y a également le facteur γ que vous devrez paramétrer et qui aura une très forte influence sur la surface de décision. On trouve dans la documentation scikit-learn des graphiques tels que celui de la figure 13-15 qui illustrent très bien l'influence des facteurs C et γ.

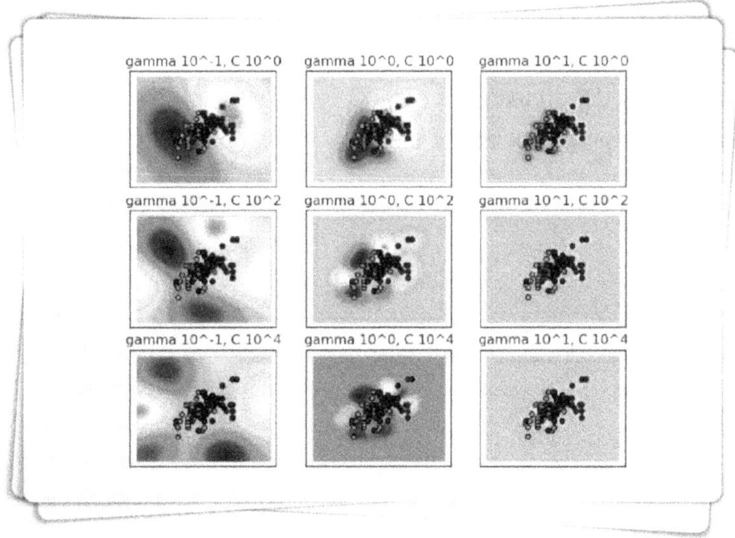

Figure 13-15 – *Influence de C et γ sur la surface de décision*

> **À retenir** *Dimension VC et SVM*
>
> *Apprentissage supervisé – régression ou classification*
>
> La dimension VC est une mesure de la complexité d'un algorithme, ou des degrés de liberté qu'il propose. Une dimension VC élevée conduit à réduire fortement le biais, mais rend la généralisation plus risquée.
>
> Le Support Vector Machine se base sur deux idées essentielles:
>
> * la maximisation de la marge, distance entre la frontière de décision et les observations les plus proches, dits vecteurs supports ;
> * la redescription de nos observations dans un nouvel espace (possiblement de dimension infinie) où une séparation linéaire sera possible.
>
> Le *kernel trick* est l'idée de ne pas transformer explicitement nos observations dans cet espace de redescription (trop coûteux) en observant qu'on n'a réellement besoin que du produit scalaire entre observations dans cet espace. Il suffit alors d'exprimer ce produit scalaire comme étant le résultat d'une nouvelle fonction, dite fonction 'noyau' (*kernel*).

Références

Quelques ressources pour mieux appréhender la dimension VC et l'inégalité de Vapnik :

* Vapnik V., Kotz S. 2006. *Estimation of dependences based on empirical data*, Springer.
* Vapnik V. 2000. *The nature of statistical learning theory*, Springer.
* http://web.cecs.pdx.edu/~mm/AIFall2011/SVMs.pdf
* http://www.svms.org/vc-dimension/
* Guyon I., Boser B., Vapnik V. 1993. Automatic capacity tuning of very large VC-dimension classifiers, *Proceedings of Advances in Neural Information Processing Systems 5*, p. 147-155.

Une approche extrêmement pédagogique pour le SVM :

* https://work.caltech.edu/telecourse.html

Et pour finir, au sujet du soft margin:

* Vapnik C. 1995. Support-vector Network, *Machine Learning*, 20:3, p. 273-297. http://homepages.rpi.edu/~bennek/class/mmld/papers/svn.pdf

## TROISIÈME PARTIE

La data science en pratique : au-delà des algorithmes

Quelques concepts généraux

14

Évaluer un modèle

Introduction

Si vous avez lu la partie précédente, vous savez désormais comment construire de beaux modèles de *machine learning*. Vous l'avez vu, ce n'est pas si difficile et vous vous sentez certainement prêt à aller en découdre sur l'un des challenges *Kaggle* en cours. Mais attention, prenez encore quelques instants pour lire ce qui suit afin d'éviter de tomber dans l'un des pièges classiques du débutant. Souvenez-vous d'un phénomène que nous avons évoqué précédemment, notamment lorsque nous avons parlé de la régression polynomiale : l'*overfitting*.

En effet, il est souvent très facile de construire un modèle qui restitue très bien les données utilisées pour son estimation. Il est néanmoins bien plus difficile de faire en sorte que ce modèle puisse se généraliser, c'est-à-dire qu'il soit capable de prédire de façon satisfaisante de nouvelles observations, non utilisées lors du calcul du modèle. Pour trouver un juste équilibre entre apprentissage du modèle et capacité prédictive, il est indispensable de mettre en place un dispositif qui permette d'évaluer globalement la qualité d'un modèle.

La présentation de ce dispositif est l'objet de ce chapitre, composé de deux parties. La première introduit la notion de validation croisée, qui est un dispositif d'évaluation d'un modèle ; la seconde présente un ensemble d'indicateurs (aussi appelés métriques de performance) que vous pourrez utiliser pour mesurer effectivement la qualité de vos modèles.

La validation croisée

De la nécessité de diviser vos données

À partir d'un jeu de données initial, que feriez-vous pour à la fois constituer un modèle et tester sa capacité prédictive sur des données non utilisées pour la modélisation (sans attendre de nouvelles observations, bien sûr !) ? La première réponse qui vient à l'esprit est assez évidente : diviser les données en deux groupes. L'un des groupes est utilisé pour la modélisation, l'autre est utilisé pour effectuer une prévision sur des données « fraîches ». C'est effectivement l'approche de base que l'on peut adopter. On crée un échantillon d'entraînement, sur lequel on va constituer le modèle, et un échantillon de test, sur lequel on va tester le modèle. Pour évaluer la qualité du modèle et de sa performance en prévision, on utilise une métrique de performance P (nous en reparlerons dans la deuxième partie de ce chapitre). Bien évidemment, on se doute que P_{test} sera inférieur à $P_{entraînement}$. En pratique, on a l'habitude de prendre 70 % des données pour l'échantillon d'entraînement (appelons-le $m_{entraînement}$) et 30 % des données pour l'échantillon de test (m_{test}).

Voilà pour l'approche de base… Mais si on allait plus loin ? En effet, on pourrait avoir envie d'utiliser cette séparation des données pour faire le meilleur modèle possible. On pourrait ainsi essayer différents choix de variables, plusieurs paramétrages d'un modèle (rappelez-vous les différentes manières de customiser les modèles) sur $m_{entraînement}$ et voir lequel performe le mieux sur m_{test}. C'est une idée effectivement perspicace, puisqu'elle nous permettrait de trouver celui, parmi tous les possibles, qui va maximiser P_{test} (car c'est généralement ça que l'on attend d'un modèle). De plus, comme l'indique Hyndman dans son blog[1], c'est une approche pragmatique pour choisir un modèle : efficace, concrète, et bien plus simple que l'emploi de tests statistiques de comparaison de modèles.

Néanmoins, pourrait-on alors dire à juste titre qu'on a bien testé que le modèle se généralise bien ? Pas vraiment, puisqu'il aurait été choisi de façon à maximiser la qualité de prévision sur m_{test}, donc il ne serait plus complètement vrai d'affirmer qu'il a été testé sur des données toutes fraîches et innocentes !

Pour sortir de ce dilemme, le *data scientist* choisit généralement de diviser ses données en trois :

- un jeu d'entraînement, bien sûr ($m_{entraînement}$) ;
- un jeu dit de validation ($m_{validation}$) : celui-ci va être utilisé pour tester les différents modèles paramétrés sur $m_{entraînement}$ (il remplace le m_{test} précédent) ;
- et un vrai jeu de test (m_{test}), qu'on garde de côté et qui ne sera utilisé que tout à la fin du processus de modélisation, afin de tester le plus honnêtement possible la capacité de généralisation du modèle retenu.

La qualité de l'ajustement ou de la prévision est calculée pour chacun des jeux de données, à partir de la métrique P retenue. En pratique, on prend souvent 60 % des données pour $m_{entraînement}$, 20 % pour $m_{validation}$ et 20 % pour m_{test}. Ces principes sont résumés dans la figure 14-1.

---

1. http://robjhyndman.com/hyndsight/crossvalidation

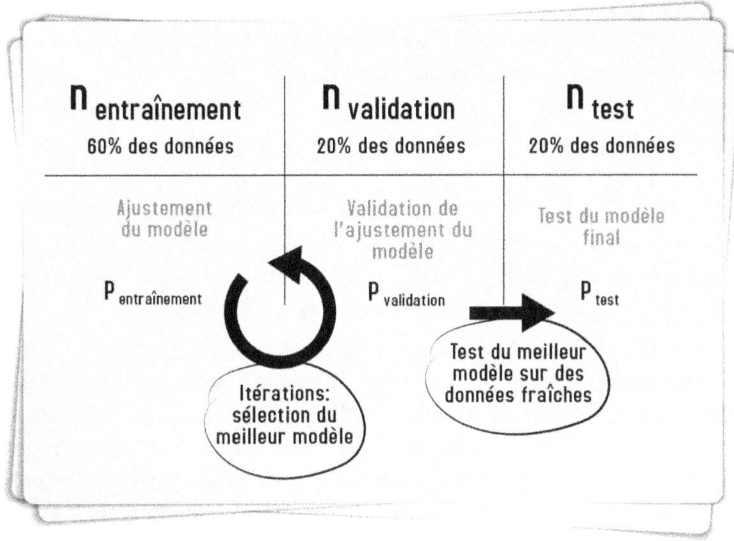

Figure 14-1 – *Les notions de jeux d'entraînement, de validation, de test*

Comme l'explique Hyndman dans son blog déjà cité, ces questions de séparation des données préoccupent plus les praticiens du *machine learning* que les statisticiens plus traditionnels. Cela peut s'entrendre : l'objectif du statisticien est avant tout de comprendre les processus stochastiques à l'œuvre dans les données, en essayant de contrôler les effets des variables du modèle. En *machine learning*, on se préoccupe moins de ces questions que de la capacité du modèle à faire la meilleure prédiction possible sur de nouvelles données, quitte à utiliser un modèle boîte noire.

La mécanique de la validation peut sembler bien évidente, pour ne pas dire basique : on coupe le jeu de données en trois paquets de données pour entraîner, valider et tester. En réalité, il existe beaucoup d'alternatives permettant de sophistiquer cette approche : on parle alors de validation croisée.

La validation croisée

Les questions liées à la validation d'un modèle peuvent vite devenir très complexes. Nous n'en aborderons quelques techniques que très superficiellement ici. Notre objectif est avant tout de vous faire comprendre que cette étape est très importante pour la bonne résolution d'un problème d'analyse de données. Il est donc nécessaire de lui consacrer un moment de réflexion non négligeable lors de tout projet de *data science*.

Par rapport à la version naïve de la validation présentée juste avant, on a généralement recours à une approche plus exhaustive, visant à ce que les données, à l'exception de celles utilisées pour le test du modèle, soient plusieurs fois utilisées pour faire partie de $m_{entraînement}$ et de $m_{validation}$. On arrive ainsi à mesurer de façon bien plus générale la qualité du modèle. Cette approche est qualifiée de validation croisée. Plusieurs méthodes de validation croisée existent, en voici les principales.

- La méthode LOOV (*leave-one-out cross-validation*) consiste à sortir une observation i de l'ensemble du jeu de données (rappel : à l'exception des données de test) et à calculer le modèle sur les m-1 données restantes. On utilise ce modèle pour prédire i et on calcule l'erreur de prévision. On répète ce processus pour toutes les valeurs de $i = 1, ..., m$. Les m erreurs de prévision peuvent alors être utilisés pour évaluer la performance du modèle en validation croisée ($P_{Xvalidation}$).

- La méthode LKOV (*leave-k-out cross-validation*) fonctionne selon le même principe que la LOOV, sauf que l'on sort non pas une, mais k observations à prédire à chaque étape (donc LOOV est équivalent à LKOV pour $k = 1$). Le processus est répété de façon à avoir réalisé tous les découpages possibles en données de modélisation/de prévision.

- Enfin, avec la méthode *k-fold cross-validation*, les données sont aléatoirement divisées en k sous-échantillons de tailles égales, dont l'un est utilisé pour la prévision et les k-1 restants pour l'estimation du modèle. Contrairement à la LKOV, le processus n'est répété que k fois. À noter que la *k-fold cross-validation* permet de faire en sorte que la distribution de la variable à prédire soit équivalente dans chacun des sous-échantillons, ce qui est particulièrement intéressant dans le cas des jeux de données déséquilibrées. On parle alors de *stratified k-fold cross-validation* (remarque : chercher à équilibrer cette répartition est également une bonne pratique dans la séparation des données de test du reste du jeu de données).

Ces méthodes peuvent être regroupées en deux grandes familles : LOOV et LKOV sont des validations croisées dites « exhaustives », car une fois terminées, elles ont divisé le jeu de données en fonction de toutes les combinaisons possibles. La *k-fold cross-validation* et ses variantes sont « non exhaustives », dans le sens où elles séparent les données en un nombre limité de sous-ensembles d'observations possibles. Les méthodes non exhaustives sont des approximations des méthodes exhaustives, mais elles nécessitent moins de temps de calcul.

Il existe d'autres approches de la validation croisée, basées sur les théories de rééchantillonnage statistique, comme le *bootstrap* par exemple (dont certains principes ont déjà été abordés lorsque nous avons parlé du *bagging*). Nous n'en dirons pas plus dans le cadre de cet ouvrage, laissant soin au lecteur d'approfondir ce sujet par lui-même, par exemple en se référant à la bibliographie suggérée.

Choix de la métrique de performance (P)

Pour les problèmes de régression

Nombreuses sont les mesures disponibles pour évaluer la qualité d'un modèle de régression. Elles se basent toutes sur de savants calculs réalisés à partir de trois grandeurs :

- la valeur observée d'une série à prédire (y_i) ;
- la valeur prédite par le modèle pour cette même valeur observée ($\widehat{y_i}$) ;
- et une prévision naïve de référence, qui est la moyenne de la valeur observée ($\overline{y}$)[2].

---

2. C'est l'une des méthodes de prévision que pourrait employer quelqu'un qui n'a aucune notion de modélisation... très basique, mais pas forcément idiot !

Elles permettent de calculer, pour tout i des m observations :

- l'erreur de prédiction du modèle : $y_i - \widehat{y_i}$;
- l'erreur de prédiction naïve : $y_i - \overline{y}$.

Tout cela permet de définir des indicateurs de performance du modèle. Les plus connus sont les suivantes :

- l'erreur moyenne absolue (MAE, *Mean Absolute Error*) :

$$\frac{1}{m}\sum_{i=1}^{m}|y_i - \widehat{y_i}|$$

- la racine carrée de la moyenne du carré des erreurs (RMSE, *Root Mean Squared Error*) :

$$\sqrt{\frac{1}{m}\sum_{i=1}^{m}\left(y_i - \widehat{y_i}\right)^2}$$

- le coefficient de détermination (R^2) :

$$1 - \frac{\sum_{i=1}^{m}\left(y_i - \widehat{y_i}\right)^2}{\sum_{i=1}^{m}\left(y_i - \overline{y}\right)^2}$$

- le critère d'information d'Akaike (AIC). Celui-ci n'utilise pas les grandeurs mentionnées dans forme générale (qu'on ne détaillera pas dans ce livre), mais on les retrouve néanmoins dans le cas d'erreurs distribuées normalement.

  – Formulation générale :

$$-2\log\left(L\right) + 2\left(k+1\right)$$

  – Formulation dans le cas d'erreurs distribuées normalement :

$$n\log\left(\frac{1}{n}\sum_{i=1}^{n}\left(y_i - \widehat{y_i}\right)^2\right) + 2\left(k+1\right)$$

MAE est RMSE sont assez faciles à comprendre : ils correspondent à une indication agrégée de l'erreur de prévision. Par rapport à MAE, RMSE permet de punir plus sévèrement les grandes erreurs. Ces indicateurs ont l'avantage d'être dans l'unité de la variable à expliquer, ce qui permet d'en avoir une interprétation fonctionnelle. Mais ceci est aussi un désavantage, car l'évaluation du modèle reste idiosyncrasique.

Le R^2 permet quant à lui d'avoir une idée générale de la performance du modèle. En effet, il permet de comparer l'écart à la moyenne de la variable y à l'écart de la prévision dans le cadre d'un modèle conditionnel. Il peut donc être interprété comme la part de la variation de y attribuable au modèle ou, formulé plus simplement, comme une mesure de l'adéquation entre le modèle et les données observées. Sa valeur est comprise entre 0 et 1, 0 indiquant une adéquation nulle et 1 une adéquation parfaite. Pour comprendre plus intuitivement ce que représente cette valeur, sachez que dans le cadre d'une régression linéaire simple, $R^2 = r^2$ (le carré du coefficient de corrélation de Pearson, présenté plus en détail dans le chapitre concernant l'analyse en composantes principales). Sans entrer plus en dans les détails, évoquons tout de même l'existence d'un R^2 ajusté, qui tient du nombre de variables explicatives du modèle : son objectif est de pénaliser les modèles avec trop de variables, parfois *overfittés*.

Le R^2 n'est cependant valable que dans le cadre de modèles géométriques de type régression linéaire, supposant des erreurs distribuées selon une loi normale. C'est pourquoi l'on utilise souvent l'indicateur global de l'AIC, qui n'est pas contraint par ces hypothèses. Sa formulation générale s'appuie alors sur la vraisemblance L du modèle. Qu'est-ce que la vraisemblance ? Euh… nous vous renvoyons à n'importe quel bon livre de statistique, qui saura y consacrer le nombre de pages nécessaires ! Dans le cadre de ce livre, retenez que c'est un tour de passe-passe mathématique qui permet de mesurer l'adéquation entre une distribution observée sur un échantillon et une loi de probabilité supposée décrire la population dont est issu l'échantillon. Donc, grossièrement, l'AIC évalue un modèle en fonction de sa vraisemblance, tout en pénalisant les modèles avec trop de variables. Meilleur est un modèle, plus petit est l'AIC. Généralement, on associe AIC au critère d'information de Bayes (BIC, aussi appelé critère de Schwartz), similaire dans l'esprit à l'AIC, mais qui pénalise plus fortement les modèles trop complexes.

Il est difficile de dire a priori si un indicateur est supérieur à un autre. En pratique, nous avons l'habitude d'en utiliser plusieurs simultanément, afin de qualifier le modèle selon plusieurs dimensions.

Pour les problèmes de classification

Les indicateurs basiques

L'évaluation d'un problème de classification se base sur une matrice de confusion, qui met en regard des données prédites et des données observées, comme le montre le tableau 14-1 (Tufféry, 2011).

Tableau 14-1. **Un exemple de matrice de confusion (Tufféry, 2011)**

		Observations		
		+	**-**	**Total**
Prédictions	**+**	250	150	400
	-	50	550	600
	Total	300	700	1000

(Les termes « + »/« - » peuvent être remplacés par toutes les sorties possibles d'un problème de classification binaire : vrai/faux, présent/absent, oui/non, sain/malade, etc.)

Cette matrice permet de calculer une première mesure très intuitive : le taux d'erreur, c'est-à-dire le taux de mauvaise classification $(50 + 150)/1000 = 20\,\%$ (prédictions « - » alors que « + » plus prédictions « + » alors que « - », divisé par nombre total d'individus). Mais d'autres mesures peuvent être tirées à partir de cette matrice, afin de décrire plus généralement le comportement du modèle par rapport aux données réelles. Pour cela, définissons les termes suivants (tableau 14-2).

Tableau 14-2. Les termes définis par la matrice de confusion

		Observations		
		+	**-**	**Total**
Prédictions	**+**	Vrais positifs (VP)	Faux positifs (FP)	Total des positifs prédits (VP + FP)
	-	Faux négatifs (FN)	Vrais négatifs (VN)	Total des négatifs prédits (FN + VN)
	Total	Total des vrais positifs observés (VP + FN)	Total des vrais négatifs observés (FP + VN)	Taille totale de l'échantillon (N)

Ainsi, le taux d'erreur évoqué précédemment peut être défini par : $(FN + FP)/N$.

Tout un ensemble d'autres indicateurs peut être calculé à partir de ces mesures. En général, pour évaluer un modèle, on utilise conjointement les deux indicateurs suivants :

- le taux de vrais positifs $VP/(VP + FN)$, aussi appelé rappel (*recall*) ou sensibilité ;
- et la précision $VP/(VP + FP)$.

Il en existe d'autres, mais le rappel et la précision permettent déjà de se faire une bonne idée générale de la qualité d'un modèle. Le rappel permet de mesurer la proportion de positifs prédits parmi tous les positifs de la population. La précision permet de mesurer la proportion de positifs de la population parmi tous les positifs prédits. Ainsi, un modèle parfait aura un rappel égal à 1 (il prédit la totalité des positifs) et une offre précision égale à 1 (il ne fait aucune erreur : tous les positifs prédits sont des vrais positifs). En pratique, les modèles sont plus ou moins performants suivant ces deux dimensions. Par exemple, on peut avoir un modèle très précis, mais avec un faible rappel : il prédira peu de positifs, mais les positifs prédits seront justes dans la plupart des cas. À l'inverse, un modèle très sensible, mais peu précis va prédire beaucoup de vrais positifs, mais également beaucoup de faux positifs.

En reprenant les chiffres du tableau précédent, nous avions un rappel de 0,83 (250 vrais positifs prédits sur 300 positifs réels) pour une précision de 0,63 (250 vrais positifs prédits sur 400 positifs prédits). On peut facilement augmenter le rappel, en prédisant systématiquement « + », comme indiqué dans le tableau 14-3.

Tableau 14-3. Un autre exemple de matrice de confusion (Tufféry, 2011)

		Observations		
		+	**-**	**Total**
Prédictions	**+**	300	700	1000
	-	0	0	0
	Total	300	700	1000

Dans ce cas, le rappel sera parfait : tous les positifs réels seront prédits comme positifs (300/300). Par contre, la précision va fortement être détériorée (300/1000 = 0,3) : ce modèle va générer beaucoup de faux positifs.

En pratique, c'est au *data scientist* de trouver le bon compromis entre rappel et précision lors du choix de son modèle. Par exemple, si l'on souhaite prédire « + » uniquement si l'on est vraiment sûr de la justesse de la prédiction, on aura tendance à favoriser la précision au détriment du rappel. À l'inverse, si l'on préfère prédire plus de « + » et réduire le nombre de faux négatifs, au risque de générer plus de faux positifs. C'est le rappel qui sera privilégié (rappel du chapitre sur la régression logistique : sommes-nous en train de nous amuser à prédire les survivants du Titanic ou diagnostique-t-on un cancer ?).

Pour comparer plusieurs modèles, on utilise également un indicateur agrégé, composé à partir du rappel et de la précision : le *F1 score*. On calcule pour cela la moyenne harmonique de la précision et du rappel (cela permet de pondérer les deux mesures de façon équivalente).

$$F_1 = \frac{2\left(précision * rappel\right)}{précision + rappel}$$

Autrement écrit, à partir des termes définis plus haut :

$$F_1 = \frac{2VP}{2VP + FP + FN}$$

Introduisons pour finir un dernier indicateur de performance, qui nous sera utile lorsque nous aborderons la courbe ROC : la spécificité. À l'opposé de la sensibilité, il mesure la proportion de négatifs prédits parmi tous les négatifs de la population : VN/(FP + VN).

Nous avons désormais tous les ingrédients pour nous attaquer à la description de la courbe ROC, qui est certainement la méthode d'évaluation des problèmes de classification la plus utilisée.

La courbe ROC

Principe

Nous l'avons évoqué plus haut : la classification repose sur un arbitrage entre rappel et précision. Cet arbitrage se base sur le choix d'un seuil de décision qui va favoriser l'un ou l'autre. Rappelez-vous par exemple le chapitre sur la régression logistique. La prédiction d'une valeur binaire est faite à partir d'une règle de décision et d'un seuil s :

$$Y = \begin{cases} \text{«+» } si\ P\left(Y = 1\right) \geq s \\ \text{«−» } sinon \end{cases}$$

Avec $s \in [0,1] \in \mathbb{R}$

La matrice de confusion dépend donc de la valeur de s. La courbe ROC va permettre de systématiser l'analyse des résultats d'un classifieur, en fournissant une vue synthétique de sa performance pour toutes les valeurs de *s* possibles. Une courbe ROC peut être construite pour tout type de classifieur : c'est donc un outil puissant qui permet de comparer plusieurs modèles.

Pour la petite histoire, ROC signifie *Receiver Operating Characteristic*. On pourrait traduire par fonction d'efficacité du récepteur (mais c'est le terme anglo-saxon, beaucoup plus *ROC'n roll*, qui est généralement utilisé, même au sein de la communauté des *data scientists* francophones). En effet, avant d'être adoptées par le monde du *machine learning*, les courbes ROC ont été développées lors de la Deuxième Guerre mondiale dans le cadre de travaux sur le traitement du signal, pour séparer les signaux radars du bruit de fond.

Construction de la courbe ROC

Pour construire une courbe ROC, deux indicateurs de performance sont requis (voir plus haut) :

- la sensibilité α, c'est-à-dire le taux de vrais positifs ;
- la spécificité β, c'est-à-dire le taux de vrais négatifs.

La courbe ROC est alors tracée dans un espace de deux dimensions définies par α en ordonnée et $1-\beta$ en abscisse : cela revient à tracer le taux de vrais positifs en fonction du taux de faux positifs. Ces valeurs sont tracées pour les différentes valeurs d'un seuil de décision *s*. La courbe ROC est donc le graphique $(\alpha(s), 1-\beta(s))$; $s \in \mathbb{R}$, les valeurs maximale et minimale de *s* étant situées respectivement aux points de coordonnées (0,0) et (1,1). Ce graphique permet d'identifier un ensemble de zones et de points remarquables, indiqués dans la figure 14-2.

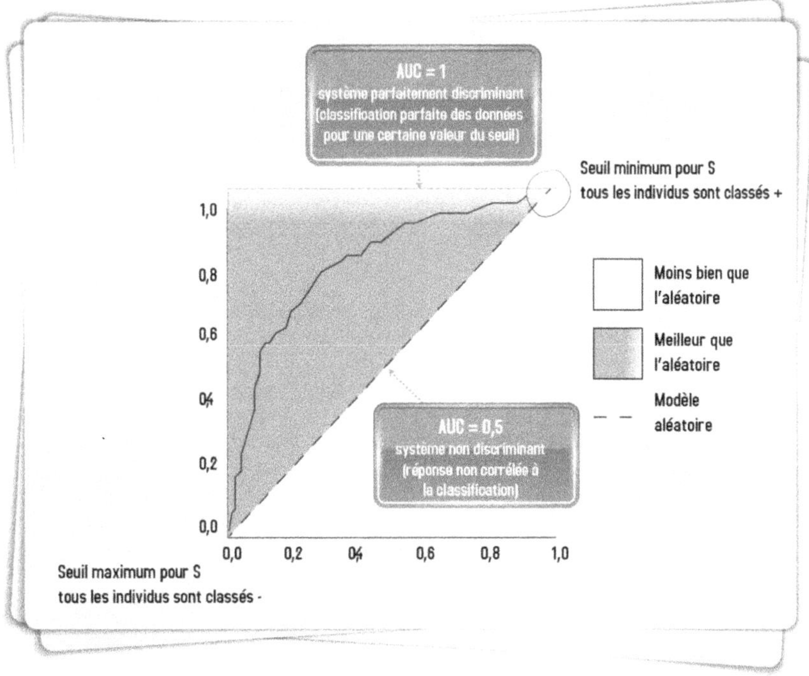

Figure 14-2 – *Courbe ROC*

En pratique, un classifieur va produire des courbes intermédiaires, entre le modèle non discriminant et le modèle parfaitement discriminant. L'analyse de la courbe va permettre de choisir le seuil de décision optimal. Ce choix peut se faire analytiquement, mais on peut tout aussi bien appliquer une règle empirique simple : le seuil optimal est celui qui est au point le plus proche de l'idéal (1,1) et au plus loin de la diagonale.

Interprétation probabiliste de la courbe ROC

La courbe permet une analyse probabiliste de la classification. Considérons les observations comme issues de deux populations : celle des cas positifs et celle des cas négatifs, chacun étant caractérisée par une distribution donnée. Fixons alors un seuil de décision : au-delà de ce seuil, une observation est considérée comme positive, en deçà, une observation est considérée comme négative (figure 14-3).

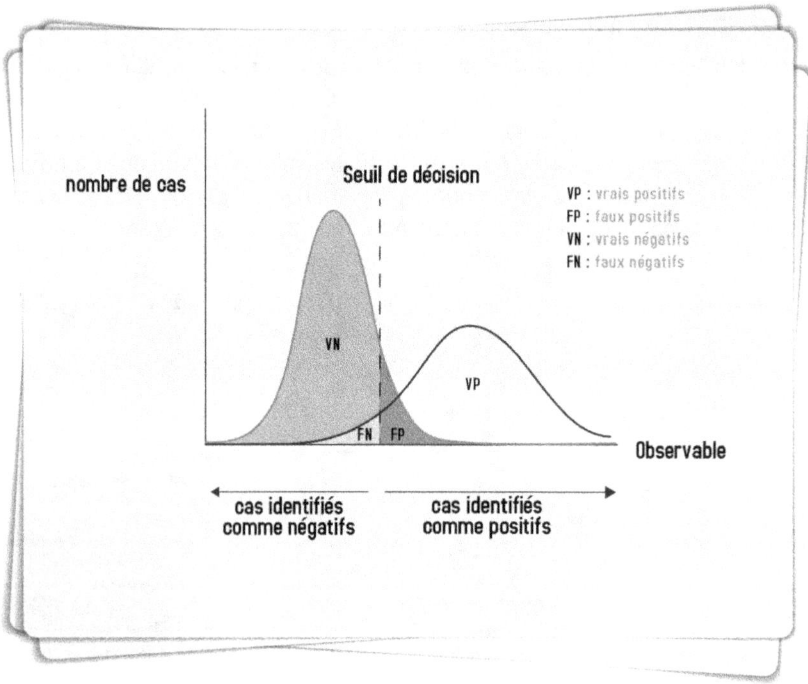

Figure 14-3 – *Impact du seuil de décision sur les vrais/faux positifs et les vrais/faux négatifs*

En faisant varier ce seuil, on modifie la sensibilité et la spécificité du modèle. Plus le seuil est bas, plus la sensibilité est élevée au détriment de la spécificité (on déclarera plus de vrais positifs, au risque de produire plus de faux positifs également), et inversement.

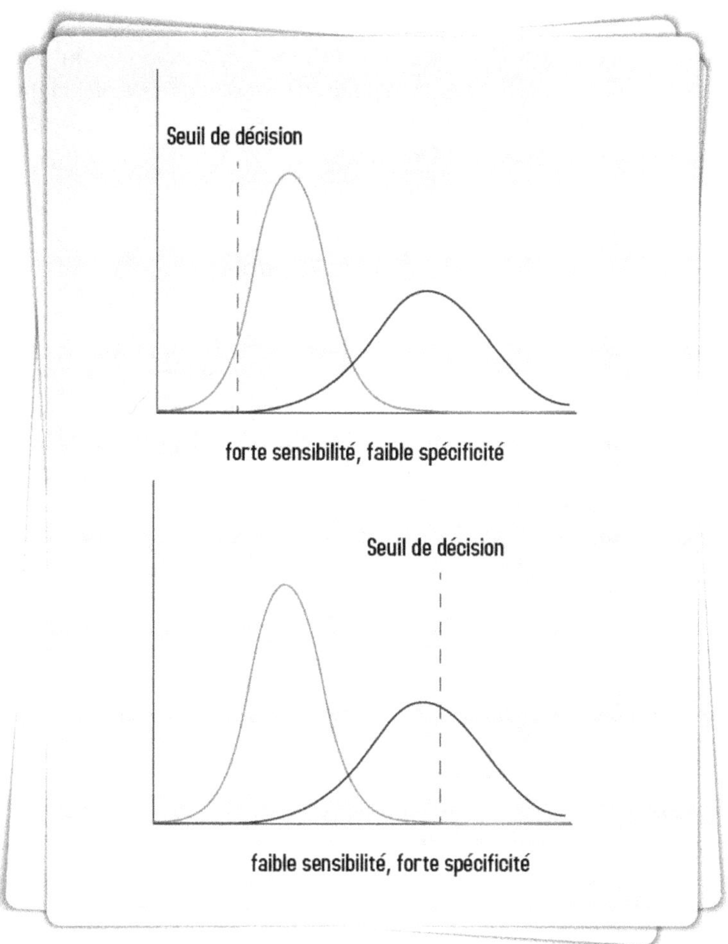

Figure 14-4 – *Impact du seuil de décision sur la sensibilité et la spécificité du modèle*

On peut faire un parallèle avec la théorie des tests statistiques : en augmentant la sensibilité, on diminuera le risque de première espèce, mais on augmentera le risque de deuxième espèce[3].

Pour les lecteurs qui aimeraient se faire une idée intuitive du lien entre cette interprétation probabiliste et la courbe ROC, nous leur recommandons de jouer avec le simulateur mis à disposition ici : http://www.navan.name/roc.

---

3. Nous n'en dirons pas plus ici, mais nous savons que grâce à ce *teaser* vous ne manquerez pas de vous ruer sur un livre de statistique classique !

Comparaison de modèles avec la courbe ROC

Le grand attrait de la courbe ROC est qu'elle offre un cadre commun qui permet de comparer des modèles de différents types. Cette comparaison peut se faire localement (pour certains seuils de décision donnés), ou globalement, quel que soit le seuil de décision. Pour ce dernier cas, on considère la surface sous la courbe ROC (l'AUC pour les intimes, *Area Under the Curve*). Pour les matheux, cela signifie :

$$AUC = \int\limits_{s=+\infty}^{s=-\infty} \left(1 - \beta(s)\right) d\alpha(s)$$

La comparaison est d'une simplicité déconcertante : plus grande est l'AUC, meilleur est le modèle. Cette valeur s'interprète en effet comme la probabilité de classer un exemple positif choisi au hasard comme positif. Les statisticiens effectueront cette comparaison par l'intermédiaire d'un test, en comparant le rapport entre la différence entre deux AUC et l'écart-type de cette différence à une loi normale, mais nous ne développerons pas cela ici. Les lecteurs statisticiens seront aussi très excités en apprenant que l'AUC est directement liée à la (relativement) célèbre statistique de Wilcoxon (ou Mann-Whitney). Mais nous commençons à déborder du périmètre de ce livre, il est donc temps de clore ce chapitre !

À RETENIR Évaluer un modèle

Pour définir le meilleur modèle possible, on procède par validation croisée. Ceci consiste à diviser les données en trois sous-ensembles :

- un jeu d'entraînement pour entraîner plusieurs modèles ;
- un jeu de validation pour tester les modèles et sélectionner le meilleur modèle ;
- un jeu de test pour évaluer la performance finale du meilleur modèle.

Diverses méthodes existent pour exploiter au mieux les données, afin de constituer plusieurs jeux d'entraînement et de validation.

La quantification de la performance des modèles s'appuie sur diverses métriques, selon que l'on est en présence d'un problème de régression (RMSE, R^2) ou de classification (F1 et surtout courbe ROC).

Références

Pour une excellente revue des techniques de validation croisée, jetez-vous vite sur cet article :

- Arlot S., Celisse A. 2010. A survey of cross-validation procedures for model selection. *Statistics Survey*, 4, p. 1-274.

Si vous souhaitez en savoir plus au sujet de l'usage du *bootstrap* dans le cadre de la validation croisée, n'hésitez pas à lire deux stars de la statistique :

- Efron B., Tibshirani R. 1997. Improvements on cross-validation. The .632+ bootstrap method. *Journal of the American Statistical Association*, 92:438, p. 548-560.

Pour parler de la mesure de la performance, nous nous sommes beaucoup appuyés sur le livre suivant :

* Tufféry S. 2011. *Data mining and statistics for decision making.* Wiley

Au sujet des problèmes de classification, s'il n'y avait qu'une référence à lire, ce serait celle-ci :

* Fawcett T. 2006. An introduction to ROC analysis. *Pattern Recognition Letters*, 27:8, p. 861-874.

Dans la perspective opérationnelle de ce livre, les explications fournies dans ce chapitre sont suffisantes pour le travail quotidien du *data scientist*. Toutefois, la courbe ROC fait l'objet de travaux de recherche théorique passionnants. La liste fournie par Kelly H. Zou sur ce site permettra de vous en faire une idée :

* http://www.spl.harvard.edu/archive/spl-pre2007/pages/ppl/zou/roc.html

Pour ceux qui aiment bien les stats, je suggère les deux articles suivants :

* Hanley et McNeil. 1983. A method of comparing the areas under Receiver Operating Curves derived from the same cases. *Radiology*, 148:3, p. 839-843.

  qui parle avec brio de la comparaison de deux AUC.

* Hanley et McNeil. 1982. The meaning and use of the area under the Receiver Operating Characteristic (ROC) curve. *Radiology*, 143:1, p. 29-36.

  qui parle avec maestria des liens entre AUC et statistique de Wilcoxon.

Et enfin, pour ceux qui ont été intrigués par nos énigmatiques histoires de BIC et d'AIC:

* Burnham KP., Anderson DR. 2004. Understanding AIC and BIC in model selection. *Sociological Methods and Research*, 33:2, p. 261-304.

  qui fournit par ailleurs une bibliographie intéressante sur le sujet.

15

Les espaces de grande dimension

Introduction

La dimension d'un problème de *machine learning* correspond au nombre n de variables de la matrice X. Un n grand peut poser de nombreux pièges que le *data scientist* doit savoir surmonter. Le traitement de ces espaces fait en effet partie de son travail. En général, on cherche à sélectionner judicieusement un sous-espace pertinent, pour améliorer la modélisation[1]. L'objectif est de conserver le maximum de l'information contenue dans les données, avec un minimum de variables. Pour cela, deux approches sont envisageables.

- On peut sélectionner un nombre restreint des variables les plus importantes. Certains algorithmes intègrent directement cette opération au travers de leurs paramètres de modélisation comme le lambda de la régression *ridge*. Sinon, on intègre une phase préliminaire de sélection de variables, avant application d'un algorithme. Plusieurs méthodes existent pour cela et nous en présenterons quelques-unes dans ce chapitre.

- Ou bien on peut créer des variables « synthétiques » à partir des variables initiales. En conséquence, on n'utilisera plus les variables observées, mais on reconstruira un nouvel espace de dimension réduite, en manipulant les variables d'origine. Il existe de nombreuses méthodes pour cela. Nous en aborderons les grands principes dans ce livre en présentant l'approche la plus connue : l'analyse en composantes principales. Notez que, outre la réduction de dimension,

---

1. Remarque : il existe d'autres possibilités, mais moins fréquemment employées, elles dépassent le cadre de ce livre généraliste. On peut par exemple utiliser des distances non euclidiennes spécifiques, plus performantes dans les espaces de haute dimension.

ce type d'analyse peut aussi avoir pour objectif à part entière de faciliter l'interprétation des mécanismes générateurs des données observées.

Mais avant cela, commençons par une brève introduction aux problèmes posés par les espaces de grande dimension.

Les problèmes liés à la grande dimension

La malédiction de la dimension

Rassurez-vous : sous ce nom, nulle sorcellerie. C'est Richard Bellman qui a suggéré cette appellation ésotérique en 1961, pour désigner un ensemble de problèmes qui se posent uniquement lorsque l'on analyse des données dans des espaces de grandes dimensions. L'idée qui se cache derrière ce concept, c'est que le volume de données nécessaire à l'apprentissage statistique augmente très vite – exponentiellement, même – avec le nombre de dimensions. En effet, l'augmentation du nombre de dimensions entraîne une rapide augmentation du volume de l'espace dans lequel se trouvent les données. Les données se retrouvent donc un peu « perdues » dans ce grand espace (on parle de données éparses) et, en conséquence, les méthodes de *machine learning* perdent en efficacité si elles ne sont pas adaptées à ce contexte particulier d'application.

Dans le cas de la régression, le problème des hautes dimensions se comprend assez intuitivement. En fait, plus le nuage de point est épars, plus la qualité de l'estimation va diminuer. Il sera en effet possible d'expliquer les observations par plusieurs modèles pouvant être fort différents, et pourtant tous vraisemblables (figure 15-1).

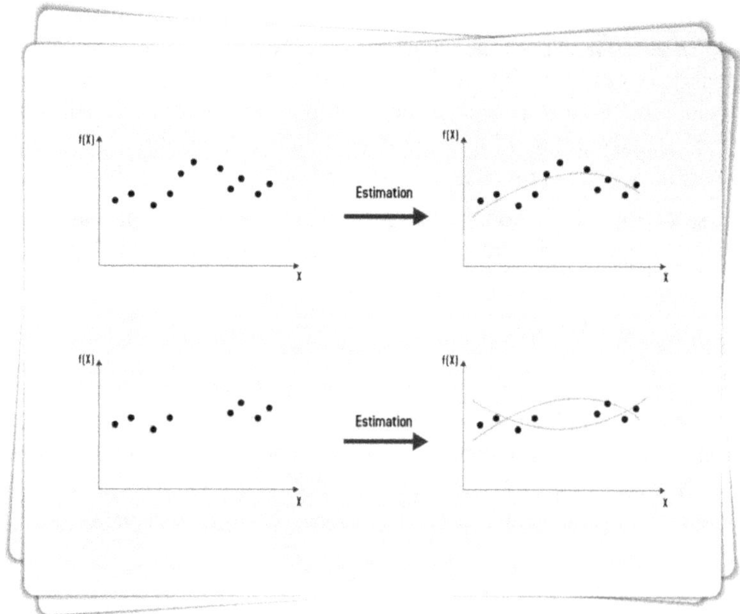

Figure 15-1 – *Plus un nuage de points est épars, plus nombreux seront les modèles qui pourront l'expliquer*

De plus, la modélisation devient très instable : le déplacement d'un seul des points peut changer fortement les résultats de l'estimation. Imaginons un autre exemple encore plus pathologique où l'on aurait un nombre d'observations inférieur au nombre de dimensions. Dans ce cas, le nuage de points serait explicable par une infinité de modèles ! Prenez par exemple deux points dans un espace à trois dimensions : on peut y faire passer une infinité de plans !

En ce qui concerne la classification, le problème de la haute dimension est un peu moins intuitif, mais non moins problématique. En fait, on peut montrer géométriquement que plus la dimension augmente, plus le volume de l'espace considéré tend à se concentrer dans la « bordure » de cet espace (imaginez la peau d'une orange pour vous représenter ce que serait une telle bordure dans un espace sphérique à trois dimensions). Puisque dans un hypercube tous les points de la bordure sont à égale distance du centre, la majorité des points sont donc à presque égale distance du centre, car concentrés autour de cette bordure (figure 15-2). Cela a des conséquences fâcheuses sur le calcul des distances entre vecteurs, qui tendent vers une constante et ne permettent donc plus d'identifier des groupes distincts.

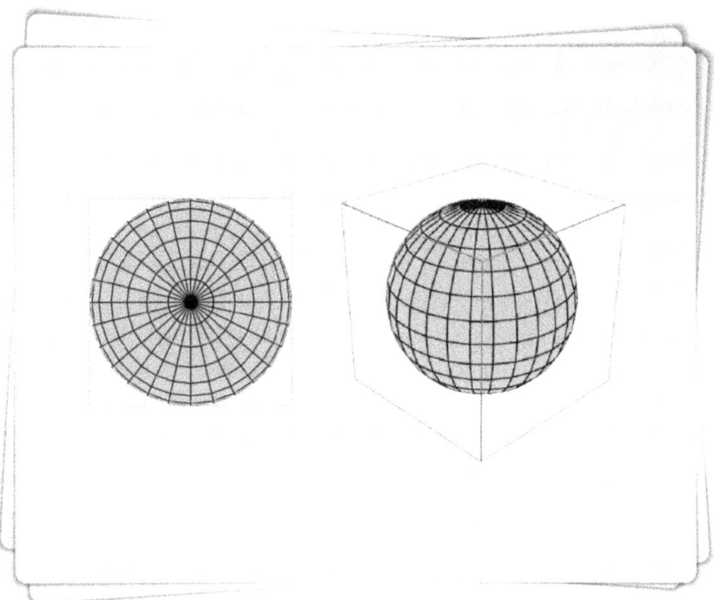

Figure 15-2 – *De deux dimensions à trois dimensions : le volume « dans les coins » de l'espace augmente. Ce phénomène s'accroît avec le nombre de dimensions.*

Cette image vous permet par ailleurs de comprendre une raison pour laquelle ce problème croît dramatiquement avec le nombre de dimensions : le nombre de coins augmente exponentiellement avec la dimension. Quatre coins à gauche en 2D, huit en 3D, etc. comme l'illustre le tableau 15-1.

Tableau 15-1. **Le nombre de coins en fonction du nombre de dimensions**

Nombre de dimensions	2	3	10	16	20	40	50	100
Nombre de coins	4	8	1024	65 536	$\approx 10^6$	$\approx 10^{12}$	$\approx 10^{15}$	$\approx 10^{30}$

Par conséquent, en haute dimension, on aura plein de coins contenant un petit nombre de points qui seront difficiles à discriminer, car à égale distance du centre. Bon courage pour en faire un partitionnement de qualité !

La multicolinéarité

Ce problème n'est pas directement lié à la grande dimension, mais a plus de chance d'apparaître lorsque l'on multiplie les *features* d'une modélisation. On parle de colinéarité ou de multicolinéarité lorsque l'on observe une ou plusieurs relation(s) linéaire(s) parfaite(s) entre les variables explicatives du modèle. En pratique, cette distinction n'est pas vraiment faite et l'on parle de multicolinéarité dans les deux cas de figure. De plus, on parle aujourd'hui de multicolinéarité même lorsque les relations ne sont pas parfaites, c'est-à-dire lorsque les coefficients de corrélation entre certaines variables explicatives sont inférieurs à 1, mais restent élevés. Ce phénomène peut poser problème pour la construction de modèles de régression. Tout d'abord, il va rendre l'interprétation d'un modèle difficile, en confondant les effets de plusieurs variables explicatives. Ceci est surtout gênant pour le statisticien, qui va chercher à isoler les influences respectives des différents régresseurs de son modèle. Pour le *machine-learner* pur et dur, ce problème est relativement trivial, puisque son objectif est rarement l'explication du modèle.

Néanmoins, dans certains cas plus graves, lorsque les relations linéaires sont fortes, la multicolinéarité peut poser des problèmes plus fâcheux et nuire à l'estimation des modèles. Rappelez-vous la résolution analytique de l'équation normale de la régression linéaire multivariée. Dans le cas d'une multicolinéarité parfaite (c'est-à-dire quand on observe des relations linéaires parfaites entre variables explicatives), la matrice $X^T X$ n'est pas inversible et il n'existe donc pas de solution théorique au problème. Par exemple, dans un espace en trois dimensions, on va pouvoir proposer plusieurs plans solutions.

Dans le cas moins pathologique de la colinéarité imparfaite, l'inversion de la matrice $X^T X$ sera possible, mais le plan de régression sera mal déterminé. Un petit changement dans les données pourra en effet engendrer un fort changement dans les coefficients. Ce genre de modèle est fortement instable et non souhaitable. La résolution analytique est instable, mais la descente de gradient aussi. On obtient en effet des espaces de solutions caractérisés par des « vallées », déjà présentés dans le chapitre sur la régularisation.

Autres problèmes liés aux grandes dimensions

Tout d'abord, nous savons qu'en marge des difficultés liées à la malédiction de la dimension et de la multicolinéarité, l'augmentation du nombre de variables va mécaniquement engendrer une surdétermination du modèle. C'est ce que nous avons montré dans le chapitre concernant la régression polynomiale. À nouveau, un modèle ainsi mal posé semblera correct, mais sera en fait non généralisable.

Par ailleurs, d'autres complications non mathématiques sont liées aux espaces de grandes dimensions. D'une part, multiplier les dimensions revient à multiplier le volume de données à traiter, notamment si l'on cherche à « remplir » l'espace vide pour faire face à la malédiction de la dimension. En conséquence, les contraintes techniques à gérer seront beaucoup plus fortes : volume de stockage, temps de traitement, éventuellement parallélisation des algorithmes de modélisation[2], etc.

D'autre part, il est cognitivement difficile d'appréhender des espaces en très hautes dimensions, et encore plus dur de les visualiser. Faites l'exercice : imaginer un carré dans un plan est chose facile, de même qu'un cube dans un espace à trois dimensions… mais qu'est-il d'un hypercube en quatre dimensions ? Réduire le nombre de dimensions permet donc de donner plus facilement du sens aux données (même si, répétons-le, ceci est plus une préoccupation liée au monde de la statistique que du *machine learning*).

La sélection de variables

Régression pas à pas

L'idée de cette méthode de sélection de variables est simple. Parmi les n variables explicatives, on va rechercher le plus petit sous-ensemble de variables qui explique au mieux la variabilité du vecteur Y. On peut pour cela tester des modèles pour tous les arrangements de modèles possibles (voir par exemple la procédure *leaps and bounds* de Furnival et Wilson, 1974), mais cela devient rapidement infaisable dès que l'on dépasse les 40 variables. C'est pourquoi on utilise plutôt la méthode de la régression pas à pas (*stepwise*). C'est une méthode itérative qui peut se décliner en deux variantes.

La variante d'« introduction progressive » (*forward stepwise selection*) initialise un modèle constitué uniquement du terme constant, puis enrichit séquentiellement le modèle en rajoutant, prédicteur après prédicteur, ceux qui améliorent le mieux l'ajustement en terme de réduction de la variabilité résiduelle. Cette sélection se fait en calculant une statistique F. Soient $\hat{\Theta}$ les paramètres estimés pour un sous-ensemble de n *features* et $\tilde{\Theta}$ les paramètres estimés pour un sous-ensemble de $n+1$ *features*. La statistique F permet de comparer la somme des carrés des résidus (SCR) de ces différents modèles, telle que :

$$F = \frac{SCR\left(\hat{\Theta}\right) - SCR\left(\tilde{\Theta}\right)}{S\left(\tilde{\Theta}\right) / \left(m - n - 2\right)}$$

---

2. Cette problématique n'est pas l'objet de ce livre, mais sachez que certains algorithmes se parallélisent naturellement (par exemple le *random forest*), alors que d'autres sont beaucoup plus difficiles, voire impossibles à paralléliser.

On enrichit alors itérativement le modèle avec la variable qui produit la plus grande valeur de F. Pour stopper l'enrichissement du modèle, on compare F à la distribution théorique de Fisher-Snedecor $F_{1,m\text{-}n\text{-}2}$[3] : on s'arrête lorsqu'aucune nouvelle variable ne permet de générer une statistique F supérieure au quantile 90 ou 95 de la distribution théorique[4].

L'autre variante est celle de l'élimination progressive (*backward stepwise selection*). C'est le même principe que la sélection *forward*, mais « à l'envers ». On initialise la procédure avec un modèle complet comprenant toutes les variables, que l'on va retirer séquentiellement. Pour cela, on retire successivement les variables qui produisent les plus petites valeurs de F et l'on s'arrête dès que toutes les variables restantes génèrent des valeurs supérieures au quantile 90 ou 95 de la distribution théorique de Fisher-Snedecor.

Il existe de nombreux enrichissements de ces approches, mais nous ne les développerons pas ici pour les raisons suivantes. D'un côté, les statisticiens se montrent toujours assez réservés face à la sélection automatique de variables. Ils utiliseront toujours des procédures plus complexes intégrant plusieurs algorithmes d'analyse, couplés avec des étapes d'interprétations fonctionnelles. D'un autre côté, les *machine learners* jugent les approches *stepwise* et leurs variantes trop statistiques à leur goût et préfèrent employer les méthodes que nous allons présenter dès à présent.

Approches machine learning

Outre la lourdeur statistique, les approches décrites ci-dessus se basent sur des tests statistiques univariés incapables de capturer les interactions entre variables pourtant si porteuses d'informations. Une approche plus typée *machine learning*, qu'on peut qualifier de sélection non linéaire, consiste à utiliser la capacité des modèles non linéaires à trouver ces interactions entre variables.

Vous vous rappelez sans doute que les modèles ensemblistes à base d'arbres comme le *random forest*, *extra trees* ou le *gradient boosting* disposent tous d'un paramètre `compute_importance`. Ce paramètre permet de calculer les variables qui concourent le plus à la construction de l'ensemble. Ce précieux paramètre est la base de la sélection non linéaire de variables. On voit par exemple, dans la figure 15-3, l'importance des variables dans un problème où nous devions prédire le prix de véhicules d'occasions (ici, des BMW) :

---

3. Cette loi est un grand classique de la statistique inférentielle. Elle est utilisée pour comparer deux variances en testant une hypothèse nulle d'égalité de deux variances.

4. C'est-à-dire que l'on n'est plus capable de rejeter l'hypothèse nulle d'égalité des variances. On peut interpréter cela en supposant qu'aucun rajout de variable ne permet de modifier significativement l'erreur de modélisation, donc d'améliorer le modèle.

```
 1. feature : is_X5 (0.155824)
 2. feature : dimen_empattement (0.124637)
 3. feature : deltadays_lmec_till_vente (0.092594)
 4. feature : vehicule_mt_100000 (0.087163)
 5. feature : deltamonths_lmec_till_vente (0.086386)
 6. feature : millesime (0.072133)
 7. feature : deltamonths_lmec_till_today (0.057463)
 8. feature : deltadays_lmec_till_today (0.055810)
 9. feature : deltadays_deb_com_till_today (0.046614)
10. feature : year_dt_lmec (0.046408)
11. feature : deltamonths_deb_com_till_today (0.034887)
12. feature : dimen_longueur (0.021863)
13. feature : poids_charge_utile (0.015639)
14. feature : norm_famille_km (0.013480)
15. feature : norm_produit_km (0.013205)
16. feature : km_cat (0.008357)
17. feature : vehicule_ancien (0.008279)
18. feature : split_destination_PARTICULIER (0.003630)
19. feature : km_sqrt (0.002633)
20. feature : norm_energie_km (0.002622)
21. feature : dimen_largeur (0.002611)
22. feature : split_departement_CHER (0.002293)
23. feature : norm_produit_prix_neuf_opt (0.002238)
24. feature : norm_famille_prix_neuf_opt (0.002192)
25. feature : km (0.002092)
```

Figure 15-3 – *Prédiction du prix de véhicules d'occasion : importance des variables*

La présence d'une variable en haut de classement veut dire qu'elle est souvent utilisée par les arbres et qu'elle s'y positionne relativement haut, parce qu'un *split* sur cette variable minimisera les critères d'entropie ou de Gini. On utilisera donc cette information pour sélectionner les meilleures variables. Dans la pratique, la façon la plus rigoureuse de mettre en œuvre cette méthode est la suivante :

- séparation des données en trois groupes : $(X_{sélection}, Y_{sélection})$, $(X_{entraînement}, Y_{entraînement})$, (X_{test}, Y_{test}) ;
- apprentissage d'un modèle ensembliste sur le couple $(X_{sélection}, Y_{sélection})$;
- sélection des K meilleures variables issues du modèle entraîné ;
- filtrage de $X_{entraînement}$ et X_{test}, en ne conservant que les K meilleures variables. Vous pouvez désormais travailler avec ces nouvelles matrices de dimensions réduites.

Cette méthode est très puissante, mais elle est à manipuler avec précaution. En effet, elle privilégie les variables continues à grande dispersion, tout simplement parce que les arbres arriveront toujours à y trouver des « poches » pour faire leur *split* et les utiliseront donc régulièrement pour construire leurs arbres. Ainsi, une variable continue pourtant peu explicative peut se retrouver au-dessus d'une variable binaire bien plus porteuse d'information d'un point de vue métier. On peut illustrer ce caractère quelque peu dangereux en prenant un peu d'avance sur la partie 3-2 où nous prédirons les survivants du Titanic. Prenons un modèle qui dispose de variables très orientées métier comme la classe, l'âge, le prix du ticket, etc. Injectons maintenant tout bêtement une variable *random* à grande dispersion dans notre modèle.

```
import random
X['random'] = [random.randint(0, 1000) for i in xrange(X.shape[0])]
```

Puis, faisons l'apprentissage de ce modèle :

```
from sklearn.ensemble import RandomForestClassifier
rf = RandomForestClassifier()
rf.fit(X, y)
```

Et vérifions nos meilleures variables :

```
 1. feature : Fare (0.200859)
 2. feature : split_Sex_female (0.200355)
 3. feature : random (0.184521)
 4. feature : Age (0.171788)
 5. feature : split_Sex_male (0.076643)
 6. feature : split_Pclass_3 (0.047177)
 7. feature : split_Pclass_1 (0.036631)
 8. feature : Parch (0.024891)
 9. feature : SibSp (0.024589)
10. feature : split_Pclass_2 (0.017957)
11. feature : is_child (0.014590)
```

Figure 15-4 – *Prédiction des survivants du Titanic :*
importance des variables avec insertion d'une variable random

Notre variable *random* se hisse sur le podium, tout simplement parce qu'elle présente une grande dispersion :

```
for col in X.columns :
    print col, std(X[col]) # std : calcul de l'écart-type

Fare 49.6655344448
split_Sex_female 0.477721763229
random 288.190029495
split_Sex_male 0.477721763229
split_Pclass_3 0.497385405301
split_Pclass_1 0.428549564355
Parch 0.805604761245
SibSp 1.10212443509
split_Pclass_2 0.404800382654
is_child 0.230146988265
```

Au-delà de cette limite, vous remarquerez que cette méthode utilise des observations qui ne seront ensuite plus utilisées dans le modèle final. On réservera donc cette approche à des problèmes où le nombre de lignes est suffisamment grand (au moins 100 000 lignes pour une classification binaire par exemple).

Réduction de dimensions : l'analyse en composantes principales

Objectif

Il existe de nombreuses méthodes numériques pour effectuer des réductions de dimensions, voir par exemple la synthèse de Fodor (2002). Dans le cadre de cet ouvrage, on se limitera à évoquer la plus largement utilisée : l'Analyse en Composantes principales (ACP), dont l'idée de base a été posée dès 1901 par Karl Pearson. C'est une « *technique de représentation des données ayant un caractère optimal selon certains critères algébriques et géométriques et que l'on utilise en général sans référence à des hypothèses de nature statistique ni à un modèle particulier* »[5] (Lebart *et al.*, 2006). Cette méthode permet à la fois d'identifier les individus qui se ressemblent (notion de proximité) et de résumer les relations entre les variables. Cette méthode est ancrée dans un corpus théorique important. Nous n'en donnerons qu'une vue d'ensemble, en nous focalisant sur la question des relations entre variables, qui permet d'aboutir à la réduction dimensionnelle recherchée.

L'ACP s'applique dans le cadre de notre bien connue matrice X, constituée de valeurs numériques continues[6], dans laquelle chaque individu est décrit par n variables dans $\mathbb{R}^n$. L'ACP va permettre de construire k variables à partir de n, tel que $k < n$. Ces k variables sont les composantes principales de la matrice de données, aussi nommées axes factoriels. Elles sont définies comme suit.

- Ce sont des combinaisons linéaires des n variables initiales.

- Chacune d'elles restitue une partie de l'information des n variables initiales : elles sont caractérisées par la quantité d'information qu'elles restituent et ordonnées en fonction de cette quantité.

- Elles sont indépendantes les unes des autres (pas de corrélation linéaire).

Les individus sont ainsi projetés dans un sous-espace défini dans $\mathbb{R}^P$, qui synthétise les relations entre les n variables initiales.

---

5. Cette définition pouvant varier selon l'obédience de celui qui la présentera. Toujours selon Lebart *et al.* (2006), un statisticien académique parlera de technique de « *recherche des axes principaux de l'ellipsoïde indicateur d'une distribution normale multidimensionnelle, ces axes étant estimés à partir d'un échantillon* » (!)

6. Il existe de nombreuses méthodes connexes adaptées à d'autres cas de figures. Si les individus sont décrits par deux variables qualitatives, on aura recours à l'analyse factorielle des correspondances. S'ils sont décrits par plus de deux variables qualitatives, c'est à l'analyse des correspondances multiples qu'on fera appel. Et si les variables sont à la fois qualitatives et quantitatives, pas de problème : l'analyse factorielle de données mixtes est là pour nous aider. On peut même analyser simultanément plusieurs tableaux de données en utilisant l'analyse factorielle multiple.

Husson *et al.* (2008) donne une illustration intuitive de cette approche, synthétisée dans l'image 15-5.

On admet communément que les positions des planètes de notre système solaire sont situées dans un espace à trois dimensions. On peut illustrer ces distances dans un système à deux dimensions, ou même dans un système à une dimension : on projette ainsi successivement $\mathbb{R}^3$ dans $\mathbb{R}^2$ (représentation dans le plan), puis dans $\mathbb{R}^1$ (représentation axiale), en résumant de plus en plus l'information initiale. Pour ce faire, il faut minimiser l'erreur de projection dans le sous-espace considéré (en effet, une projection dans un sous-espace réduit va distordre les données. Il faut donc trouver la meilleure projection qui limitera au maximum la déformation). Voici comment s'opère ce numéro de gymnastique spatiale, en deux étapes principales.

Les grandes étapes de l'ACP

Étape 1 : matrice carrée et inertie

Tout d'abord, pour déterminer les composantes principales de m observations définies par n variables, on utilise la matrice de variance-covariance des variables. Soit s^2_1 la variance d'une variable X_1 et $cov_{1,2}$ la covariance de deux variables X_1 et X_2, ces grandeurs sont définies par :

$$s_1^2 = \frac{1}{m} \sum_{i=1}^{m} \left(x_{i1} - \bar{X}_1 \right)^2$$

$$cov_{1,2} = \frac{1}{m} \sum_{i=1}^{m} \left(x_{i1} - \bar{X}_1 \right)\left(x_{i2} - \bar{X}_2 \right)$$

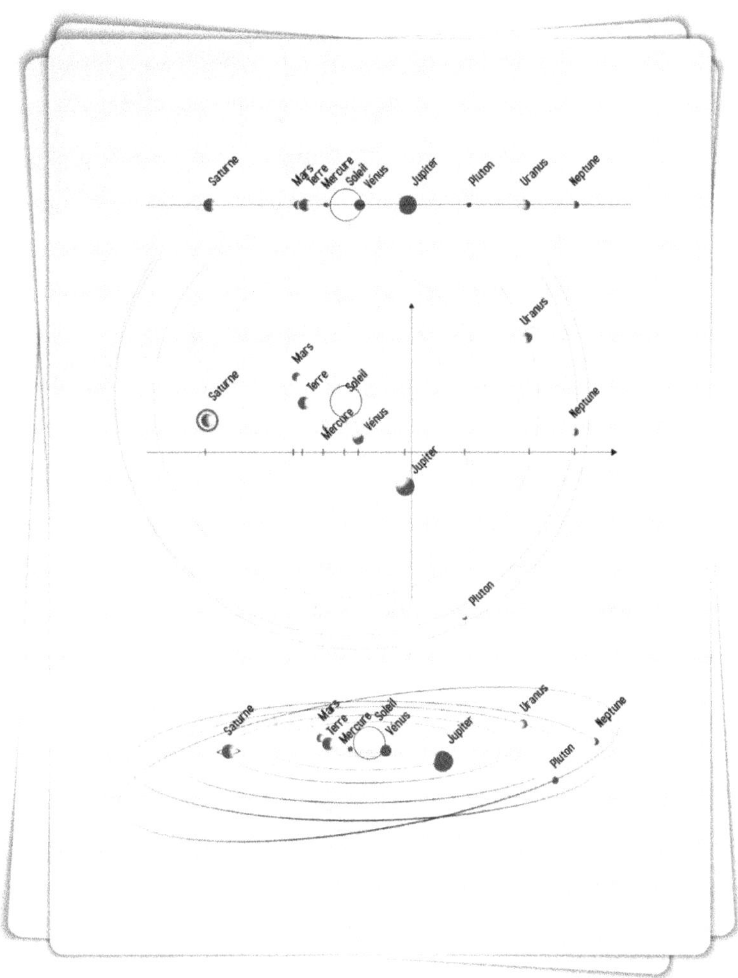

Figure 15-5 – *Projection du système solaire (3D) sur un axe (1D) et dans le plan (2D)*
Inspiré de Husson et al. (2009)

La barre au-dessus d'une variable ($\overline{X}$) représente sa moyenne. La variance mesure donc une dispersion autour de la valeur moyenne[7]. Dans le cas de la covariance, on mesure une variation simultanée :

- $\text{cov}_{1,2} > 0$ si X_1 croît quand X_2 croît ;
- $\text{cov}_{1,2} < 0$ si X_1 croît quand X_2 décroît ;
- $\text{cov}_{1,2} = 0$ si X_1 et X_2 sont indépendantes.

---

7. Remarque : pour ces calculs, un statisticien pur et dur utiliserait un estimateur non biaisé en remplaçant $1/m$ par $1/(m\text{-}1)$.

Au final, la matrice carrée sera définie telle que :

$$
\begin{array}{c|cccc}
 & 1 & j & \dots & n \\
\hline
1 & s_1^2 & cov_{1,j} & cov_{1,\dots} & cov_{1,n} \\
j & cov_{j,1} & s_j^2 & cov_{j,\dots} & cov_{j,n} \\
\dots & cov_{\dots,1} & cov_{\dots,j} & s_{\dots}^2 & cov_{\dots,n} \\
n & cov_{n,1} & cov_{n,j} & cov_{n,\dots} & s_n^2
\end{array}
$$

Si les variables mesurées sont d'ordres de grandeur hétérogènes (cas fréquent), on va préalablement centrer-réduire les données. Calculer une matrice de variance-covariance sur des données centrées réduites revient à calculer une matrice des corrélations. Toutes les valeurs de la diagonale de la matrice seront égales à 1, et la mesure de covariance sera remplacée par une mesure de corrélation (le coefficient de corrélation de Pearson[8]). Cette mesure comprise entre -1 et 1 exprime l'intensité et le sens d'une relation linéaire :

- si nulle, pas de relation linéaire ;
- si proche de 1, forte relation linéaire croissante ;
- si proche de -1, forte relation linéaire décroissante.

Toutes les moyennes calculées définissent par ailleurs un point moyen g du nuage des individus, donné par le vecteur de la valeur moyenne de chacune des j variables.

Grâce à la matrice de variance-covariance, on peut calculer l'inertie du nuage de points considéré. L'inertie correspond à la somme des variances de n variables, soit la trace de la matrice de variance-covariance (la trace d'une matrice est la somme de ses coefficients diagonaux). L'inertie permet de mesurer la dispersion totale du nuage de points, qui correspond à la somme pondérée des carrés des distances des individus au centre de gravité g. Si on travaille sur la matrice de corrélation, la variance de chaque variable vaut 1 et l'inertie totale est donc égale au nombre n de variables.

Étape 2 : définition et choix des composantes principales

Dans un second temps, il va être possible de définir les composantes principales. Pour cela, on va rechercher des axes portant le maximum d'inertie par la construction de nouvelles variables de variance maximale. Cela revient à effectuer un changement de repère dans $\mathbb{R}^n$ de façon à se placer dans un nouveau système de représentation. Dans le nouveau système, le premier axe apporte le plus possible de l'inertie totale du nuage, le deuxième axe le plus possible de l'inertie non prise en compte par le premier axe, et ainsi de suite.

Ces composantes sont déterminées par calcul matriciel, en diagonalisant la matrice carrée calculée préalablement. Nous vous épargnons les détails mathématiques, mais sachez qu'une matrice est diagonale si tous ses coefficients en dehors de la diagonale sont nuls et que diagonaliser une matrice… c'est la rendre semblable à une matrice diagonale ! Cette opération permet de définir les axes principaux d'inertie (souvent notés $u_1, \dots, u_k$), qui représentent les n axes de direction des

---

8. Qui est une mesure de corrélation parmi d'autres, les statisticiens fourmillant d'idées pour mesurer des dépendances entre variables continues : corrélation de Spearman, tau de Kendall, etc.

vecteurs propres de la matrice carrée. À chacun de ces axes est associée une nouvelle variable : c'est la composante principale tant recherchée ! C'est un vecteur renfermant les coordonnées des projections des individus sur l'axe considéré. Ces coordonnées sont obtenues par combinaison linéaire des variables initiales. Si $c_1, ..., c_k$ sont les k composantes principales de l'analyse, on a :

$$c_1 = u_{1,1}X_1 + u_{1,2}X_2 + ... + u_{1,n}X_n,$$
$$c_2 = u_{2,1}X_1 + u_{2,2}X_2 + ... + u_{2,n}X_n,$$
$$...$$
$$c_k = u_{k,1}X_1 + u_{k,2}X_2 + ... + u_{K,n}X_n$$

Chaque axe de direction a également une valeur propre λ_k, associée à la composante considérée. Cette valeur propre est égale à la somme des coefficients de corrélation au carré de chaque variable initiale avec la composante. Tout ceci est un peu abstrait. Retenez juste que la valeur propre mesure l'inertie apportée par l'axe ou, autrement dit, la part de variance totale des variables initiales pour la composante principale (la somme des valeurs propres correspond donc à la variance totale du nuage de points). Lors de la réalisation de l'ACP, on classe les composantes principales par valeur propre décroissante. Pour mieux appréhender le niveau d'information restitué par chaque composante, on donne la proportion de la valeur propre de chacune d'elles par rapport à la somme de toutes les valeurs propres.

Dans le cadre d'une analyse statistique multidimensionnelle classique, on visualise les résultats de l'ACP à travers deux graphiques finement analysés.

- La représentation des individus dans les plans principaux : on constitue des plans factoriels à partir des couples des composantes qui portent le plus d'information, et on y projette les individus grâce à l'équation de la composante (le meilleur plan est constitué des deux premières composantes, mais il est souvent utile d'aller plus loin et d'en visualiser d'autres pour avoir une représentation plus fine des individus).

- La représentation des variables, la plupart du temps grâce au cercle des corrélations : celui-ci permet de caractériser les composantes principales par leurs « proximités » avec les variables initiales. Les composantes synthétiques peuvent ainsi être interprétées à partir de leurs corrélations avec les variables mesurées et un sens fonctionnel peut donc être inféré.

Dans un usage *machine learning*, on ne s'arrête généralement pas sur ces représentations. L'objectif est simplement de retenir les k composantes principales qui permettront de mieux résumer l'espace initial des variables. On dispose de nombreuses règles empiriques pour déterminer le nombre de composantes à retenir, par exemple :

- interprétabilité des axes : on ne garde que les composantes pour lesquelles on saura donner un sens métier, grâce à leurs corrélations aux variables initiales ;

- règle de Cattell (ou règle du coude) : on trace l'information cumulée apportée par les composantes et on « coupe » au coude. Cela revient à négliger les composantes portant peu d'informations additionnelles ;

- règle de Kaiser : on conserve les composantes ayant des valeurs propres supérieures à 1, c'est-à-dire dont la variance est supérieure à celle des variables d'origine.

Il n'y a pas de règle universelle. À vous de voir en pratique le choix le plus adapté au problème traité.

Exemple d'application

Ce petit exemple provient d'un travail réalisé pour une usine de production de semi-conducteurs. Dans le cadre d'une mission plus générale, il a fallu intégrer un travail de réduction dimensionnelle pour appréhender l'activité applicative du système d'information. En effet, pour chaque application, des dizaines, voire des centaines de transactions différentes peuvent être appelées quotidiennement. L'objectif est donc de résumer le volume d'activité transactionnelle journalier. Les jours de la période d'observation seront les individus de l'analyse, le volume d'activité de chacune des transactions en définira les variables.

Pour cela, nous chargeons dans R un fichier CSV qui contient :

- une colonne `PERIOD` : les 248 jours observés (qui peuvent être vus comme les « individus » de l'étude) ;

- une colonne `JOUR` : une variable qualitative qui définit le jour considéré (lundi, mardi, etc.) ;

- et 106 autres colonnes qui représentent le nombre de transactions appelées par jour. Ces 106 variables correspondent à des transactions propres à la production microélectronique (`ComputeWaferForEqp`, `FetchCompleteSeries_LITHO`, `GetRecipeTroughput`...).

Nous chargeons les données, définissons les individus en tant que noms de lignes et supprimons les samedis et dimanches[9] de l'analyse avec le code suivant :

```
## Définition du nom des lignes
rownames(transactions) <- transactions$PERIOD
transactions$PERIOD <- NULL

## Retrait des week-ends
transactionsWeek <- transactions[!transactions$JOUR%in%c("samedi","dimanche"),]

## Retrait de la variable JOUR qui ne sera plus utilisée
transactionsWeek$JOUR <- NULL
```

Ces données sont analysées par ACP. La librairie R `stats` (par défaut dans toute installation de R) permet de la réaliser :

```
acpTransactions <- princomp(x = transactionsWeek, cor = TRUE)
```

---

9. Ceci est nécessaire à cause de la temporalité des données qui peut induire des biais dans l'analyse. Sans sombrer dans la vanité de l'autocitation, la justification de la suppression de ces jours est développée dans cet article : Lutz M., Boucher X., Roustant O., 2012, IT capacity planning in manufacturing systems: Proposition for a modelling process and application in the semiconductor industry, *Computers in Industry*.

Avec `cor = TRUE`, nous précisons que nous réalisons l'analyse à partir de la matrice de corrélation (ordres de grandeur hétérogènes) et non à partir de la matrice de variance-covariance[10]. Et voilà, l'analyse est terminée ! La commande suivante permet de résumer la qualité de l'analyse :

```
summary(acpTransactions)
```

Ce qui donne, pour les quatre premières composantes, les résultats présentés à la figure 15-6.

```
Importance of components:
                        Comp.1     Comp.2     Comp.3     Comp.4
Standard deviation     7.6101129  4.0456567  2.2467486  1.7877852
Proportion of Variance 0.5463568  0.1544089  0.0476215  0.0301526
Cumulative Proportion  0.5463568  0.7007656  0.7483871  0.7785397
```

Figure 15-6 – *Résultats de l'analyse en ACP*

`Standard deviation` donne $\sqrt{\lambda_k}$. `Proportion of variance` indique l'inertie apportée par l'axe par rapport à l'inertie totale : en cumulé, on constate que les quatre premières composantes expliquent près de 78 % de la variabilité totale des 106 variables initiales. C'est donc une compression des données de départ plutôt efficace !

Pour interpréter les composantes, on peut tracer le cercle les corrélations avec la fonction `biplot`. On peut utiliser le code suivant, qui permet de visualiser les corrélations entre une composante et les variables initiales :

```
## Composante à analyser
score <- "Comp.2"

## Corrélation minimum à visualiser
cormin <- 0.6

## Données correspondant à cette corrélation minimum
corel <- cbind(acpTransactions $scores[,score], transactionsWeek)
corel <- cor(corel)
corel <- corel[1,]
corel <- corel[corel > cormin | corel < -cormin]
corel <- sort(corel)

## Visualisation
mycol <- colorRampPalette(c("white","black"))

par(mfrow = c(1,1))
par(oma=c(2, 20, 0, 0), las = 2, cex = 0.6, las = 1)

barplot(corel, xlim = c(-1, 1), col = mycol(length(corel)), horiz = TRUE, space = 0.4,
main = "Corrélations variables actives & axe factoriel")
box()

abline(v=c(-0.8, 0.8), lty = 2, lwd = 2)
abline(v=c(-0.5, 0.5), lty = 2, lwd = 1)
```

---

10. Remarque : d'autres fonctions existent (`prcomp` dans la librarie `stats`, qui utilise un autre mode de résolution), mais aussi de nombreuses implémentations dans d'autres librairies telles que `FactoMineR`, `rrcov`, `labdsv`, `psych`, etc.

Ce qui donne le graphique de la figure 15-7, pour la deuxième composante.

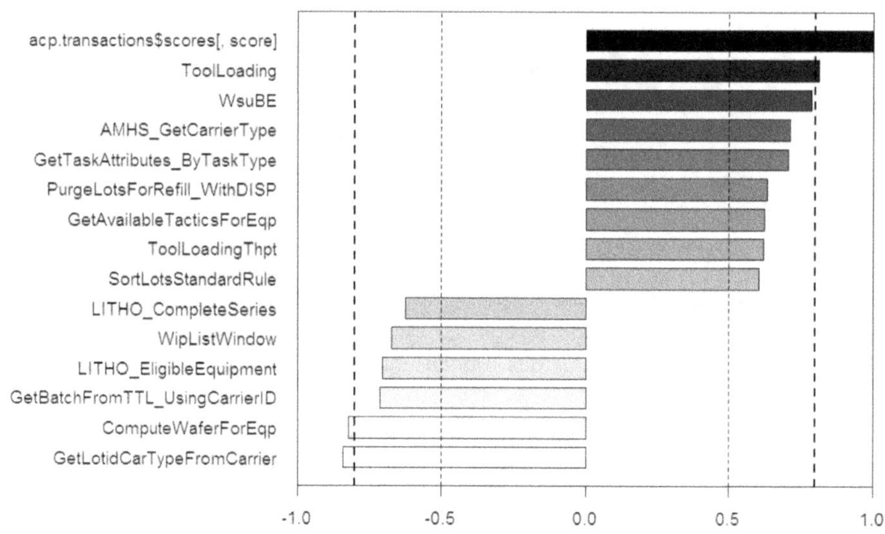

Figure 15-7 – Corrélations des variables d'origine avec le deuxième axe factoriel (extrait)

On constate que cette composante est fortement corrélée positivement à des variables du type `ToolLoading`, `WsuBE`… et négativement à des variables du type `GetLotidCarTypeFromCarrier`, `ComputeWafer-ForEqp`, etc. Les corrélations positives correspondent à des transactions utilisées pour charger les lots de production dans les équipements manuellement ; les corrélations négatives correspondent à des transactions utilisées pour le même usage, mais réalisées automatiquement. Cet axe factoriel peut donc s'interpréter d'un point de vue métier qui met en évidence les modes de production manuel versus automatique.

Digression : positionnement de l'ACP dans les statistiques classiques et complémentarité avec la classification

Ce livre traite principalement de *machine learning*, mais il est intéressant d'indiquer au lecteur que l'ACP est un outil très communément utilisé dans l'une des branches de la statistique classique appelée « statistique exploratoire multidimensionnelle ». Le *clustering*, présenté au chapitre 8, fait également partie de cette branche. Ce court paragraphe permet donc de mettre en perspective ACP et *clustering*, dans un cadre plus général. En statistique exploratoire multidimensionnelle, les deux grandes familles d'analyse sont :

- les méthodes factorielles, qui opèrent des réductions de représentations multidimensionnelles, l'ACP en est la technique la plus populaire ;

- et les méthodes de classification (attention, on parle bien ici de classification au sens statistique du terme, et non *marchine learning* ; voir la remarque faite sur ce sujet au chapitre sur le *clustering*), qui produisent des classes d'individus.

Husson *et al.* (2009) synthétisent les parentés entre ces méthodes dans l'arbre 15-8.

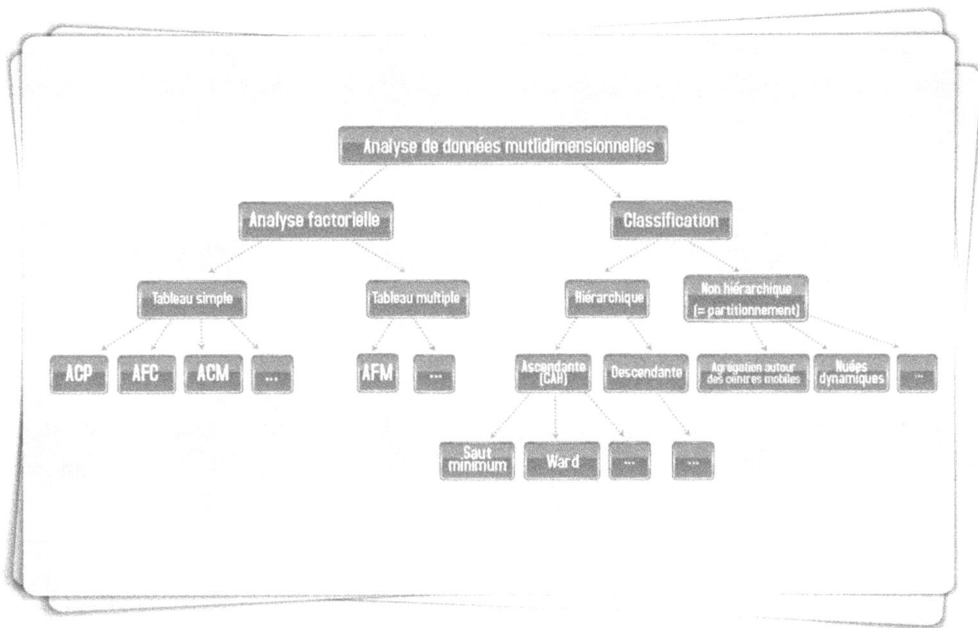

Figure 15-8 – *Les principales méthodes d'analyse exploratoire multidimensionnelle (dans Husson* et al.*, 2009)*

Les statisticiens ont l'habitude d'utiliser ces techniques conjointement, pour aboutir à plus de richesse d'analyse. Par exemple, en réalisant une analyse factorielle préalable à une classification hiérarchique, pour ne conserver qu'un certain nombre de facteurs dans la classification. Cela permet de réduire le bruit lié aux composantes à faible inertie ou à ne conserver que les composantes fonctionnellement interprétables. D'autres approches sont possibles. Nous recommandons au lecteur intéressé de se tourner vers un ouvrage de statistique exploratoire pour plus de détails (Lebart *et al.*, 2006, par exemple, déjà largement cité dans ce livre).

À RETENIR Les espaces de grandes dimensions

Les espaces de grandes dimensions (avec beaucoup de colonnes) peuvent nuire à un bon apprentissage et/ou complexifier inutilement le modèle. Pour pallier ce problème, deux méthodes peuvent être employées afin de réduire le nombre de variables :

- sélectionner un nombre réduit de variables, les approches *machine learning* permettent d'effectuer cette opération avec facilité et efficacité ;
- ou créer des variables synthétiques résumant l'information initiale à l'aide de méthodes factorielles de type ACP.

Références

La question de la malédiction de la dimension peut vite se traduire en discussions très techniques sur la géométrie multidimensionnelle, dépassant rapidement les préoccupations du praticien de la *data science*. Nous ne développerons donc pas la bibliographie à ce sujet. Citons toutefois l'ouvrage ayant introduit cette notion, cité dans ce chapitre :

- Bellman. 1961. *Adaptative Control Processes: A Guided Tour.* Princeton University Press.

Concernant les causes et les conséquences de la multicolinéarité dans les modèles de régression, Gujarati développe une très bonne discussion dans son livre :

- Gujarati DN. 2004. *Économétrie.* De Boeck.

Pour ceux qui s'intéressent aux méthodes de régression pas-à-pas, j'ai cité :

- Furnival GM., Wilson RW. 1974. Regressions by leaps and bound. *Technometrics*, 16:4, p. 499-511.

Mais plus généralement, n'importe quel livre de statistique fera l'affaire. En complément, lisez surtout les nombreux articles critiquant ces approches, par exemple :

- Whittingham MJ., Stephens PA., Bradbury RB., Freckleton RP. 2006. Why do we still use stepwise modelling in ecology and behaviour? *Journal of Animal Ecology*, 75:5, p. 1182-1189.

Concernant l'ACP tout d'abord, comme dans le chapitre sur le *clustering*, nous recommandons fortement les ouvrages statistiques généraux suivants :

- Lebart L., Piron M., Morineau A. 2006. *Statistique exploratoire et multidimensionnelle – Visualisation et inférence en fouilles de données.* 4ᵉ édition, Dunod.

  Une version en ligne d'une édition plus ancienne est disponible ici : http://horizon.documentation. ird.fr/exl-doc/pleins_textes/divers11-10/010007837.pdf

- Bouroche JM., Saporta G. 2005. *L'analyse des données.* PUF, Que sais-je ?

- Husson F., Sebastien L., Pagès J. 2009. *Analyse de données avec R.* Presses Universitaires de Rennes.

Pour plus de détails sur l'ACP, voir les excellents papiers de Hervé Abdi :

- Abdi H. 2003. Factor rotations in factor analyses. In M. Lewis-Beck, A. Bryman, T. Futing, *Encyclopedia of Social Sciences Research Methods*, Sage.

- Abdi H., Williams LJ. 2010. Principal component analysis. *Computational Statistics*, 2:4, p. 433-459.

  Ces articles, outre une très bonne présentation de la méthode, introduisent un concept que nous n'avons pas développé dans ce livre : la rotation des axes factoriels, qui permet d'en favoriser les interprétations.

Enfin, pour les lecteurs les plus curieux :

- Fodor KF. 2002. *A survey of dimension techniques.* U.S. Department of Energy – Lawrence Livermore National Laboratory.

  Cet ouvrage permet d'avoir une vue plus étendue des diverses méthodes de réduction des dimensions pouvant exister ; on y retrouvera par ailleurs des liens vers des techniques évoquées ailleurs dans cet ouvrage (réseaux neuronaux, cartes de Kohonen…).

16

Valeurs manquantes et valeurs aberrantes : généralités

Introduction

Lorsque l'on travaille sur des données réelles, on est très souvent amené à considérer des valeurs manquantes ou aberrantes. Il existe un nombre important de méthodes pour faire face à ce problème. Dans leur grande majorité, elles proviennent directement des statistiques classiques (et plus précisément même, des méthodes de dépouillement de questionnaires).

Ce chapitre a pour objectif de donner une vue d'ensemble des principaux concepts du traitement des valeurs aberrantes et manquantes, sans entrer dans les détails. Pour cela, nous expliquerons ce que sont ces données, et quels traitements on peut leur appliquer.

Qu'est-ce que les valeurs manquantes ?

Valeur manquante… une expression si simple nécessiterait-elle un paragraphe de livre ? Mais bien sûr ! Et comptez sur les statisticiens pour révéler toute la complexité qu'elle peut contenir ! Tout d'abord, on distingue deux grandes catégories de données manquantes.

- Lorsque l'on ne dispose d'aucune information sur un individu (c'est-à-dire une ligne complètement vide dans une matrice) : on parle de non-réponse[1] totale.

- Lorsque l'on dispose d'une information incomplète sur un individu (une ligne partiellement renseignée) : on parle de non-réponse partielle.

Ces données peuvent manquer pour de nombreuses raisons : parce qu'elles n'ont pas été enregistrées (défaillance d'un capteur, mesure impossible auprès d'un sujet, etc.), parce qu'elles ont été perdues (mauvais encodage ou erreur de conversion des données, par exemple), etc.

Si vous avez de la chance, ces valeurs manquantes correspondent à une information sans impact sur votre étude. Mais bien souvent, cette perte d'information n'est pas neutre et peut biaiser vos analyses, d'autant plus fortement que le taux de valeurs manquantes est élevé.

Les données manquantes ne sont pas toutes de même nature. Elles sont classifiées selon les formes de mécanismes qui génèrent ces données. On s'appuie généralement sur la typologie proposée par Little et Rubin (2002) :

- Les données manquantes complètement aléatoires, dites MCAR (*Missing Completely At Random*) : la probabilité qu'une valeur de la variable X_1 soit manquante ne dépend pas des valeurs prises par les autres variables $X_{j \neq 1}$, qu'elles soient manquantes ou pas. Il n'est donc pas possible de définir un profil des individus ayant des valeurs manquantes, la probabilité de ces données est uniforme. On peut formaliser ce concept comme suit :

$$p\left(x_{i1\ manquant} | x_{ij\ observés},\ x_{ij\ manquant}\right) = p\left(x_{i1manquant}\right).$$

- Les données manquantes aléatoires, MAR (*Missing At Random*) : dans ce cas, la probabilité qu'une valeur de la variable X_1 soit manquante ne dépend pas des valeurs prises par les autres variables $X_{j \neq 1}$ manquantes, mais de leurs valeurs observées. Prenons un exemple clair de cette situation (toujours issu du dépouillement de questionnaires). Il existe une différence de non-réponse entre les hommes et les femmes concernant la question du revenu, mais parmi les hommes entre eux ou parmi les femmes entre elles, la probabilité d'avoir des non-réponses est identique quel que soit le niveau du revenu (Glasson-Cicognani et Berchtold, 2010). Autrement dit :

$$p\left(x_{i1\ manquant} | x_{ij\ observés},\ x_{ij\ manquant}\right) = p\left(x_{i1\ manquant} | x_{ij\ observés}\right).$$

- Les données manquantes non aléatoires, MNAR (*Missing not at random*) : la donnée est manquante pour une raison précise voulue. La probabilité qu'une valeur de la variable x_i soit manquante ne dépend pas des valeurs prises par les autres variables $X_{j \neq i}$ observées, mais de leurs valeurs manquantes :

$$p\left(x_{i1\ manquant} | x_{ij\ observés},\ x_{ij\ manquant}\right) = p\left(x_{i1\ manquant} | x_{ij\ manquant}\right).$$

Les données manquantes MNAR sont les plus problématiques. Elles correspondent à ce que l'on appelle un processus non ignorable, car ce type de données manquantes fait peser des biais forts sur l'étude. Pour en tenir compte, il est nécessaire de poser des hypothèses de modélisation fortes

---

1. Remarque : on sent bien les origines statistiques de cette dénomination, la notion de réponse faisant référence au dépouillement de questionnaires.

ou de modéliser le processus d'observation. Vous le comprenez, c'est donc une situation à éviter lorsque l'on récupère des données dont on ne sait pas forcément comment elles ont été générées. On préférera donc les données manquantes MCAR et MAR, correspondant à un processus ignorable. Dans ce cas, on n'aura pas besoin de modéliser le processus d'observation et on pourra envisager les méthodes qui vont être présentées dans quelques instants, le cas MCAR étant généralement le plus favorable. Malheureusement, dans la pratique, il est souvent difficile de savoir si les données sont MCAR, MAR ou MNAR. Ce choix se fera donc souvent par hypothèse.

Comment traiter les valeurs manquantes ?

Avant tout chose, passez un peu de temps à décrire les données manquantes de votre jeu de données : quel est le pourcentage de données manquantes par variable ? Par groupe de population ? Existe-t-il des prédicteurs potentiels des données manquantes ? etc. Cela vous permettra ensuite de choisir la méthode la plus appropriée. Concernant les méthodes de traitement, sachez qu'il en existe énormément (ce n'est pas pour rien que Little et Rubin ont consacré un livre à ce sujet). Dans la pratique, il peut être nécessaire de tester plusieurs approches de correction. On vérifiera au fil des corrections l'impact des traitements apportés, en faisant des va-et-vient entre les données brutes et les données corrigées.

La méthode de l'analyse de données complètes est la plus simple et la plus courante (c'est la méthode par défaut de nombreux logiciels, R inclus). Elle consiste à ne conserver que les observations qui ne contiennent aucune donnée manquante. Les statisticiens admettent que cette méthode est acceptable lorsque les individus ayant des valeurs manquantes représentent moins de 5 % de la population. Sinon, elle devient vite dangereuse, car beaucoup d'observations peuvent disparaître du jeu de données (effectivement, la proportion d'observations complètes peut être faible même si, pour chaque variable, la probabilité qu'une donnée soit observée est grande). Même si elle est acceptable, cette méthode est non biaisée uniquement pour les données manquantes MCAR, mais elle aura malgré tout tendance à diminuer la précision de la modélisation.

Parlons à présent d'une méthode un peu plus riche : l'imputation. Son objectif est de remplacer la valeur manquante par une valeur artificiellement produite à partir des autres données disponibles. Il en existe de nombreuses variantes qui sont valides, selon les cas, pour les données manquantes MCAR et/ou MAR. On distingue deux grandes approches : l'imputation simple et l'imputation multiple. De nombreuses possibilités d'imputation simple existent, par exemple :

- l'imputation par règle : si on la connaît, on peut définir une règle métier qui permet de calculer la valeur manquante à partir des autres données disponibles ;

- le replacement des valeurs manquantes par la valeur moyenne de l'ensemble des réponses (des variantes : par la médiane, par le mode pour des données qualitatives, etc.) ;

- l'imputation par ratio ou par régression : on définit la valeur manquante par la valeur prédite par un modèle de régression incluant une (ratio) ou plusieurs (régression) des autres variables disponibles[2]. Il en existe une variante stochastique : on tire une valeur autour de la prédiction du modèle ;

---

2. Décidemment, les statisticiens aiment la linéarité ! Chez OCTO, nous préférons nous inspirer de cette approche en utilisant des méthodes non linéaires de type *random forest...* pour des résultats généralement bien meilleurs !

- le *hot-deck* et le *cold-deck* : on tire aléatoirement avec remise une valeur parmi l'ensemble des individus ayant une valeur observée pour la variable d'intérêt, afin de remplacer la valeur manquante. Pour la version *hot*, on effectue ce tirage directement dans le jeu de données analysé ; pour la version *cold*, on le réalise dans une source de données externes (cette variante est donc rarement applicable en *machine learning*) ;

- la méthode du plus proche voisin : le principe est le même que le *hot* et le *cold-deck*, mais le tirage est fait chez des individus ayant les mêmes caractéristiques. Pour cela, on doit donc définir une fonction de distance qui permet de caractériser la proximité entre ces individus (voir chapitre sur la classification pour plus de détails sur cette notion de distance).

Attention, même dans le cas où l'hypothèse de données manquantes MAR ou MCAR est justifiée, ces méthodes ne sont pas neutres et peuvent modifier sensiblement le jeu de données. Elles peuvent par exemple modifier les relations entre les variables. De plus, on considère souvent que ces méthodes sous-estiment l'incertitude. En effet, il est difficile de croire qu'une unique valeur imputée va pouvoir représenter l'ensemble de l'incertitude relative à la valeur à imputer.

Pour pallier ce problème, on peut utiliser les méthodes d'imputation multiple. Leur principe général est le suivant.

- Étape 1 : on remplace chaque valeur manquante par M (>1) valeurs tirées d'une distribution appropriée.

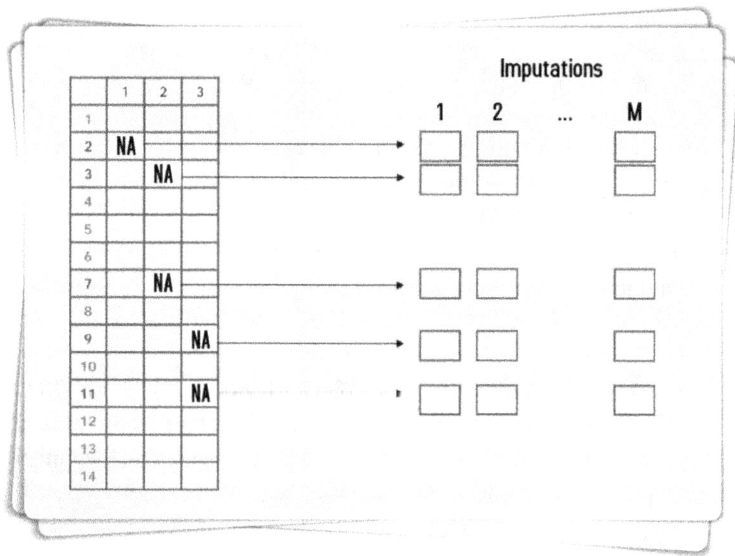

Figure 16-1 – *Imputation multiple : étape 1*

- Étape 2 : on réalise des analyses indépendantes, mais avec la même méthode, de M bases imputées.

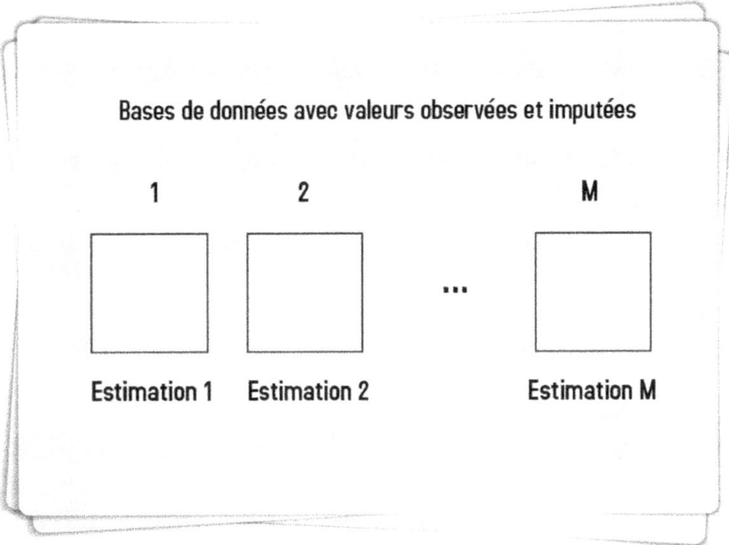

Figure 16-2 – Imputation multiple : étape 2

- Étape 3 : on combine les résultats de ces analyses afin de refléter la variabilité supplémentaire due aux données manquantes.

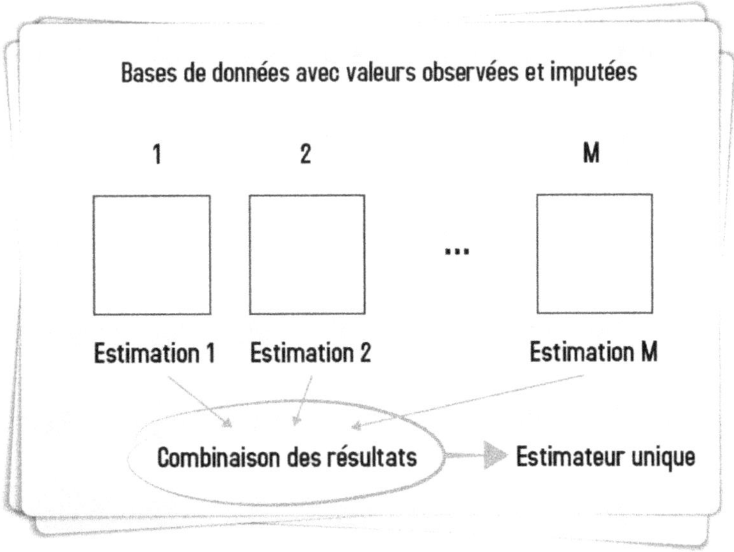

Figure 16-3 – Imputation multiple : étape 3

Plus M est grand et plus les résultats sont précis, mais on considère généralement qu'on a de bons résultats dès $M = 5$. Retenez bien que l'objectif n'est pas de prédire les données manquantes avec la plus grande précision, mais de refléter au mieux l'incertitude des valeurs manquantes, les distributions et les relations entre variables.

Pour réaliser cette imputation multiple, plusieurs algorithmes existent. Le plus connu est l'algorithme EM (Expectation – Maximisation), dont on trouve une imputation proche dans la librairie R `Amelia`, qui utilise une méthode de *bootstrap*. On peut aussi citer l'imputation par chaîne de Markov MCMC (dans la librairie R `sbgcop` par exemple) ou l'algorithme PMM (*Predictive Mean Matching*), de la librairie R `mice`.

Pour finir ce panorama, citons brièvement deux méthodes utilisées dans des contextes de données manquantes également rencontrées en statistique, mais peu usitées en *machine learning.*

- Création d'une variable indicatrice des données manquantes : pour une variable catégorielle, on rajoute une modalité qui représente la valeur manquante. Ceci permet ainsi de mesurer l'« effet » des valeurs manquantes sur la variable à expliquer, et d'évaluer le risque de biais lié aux données incomplètes.

- Corrections par pondération : selon qu'on est en présence de non-réponses totales ou partielles, on peut assigner des poids aux individus et/ou aux variables pour tenter de rééquilibrer le jeu de données.

Quid des valeurs aberrantes ?

Jusqu'à présent, nous avons parlé des valeurs manquantes. Mais il existe une autre situation pouvant poser problème : la présence de valeurs aberrantes. Une valeur aberrante est une valeur extrême de la distribution d'une variable, c'est-à-dire qui diffère significativement de l'ensemble des grandeurs d'une variable donnée. On parle aussi d'*outlier* statistique.

Pour repérer ces valeurs, différentes méthodes peuvent être employées. La plus connue est sans doute celle des boîtes à moustaches (*boxplot*), qui définit les valeurs extrêmes comme les valeurs supérieures ou inférieures à I fois l'écart interquartile[3], avec $I = 1,5$ généralement (Correa et González, 2002).

Attention, ces valeurs peuvent ne pas être des erreurs, mais bel et bien révéler des situations extraordinaires. Dans ce cas-là, elles portent réellement une information de valeur et il peut être intéressant d'en tenir compte dans les analyses. Notamment, dans les cas d'étude de comportements frauduleux ou d'événements rares, le *data scientist* portera toute son attention sur ces valeurs (ce type d'analyse assez particulier n'a pas été développé dans ce livre).

---

3. Un quartile est chacune des trois valeurs qui divisent les données triées en quatre parts égales, de sorte que chaque partie représente un quart de l'échantillon de population.

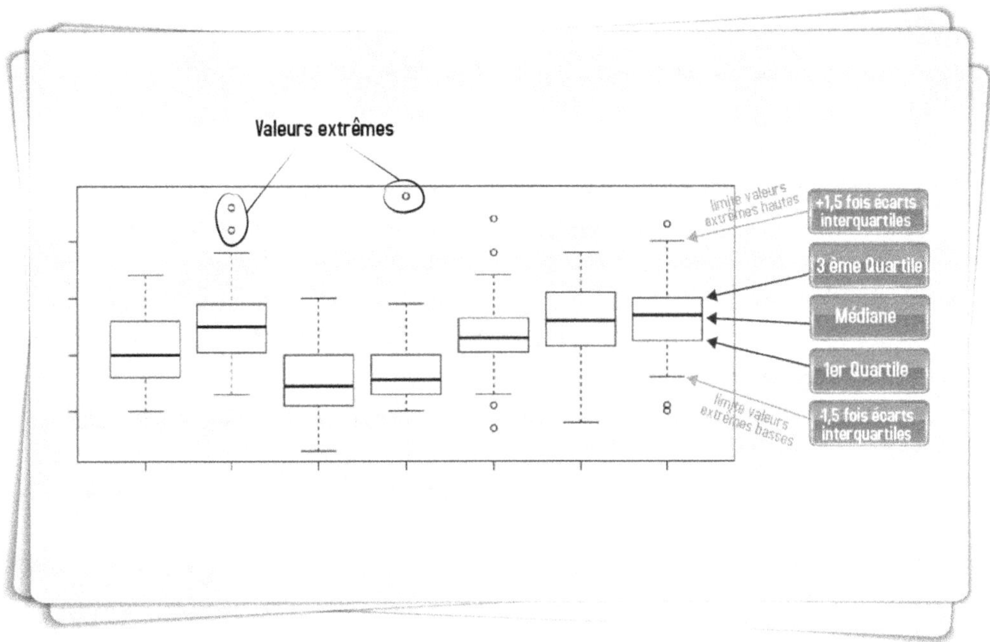

Figure 16-4 – *Détection des valeurs extrêmes avec les boîtes à moustaches*

À l'opposé, ces valeurs extrêmes peuvent aussi n'avoir aucun sens (erreurs de mesure, données erronées, etc.). C'est dans ce cas que l'on parle réellement de valeurs aberrantes. Dans cette situation, on peut limiter leur impact sur la modélisation en leur appliquant les méthodes d'imputation présentées ci-dessus.

Dans les deux cas (valeurs extrêmes « réelles » ou aberrantes), sachez qu'on peut aussi employer des méthodes statistiques dites « robustes ». Elles correspondent à des adaptations des statistiques classiques (régression et autres) qui sont destinées à les rendre moins sensibles à l'influence des valeurs extrêmes. Dans ces cas, on peut utiliser le jeu de données brut, sans prétraitement des valeurs extrêmes.

À RETENIR Valeurs manquantes et aberrantes

Les jeux de données à analyser peuvent contenir des valeurs manquantes. Si possible, on va chercher à les remplacer par une valeur plausible. Différentes méthodes statistiques existent pour cela. L'une des plus utilisées est l'imputation multiple.

Les données peuvent aussi comprendre des valeurs aberrantes ou extrêmes. Si elles représentent un comportement réel, il convient d'en tenir compte dans les analyses. Et si elles correspondent à des erreurs, on peut les traiter avec des méthodes de substitution des valeurs manquantes.

Références

Concernant les données manquantes, le livre de référence de Little et Rubin :

- Little RJA., Rubin DB. 2002. *Statistical analysis with missing data.* 2ème edition, Wiley-Blackwell.

Pour les plus pressés, une synthèse en 7 pages, très bien rédigée :

- Glasson-Cicognani, M. Berchtold A. 2010. *Imputation des données manquantes : comparaison de différentes approches.* 42ème Journées de Statistique de Marseille.

Enfin, n'hésitez pas à rechercher sur le web toutes les ressources mises à disposition par le Pr. Giorgi Roch de la Faculté de Médecine d'Aix-Marseille, toutes très complètes et pédagogiques.

Pour plus de détails sur les *boxplot*, voir ce rapport :

- Correa JC., González N. 2002. *Gráficos Estadísticos con R.* Universidad Nacional-Sede Medellín.

Et pour terminer, des références intéressantes au sujet du traitement des valeurs aberrantes et des statistiques robustes :

- Planchon V. 2005. *Traitement des valeurs aberrantes : concepts actuels et tendances générales.* Biotechnology, Agronomy, Society and Environment, 9, p. 19-34.

- Huber PJ., Ronchetti MR. 2009, *Robust statistics.* 2ème edition, Wiley-Blackwell.

À vos claviers !

17

Prédire les survivants du Titanic

Introduction

Prédire les survivants du Titanic, voilà un passage quasi obligé pour tout *data scientist* qui se respecte ! C'est en effet un jeu de données public très facile d'accès et qui possède bien plus d'une vertu pédagogique. Bien que, fondamentalement, prédire les survivants du Titanic soit un problème sans AUCUN intérêt métier, les données sont suffisamment riches pour mettre en pratique une grande partie des techniques découvertes au fil des précédentes pages.

Outre le fait de voir comment comprendre les données, établir très rapidement un modèle, créer de nouvelles variables (ce qu'on nomme aussi *feature engineering*), gérer l'imputation de valeurs manquantes, réaliser des modèles non linéaires, mettre en place une cross-validation, traiter des variables textuelles, etc, la découverte des données et la résolution du problème au fil de l'eau vous permettront de commencer à vous constituer votre propre *toolbox* en Python.

Allez, c'est parti !

Les données et le problème

Vous pouvez télécharger les données sur Kaggle en cherchant dans Google Kaggle Titanic[1].

Vous devrez télécharger au moins deux fichiers :

- `Train`, composé de 891 lignes et 12 colonnes ;
- `Test`, 418 lignes et 11 colonnes.

---

1. https://www.kaggle.com/c/titanic-gettingStarted

Afin de pouvoir exécuter les lignes de code qui vont suivre, nous vous conseillons de stocker les deux fichiers `CSV` dans un sous-répertoire `data` de votre espace de travail. À la racine de ce dernier, vous pouvez démarrer votre *notebook* ipython avec la commande suivante (à exécuter dans un terminal) :

```
ipython notebook --pylab=inline
```

Une fois dans le notebook, vous pouvez charger en mémoire les jeux de données avec la librairie pandas :

```
import pandas as pd
train = pd.read_csv('data/train.csv', sep = ',')
```

La commande suivante vous permet de visualiser les 10 premières lignes du *data frame* (la matrice à analyser) :

```
train.head(10)
```

La figure 17-1 vous montre ce que vous verrez.

	PassengerId	Survived	Pclass	Name	Sex	Age	SibSp	Parch	Ticket	Fare	Cabin	Embarked
0	1	0	3	Braund, Mr. Owen Harris	male	22	1	0	A/5 21171	7.2500	NaN	S
1	2	1	1	Cumings, Mrs. John Bradley (Florence Briggs Th...	female	38	1	0	PC 17599	71.2833	C85	C
2	3	1	3	Heikkinen, Miss. Laina	female	26	0	0	STON/O2. 3101282	7.9250	NaN	S
3	4	1	1	Futrelle, Mrs. Jacques Heath (Lily May Peel)	female	35	1	0	113803	53.1000	C123	S
4	5	0	3	Allen, Mr. William Henry	male	35	0	0	373450	8.0500	NaN	S
5	6	0	3	Moran, Mr. James	male	NaN	0	0	330877	8.4583	NaN	Q
6	7	0	1	McCarthy, Mr. Timothy J	male	54	0	0	17463	51.8625	E46	S
7	8	0	3	Palsson, Master. Gosta Leonard	male	2	3	1	349909	21.0750	NaN	S
8	9	1	3	Johnson, Mrs. Oscar W (Elisabeth Vilhelmina Berg)	female	27	0	2	347742	11.1333	NaN	S
9	10	1	2	Nasser, Mrs. Nicholas (Adele Achem)	female	14	1	0	237736	30.0708	NaN	C

Figure 17-1 *– Fichier d'entraînement*

On indexe le *data frame* avec la variable `PassengerId` comme ceci :

```
train.set_index('PassengerId',inplace=True,drop=True)²
```

On a alors accès aux variables du problème en appelant simplement le paramètre `columns` du *data frame*. Ainsi, la commande `train.columns` va renvoyer :

```
Index([u'PassengerId', u'Survived', u'Pclass', u'Name', u'Sex', u'Age', u'SibSp',
       u'Parch', u'Ticket', u'Fare', u'Cabin', u'Embarked'], dtype='object')
```

---

2. L'option `drop = True` prend l'hypothèse que l'index ne porte aucune valeur métier, ce qui doit être assez évident pour un index. Mais en règle générale, il convient de valider ce point. Il peut arriver, en effet, que l'index porte une information intéressante d'ordre chronologique si celui-ci est, par exemple, incrémenté pour chaque nouveau client dans une table donnée. Dans ce cas, vérifiez que vous disposez par ailleurs de l'ancienneté du client avant de sortir définitivement l'index.

D'un point de vue « métier », voici la signification de ces variables.

- Survived : indique la mort ou la survie du passager pour l'apprentissage. C'est le vecteur à prédire pour le test. Le résultat est booléen : 1 pour « survie », 0 pour « mort ».
- Pclass : la classe des chambres du navire, à 3 niveaux : 1 étant la meilleure, 3 la classe « éco » et 2 l'intermédiaire. C'est donc une variable catégorielle, mais qui pourrait être considérée comme ordonnée.
- Name : le nom de la personne donc variable catégorielle.
- Sex : le sexe du passager. C'est une variable catégorielle à 2 modalités : « Male » et « Female ».
- Age : l'âge du passager, une variable continue avec valeurs manquantes.
- SisbSp (*Sibling and Spouse*) : le nombre de membres de la famille du passager de type frère, sœur, demi-frère, demi-sœur, époux, épouse (une variable continue).
- Parch (*Parent and Child*) : le nombre de membres de la famille du passager du type père, mère, fils, fille, beau-fils, belle-fille (également une variable continue).
- Ticket : le numéro du ticket, une variable catégorielle.
- Fare : le prix du ticket, une variable continue.
- Cabin : le numéro de cabine, une variable catégorielle présentant un grand nombre de valeurs manquantes.
- Embarked : le port d'embarquement du passager, une variable catégorielle à 3 modalités : « C » (Cherbourg), « Q » (Queenstown) et « S » (Southampton).

Les commandes dtype et count vont nous donner des informations utiles présentées dans le tableau 17-1.

Tableau 17-1. Résumé des données

train.dtype	train.count
Type de chacune des variables	Nombre de valeurs non nulles par variable
Survived – int64 Pclass – int64 Name – object Sex – object Age – float64 SibSp – int64 Parch – int64 Ticket – object Fare – float64 Cabin – object Embarked – object dtype: object	Survived – 891 Pclass – 891 Name – 891 Sex – 891 Age – 714 SibSp – 891 Parch – 891 Ticket – 891 Fare – 891 Cabin – 204 Embarked – 889

Ce genre de petit audit est très utile pour disposer d'une vue d'ensemble du problème et définir les candidats pour notre premier modèle.

La modélisation

Un premier modèle « quick and dirty »

Quand on aborde un problème de *data science*, il est important de très vite s'établir un premier *benchmark* pour se fixer un « niveau 0 » de performance algorithmique. À partir de ce niveau, on pourra apprécier l'ajout de nouvelles variables, l'utilisation de nouveaux algorithmes, un meilleur paramétrage de ceux-ci, etc.

On remarque par exemple dans le tableau ci-dessous qu'on n'aura aucun problème à utiliser telles quelles les variables suivantes : `SisSp`, `Parch`, `Fare`, et ceci pour deux raisons :

- elles sont de types *int/float* et continues, donc directement manipulables. Attention, le fait qu'une variable soit de type *int/float* ne veut pas nécessairement vouloir dire qu'elle est continue (voir par exemple la variable `Pclass`) ;
- elles sont complètes et ne nécessitent donc pas de réflexion d'imputation des valeurs manquantes.

Utilisons-les donc pour bâtir notre modèle 0 et commencer à définir quelques fonctions utilitaires.

La fonction qui suit est une fonction de *parsing* permettant d'isoler le vecteur à prédire (`Survived`) et de filtrer uniquement les variables que nous venons de définir.

```
def parse_model_0(X):
    target = X.Survived
    X = X[['Fare', 'SibSp', 'Parch']]
    return X, target
```

On l'appelle comme suit :

```
X, y = parse_model_0(train.copy())
```

Ce qui nous permet d'obtenir une matrice *X* pour notre modèle 0 (figure 17-2).

	Fare	SibSp	Parch
PassengerId			
1	7.2500	1	0
2	71.2833	1	0
3	7.9250	0	0
4	53.1000	1	0
5	8.0500	0	0

Figure 17-2 – *La matrice pour le modèle 0*

À ce stade, vous devez définir une stratégie de validation de vos modèles. Évoquons dès à présent un principe général : la pertinence de votre score de validation dépend énormément du nombre total de lignes dans votre jeu de données. Cela se voit fréquemment dans les compétitions Kaggle ou le score de validation peut être très différent du score sur le *leaderboard*[3].

Dans notre cas, le jeu de données est très petit, et utiliser un simple *split* unique des données sera trop dépendant de l'échantillonnage. Pour s'en rendre compte, la figure 3-19 montre l'écart que l'on peut observer sur une vingtaine de tests validation (en utilisant simplement la fonction `train_test_split` de `sklearn.cross_validation` et une régression logistique) :

Figure 17-3 – *Répartition des scores de validation sur vingt tests*

En conséquence, pour augmenter la significativité de la validation, nous utiliserons la moyenne de plusieurs validations croisées, disons cinq. Voici les quelques lignes de code correspondantes :

```
from sklearn.cross_validation import cross_val_score
def compute_score(clf, X, y):
    xval = cross_val_score(clf, X, y, cv = 5)
    return mean(xval)
```

---

3. Dans les faits, le plus important n'est pas tant que votre score de *cross-validation* soit identique à celui du *leaderboard*. Le plus important, c'est que les variations relatives de score d'une modélisation à l'autre soient cohérentes. Autrement dit, qu'une amélioration de votre score en local se traduise par une amélioration sur le leaderboard.

Cette fonction prend en paramètre un classifieur, la matrice X et la cible Y. Elle fait appel au module `cross_val_score` qui réalise 5 validations croisées, c'est-à-dire qu'on entraîne sur 4/5 du jeu de données et qu'on teste sur le 1/5 restant.

Testons maintenant tout cela avec un premier algorithme, la régression logistique par exemple :

```python
from sklearn.linear_model import LogisticRegression
lr = LogisticRegression()
compute_score(lr, X, y)
```

```
0.67454885776833495
```

Ce score est très proche de la moyenne de la vingtaine de tests validation que nous avons réalisée plus haut, ce qui valide la pertinence de cette stratégie de *cross-validation*. De plus, nous disposons de notre premier benchmark, 0,67, que nous devrions battre dans les prochaines lignes sans grande difficulté !

Vous pourriez être tenté à ce stade d'essayer d'autres algorithmes plus complexes, mais nous conseillons de ne pas perdre de temps à cela. Il vaut mieux d'abord s'intéresser aux autres variables.

Étude des variables

Il existe des dizaines de méthodes pour qualifier l'importance des variables d'entrée, comme la réalisation de tests statistiques permettant de qualifier unitairement chaque variable. Par exemple, le test du χ_2 d'indépendance permet de tester que deux variables (dans notre cas, chaque variable du problème avec la cible à prédire) sont indépendantes. Tout cela marche très bien, mais nécessite un peu d'expérience pour bien interpréter les résultats de ce type de test. Si vous n'aimez pas passer du temps à interpréter des *p-values*, voici une autre méthode simple pour qualifier l'importance des variables dans le cadre du problème de modélisation.

Séparons les données en deux populations, les survivants et les victimes :

```python
survived = train[train.Survived ==1]
dead = train[train.Survived == 0]
```

Observons la distribution comparée des variables de ces deux populations, par exemple, sur la variable `Pclass` (figure 17-4).

Il est encore plus aisé d'apprécier les différences de distribution en superposant dans le même graphe les deux populations :

```python
def plot_hist(feature, bins = 20):
    x1 = array(dead[feature].dropna())
    x2 = array(survived[feature].dropna())
    plt.hist([x1, x2], label=['Victime', 'Survivant'], bins = bins)#, color = ['', 'b'])
    plt.legend(loc = 'upper left')
    plt.title('distribution relative de %s' %feature)
    plt.show()


plot_hist('Pclass')
```

Et l'on obtient la figure 17-5.

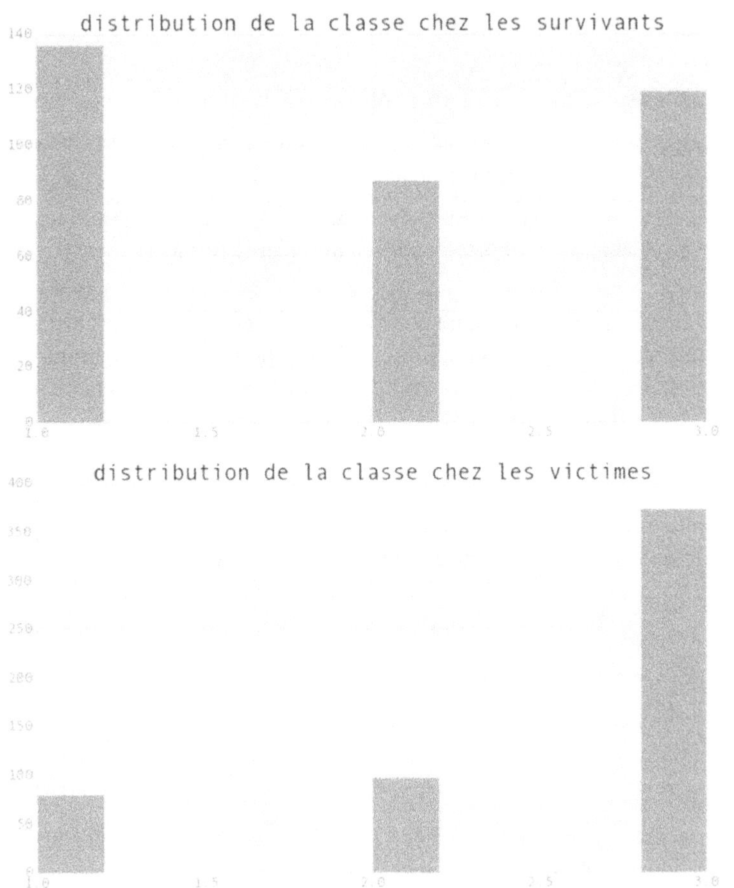

Figure 17-4 – *Différence de distribution de classes entre les survivants et les victimes*

Figure 17-5 – *Discriminance de la variable Pclass*

On peut alors aisément en tirer les enseignements suivants :

- une forte majorité de victimes provient de la troisième classe ;
- a contrario, les survivants proviennent plutôt de la première classe ;
- et les passagers de la classe 2 seront plus compliqués à classifier correctement, car cette classe paraît visuellement moins discriminante.

Mais mieux vaut s'arrêter ici dans les interprétations, nous savons ce qu'il faut savoir : la variable `Pclass` est une variable très importante qu'il faut intégrer au modèle.

Comme il s'agit d'une variable catégorielle (on pourrait aussi la considérer comme une variable ordonnée), il faut la travailler quelque peu avant de l'intégrer. Il existe plusieurs façons de traiter ce type de variables. Cela dépend notamment de leur nombre plus ou moins important de modalités. Pour les faibles cardinalités, il suffit de créer des variables *dummies*. On peut le faire très facilement avec la librairie `pandas` :

```
pd.get_dummies(X['Pclass'], prefix='split_'+dum)
```

Cette ligne renvoie trois vecteurs booléens pour chacune des modalités de `Pclass`. Il suffit alors de les injecter dans le modèle en modifiant notre fonction de *parsing* :

```
def parse_model_1(X):
  target = X.Survived
  class_dummies = pd.get_dummies(X['Pclass'], prefix='split_'+dum)
  X = X.join(class_dummies)
  to_del = ['Name', 'Age', 'Cabin', 'Embarked', 'Survived', 'Ticket']
  for col in to_del : del X[col]
return X, target
```

Dans la figure 17-6 : la nouvelle matrice. Vous y retrouvez les variables booléennes relatives à `Pclass`. Nous pouvons l'utiliser pour créer un modèle 1.

	SibSp	Parch	Fare	split_Pclass_1	split_Pclass_2	split_Pclass_3
PassengerId						
1	1	0	7.2500	0	0	1
2	1	0	71.2833	1	0	0
3	0	0	7.9250	0	0	1
4	1	0	53.1000	1	0	0
5	0	0	8.0500	0	0	1

Figure 17-6 – *La matrice du modèle 1*

Le score de *cross-validation* de ce nouveau modèle est :

```
lr = LogisticRegression()
compute_score(lr, X, y)
```

```
0.692659
```

Soit une amélioration de 2 points ce qui n'est pas négligeable.

Comme nous utilisons pour le moment uniquement un modèle linéaire, il est intéressant de s'intéresser au poids que la régression logistique accorde à chaque variable :

```
lr = LogisticRegression()
lr.fit(X, y)
print lr.coef_
```
```
array([[-0.150896, 0.23357229, 0.00669907, 0.3730938 , 0.100852,   -0.85258357]])
```

On peut visualiser ces différents poids accordés aux variables dans le graphique de la figure 17-7.

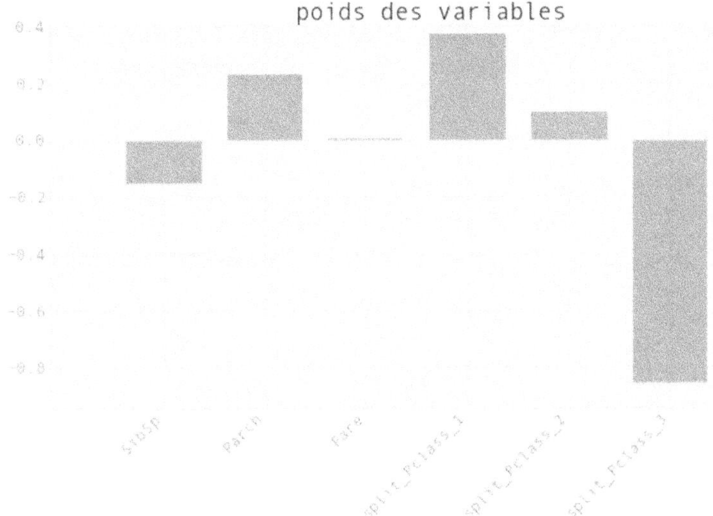

Figure 17-7 – *Les poids des variables*

L'interprétation est très simple :

- un poids positif augmente la probabilité ;

- à l'inverse, un poids négatif la diminue ;

- quant à un poids proche de zéro, cela signifie qu'il est très peu discriminant par rapport à la cible à prédire dans le cadre d'un modèle linéaire comme la régression logistique.

On retrouve notamment que les classes 1 et 3 sont très discriminantes, en tout cas plus que la classe 2. La variable Fare (prix du ticket) semble avoir une importance tout à fait négligeable dans le cadre d'un modèle linéaire. Mais continuons d'explorer les autres variables...

Les femmes et les enfants d'abord !

L'histoire du Titanic rapporte que les stratégies d'embarquement ont été très différentes entre bâbord et tribord, dont les officiers responsables étaient respectivement Charles Lightoller et William Murdoch. Les deux officiers n'ont pas eu la même interprétation de l'adage « les femmes et les enfants d'abord ». En effet, Murdoch, côté tribord, donnait la priorité et non l'exclusivité aux femmes et aux enfants. Il laissait les hommes monter sur les canots pour remplir les places vides plutôt que d'attendre l'arrivée d'autres femmes et bambins. Côté bâbord, le second officier Lightoller refusait quasi systématiquement de laisser des hommes embarquer, préférant attendre l'arrivée d'autres femmes et enfants avant de mettre à flot les canots. Si le pauvre Lightoller avait pu disposer de quelques statistiques sur les voyageurs, il aurait compris assez rapidement que sa noble stratégie n'était pas forcément la plus maligne, puisqu'il n'y avait que 500 femmes et enfants à bord pour un total de… 1200 places dans les canots !

Mais nous nous écartons de notre modélisation. Revenons à nos données et en particulier aux variables Age et Sex. Il faut au préalable traiter numériquement ces variables car Sex est de type *string* et Age n'est remplie qu'à 80 %.

La variable Sex va simplement être « binarisée », comme pour Pclass. Concernant la variable Age, en revanche, les stratégies de remplissage des valeurs manquantes sont nombreuses (voir chapitre 16). Nous resterons simples en imputant les valeurs manquantes par la médiane. Pour cela, voici notre nouvelle fonction de *parsing* :

```python
def parse_model_2(X):
    target = X.Survived
    to_dummy = ['Pclass', 'Sex']
    for dum in to_dummy :
        split_temp = pd.get_dummies(X[dum], prefix='split_'+dum)
        for col in split_temp :
            X[col] = split_temp[col]
        del X[dum]
    X['Age'] = X.Age.fillna(X.Age.median())
    to_del = ['Name', 'Cabin', 'Embarked', 'Survived', 'Ticket']
    for col in to_del : del X[col]
    return X, target
```

Calculons un nouveau modèle 2 et vérifions le nouveau score et le poids accordé aux nouvelles variables :

```python
lr = LogisticRegression()
compute_score(lr, X, y)
```

```
0.786816025465
```

L'amélioration du score est sensible ! Elle est principalement due à l'apport de la variable Sex, le poids accordé à la variable Age étant de façon assez surprenante très faible.

Investiguons tout de même un peu la variable Age. La fonction plot_hist définie plus haut peut effectivement nous apporter quelques enseignements utiles (figure 17-9).

On observe sur ces distributions comparées qu'il existe des « poches » de survivants et de victimes, par exemple une forte proportion de victimes chez les 20 ans et beaucoup de survivants chez les enfants. Ouf !

Cela signifie que vous devez créer de nouvelles variables pour mieux faire parler Age. Par exemple, on peut simplement ajouter l'information « est-ce un enfant ? » en ajoutant cette ligne dans notre fonction :

```python
X['is_child'] = X.Age < 8
```

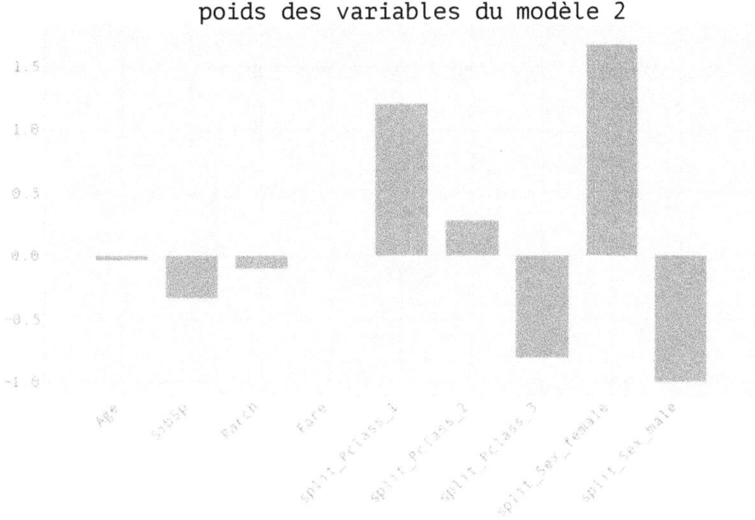

Figure 17-8 – *Les poids des variables du modèle 2*

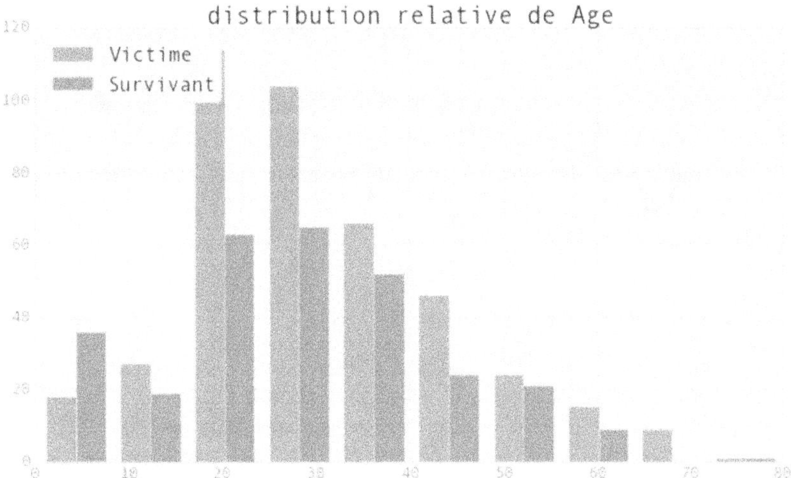

Figure 17-9 – *Distribution de l'âge chez les survivants et les victimes*

Notre score s'en trouve immédiatement amélioré !

```
lr = LogisticRegression()
compute_score(lr, X, y)
```

```
0.800274
```

Le graphique de l'importance des variables (figure 17-10) vous permet de vérifier l'importance très forte accordée à cette nouvelle variable `is_child`. Bravo, vous venez de faire vos premiers pas dans le *feature engineering*, essentiel si vous voulez obtenir de belles performances avec les algorithmes de *machine learning*.

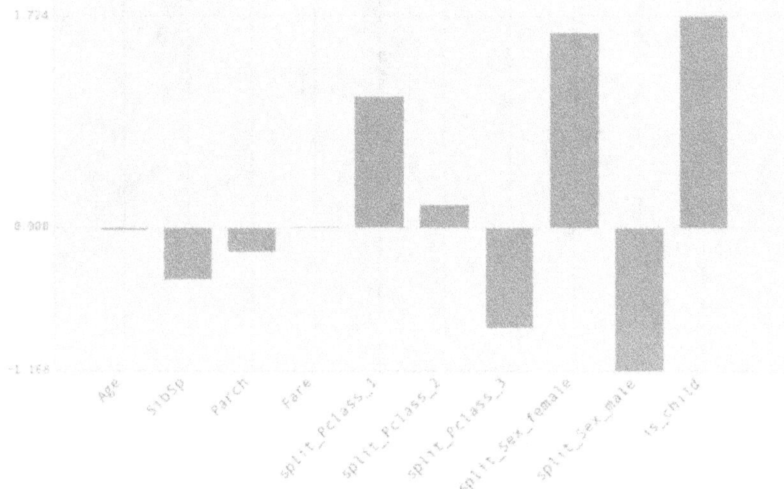

Figure 17-10 – *Mieux valait être une petite fille en première classe !*

Ce que nous venons de faire est une façon de créer de la non linéarité qu'un modèle simple comme la régression logistique ne peut capturer sans aide de notre part. Nous allons maintenant utiliser des algorithmes non linéaires qui sont faits notamment pour capturer ce genre d'information cachée ; mais sachez que créer les bonnes variables sera toujours la meilleure façon d'obtenir une meilleure performance de vos modèles.

Random forest au secours du Titanic

Les modèles non linéaires sont aussi simples à utiliser dans scikit-learn que les modèles linéaires. Il suffit de savoir quel module appeler. Testons par exemple le fameux *random forest* <u>sans</u> créer pour le moment la variable `is_child`, pour observer les résultats obtenus.

```
from sklearn.ensemble import RandomForestClassifier
rf = RandomForestClassifier()
compute_score(rf, X, y)
```

```
0.801435250
```

On obtient directement un meilleur score que la régression logistique sans même :

- utiliser la variable magique `is_child` ;
- ni chercher les paramètres optimaux en termes de nombre d'arbres, de profondeur maximale, etc.

Comme vous le savez, vous n'avez plus accès au poids accordé aux variables, ce qui est assez handicapant pour expliquer le modèle. Toutefois, nous pouvons utiliser la méthode vue au chapitre consacré au *random forest* pour calculer l'importance relative des variables. Cette fonction-outil, à ajouter dans votre *toolbox*, vous permettra d'interpréter quelque peu le résultat de vos *random forest* :

```
def clf_importance(X, clf):
    import pylab as pl
    importances = clf.feature_importances_
    indices = np.argsort(importances)[::-1]
    pl.title("Feature importances")
    for tree in clf.estimators_:
      pl.plot(xrange(X.shape[1]), tree.feature_importances_[indices], "r")
      pl.plot(xrange(X.shape[1]), importances[indices], "b")
      pl.show();
    for f in range(X.shape[1]):
      print("%d. feature : %s (%f)" % (f + 1,   X.columns[indices[f]],
importances[indices[f]]))
```

Vous pouvez alors l'appeler sur un *random forest* entraîné :

```
rf = RandomForestClassifier()
rf.fit(X, y)
clf_importance(X, rf)
```

Cette nouvelle fonction fait deux choses.

• Elle trace un schéma retraçant l'importance relative des variables pour chaque arbre (figure 17-11).

Figure 17-11 – *Les cinq meilleures variables expliquent à elles seules 80 % du problème*

Chaque tracé correspond à un arbre de notre forêt (ici on en a 10, le nombre d'arbres par défaut). L'importance relative de chaque variable est indiquée en ordonnée et vous donne des indications précieuses sur une concentration plus ou moins forte de l'algorithme sur quelques variables.

Dans notre exemple, on se rend compte qu'en général, les cinq meilleures variables permettent d'expliquer 80 % de la variance du problème.

- Et elle classe et nous donne la contribution agrégée de chaque variable (figure 17-12).

```
 1. feature : Fare (0.200859)
 2. feature : split_Sex_female (0.200355)
 3. feature : random (0.184521)
 4. feature : Age (0.171788)
 5. feature : split_Sex_male (0.076643)
 6. feature : split_Pclass_3 (0.047177)
 7. feature : split_Pclass_1 (0.036631)
 8. feature : Parch (0.024891)
 9. feature : SibSp (0.024589)
10. feature : split_Pclass_2 (0.017957)
11. feature : is_child (0.014590)
```

Figure 17-12 – Contribution agrégée de chaque variable, dans l'ordre

Ce dernier classement a de quoi surprendre : les variables Age et Fare, deux variables totalement « délaissées » par le modèle linéaire, se retrouvent tout en haut du classement ! Dans l'absolu, cela signifie que ces variables apparaissent relativement plus souvent et plus haut dans les arbres. Mais attention, dans notre cas, c'est aussi et surtout que Age et Fare sont des variables continues de grande dispersion. Naturellement, le *random forest* aura tendance à régulièrement utiliser de telles variables dans la construction de ses arbres, en tout cas beaucoup plus que les variables booléennes (voir chapitre 15 pour plus de détails).

Utilisation des autres variables

En *data science*, le gâchis n'est pas tolérable. Ce qu'on entend par gâchis en *data science* est assez fréquent : il s'agit de délaisser des données tout simplement parce que vous avez du mal à les traiter telles quelles. Cela arrive souvent avec les chaînes de caractères, par exemple, parce qu'elles sont déstructurées ou alors parce que votre variable présente des valeurs aberrantes ou manquantes. Vous allez voir qu'avec un peu de créativité, on peut toujours trouver une façon de traiter quasiment toutes les variables.

Intéressons-nous pour cela à la variable Name :

```
PassengerId
1                                           Braund, Mr. Owen Harris
2           Cumings, Mrs. John Bradley (Florence Briggs Th...
3                                           Heikkinen, Miss. Laina
4               Futrelle, Mrs. Jacques Heath (Lily May Peel)
5                                       Allen, Mr. William Henry
6                                               Moran, Mr. James
7                                         McCarthy, Mr. Timothy J
8                                  Palsson, Master. Gosta Leonard
9           Johnson, Mrs. Oscar W (Elisabeth Vilhelmina Berg)
10                          Nasser, Mrs. Nicholas (Adele Achem)
11                            Sandstrom, Miss. Marguerite Rut
12                                    Bonnell, Miss. Elizabeth
13                          Saundercock, Mr. William Henry
14                            Andersson, Mr. Anders Johan
15                    Vestrom, Miss. Hulda Amanda Adolfina
```

Figure 17-13 – Variable Name du dataset Titanic

Il faut user d'un peu de créativité pour trouver une façon intelligente d'extraire de l'information d'une variable comme celle-ci. Je me souviens qu'un jour, nous travaillions sur un nouveau moteur de recommandations pour une grande chaîne de télévision et nous devions imaginer une façon d'extraire de l'information du titre des films en VOD. Nous avons injecté dans un de nos modèles 2 variables très simples, la longueur et le nombre de mots du titre. Eh bien, figurez-vous que c'étaient des variables qui ont sensiblement amélioré la performance du modèle !

Mais dans notre cas, nous pouvons être plus malins en remarquant que les noms ont toujours la même structure :

nom1, titre. nom2 nom3 (surnom) (surnom étant optionnel)

Nous pourrions très simplement extraire le titre de cette chaîne de caractères, indice qui semble être porteur de l'âge et du rang social des gens (par exemple Miss, Dr, Major, the Countess, etc.).

En python, on peut très simplement créer cette nouvelle variable avec la commande suivante :

```
X['title'] = X.Name.map(lambda x : x.split(',')[1].split('.')[0])
```

(Vous pourriez tout aussi bien utiliser une expression régulière pour extraire la particule).

L'information surnom peut être extraite comme suit :

```
X['surname'] = X.Name.map(lambda x : '(' in x)
```

Même s'il y avait encore sans doute un peu de créativité à avoir pour extraire de l'information de la variable `Name`, intéressons-nous maintenant à la variable `Cabin`.

Cette variable est très peu remplie, mais elle est importante car elle comporte l'information de pont et donc de proximité des canots de sauvetage.

Quand l'information n'est pas manquante, elle est de cette forme :

'pont''numéro_de_cabine'

Voici notre nouvelle fonction de parsing où nous avons ajouté le travail sur nos 2 variables textuelles `Name` et `Cabin` :

```
def parse_model_4(X):
    target = X.Survived
X['title'] = X.Name.map(lambda x : x.split(',')[1].split('.')[0])
X['surname'] = X.Name.map(lambda x : '(' in x)
X['Cabin'] = X.Cabin.map(lambda x : x[0] if not pd.isnull(x) else -1)
to_dummy = ['Pclass', 'Sex', 'title', 'Embarked', 'Cabin']
    for dum in to_dummy :
      split_feature = pd.get_dummies(X[dum],
          prefix='split_'+dum)
      X = X.join(split_feature)
      del X[dum]
    X['Age'] = X.Age.fillna(X.Age.median())
    X['is_child'] = X.Age < 8
    to_del = ['Name', 'Survived', 'Ticket']
    for col in to_del : del X[col]
    return X, target
```

Vous avez sans doute hâte de tester en cross-validation ce travail de variable !

```
lr = LogisticRegression()
compute_score(lr, X, y)
```

```
0.823844
```

On obtient notre meilleur score avec un simple modèle linéaire !

À ce stade, vous disposez de tout ce qu'il faut savoir sur ce dataset d'initiation. Pour aller plus loin, vous pourriez :

- travailler les dernières variables comme `Ticket` ;
- être plus fin dans le remplissage des valeurs manquantes ;
- utiliser des modèles plus complexes comme le boosting ou le SVM ;
- choisir les meilleurs paramètres pour chacun des algorithmes ;
- assembler les modèles entre eux, etc.

18

Classification automatique de zones de texte

Introduction

Parmi les compétitions qui nous ont enflammés en 2014 figure le concours Tradeshift, où nous avons raflé une belle seconde place après une lutte acharnée.

Tradeshift est une société qui fournit des services dématérialisés visant à améliorer le traitement de la chaîne d'approvisionnement des entreprises. Ils manipulent donc des millions de documents électroniques et un de leurs enjeux est de rapidement acquérir une information structurée à partir de ces documents. C'est l'objet de la compétition qu'ils ont lancé à l'automne 2014.

Au-delà du retour d'expérience concret sur les données du problème, ce chapitre sera également l'occasion d'introduire plusieurs techniques avancées de *data scientists* qui sont à la base de notre modèle : l'*online learning*, le *stacking* et l'utilisation des *random forest* pour créer de nouvelles variables mesurant l'interaction entre les variables brutes.

Les données et le problème

Le problème posé par Tradeshift est le suivant : comment classifier automatiquement des blocs de textes parmi différents labels tels que la date, l'adresse, la signature, l'objet du document, etc. ?

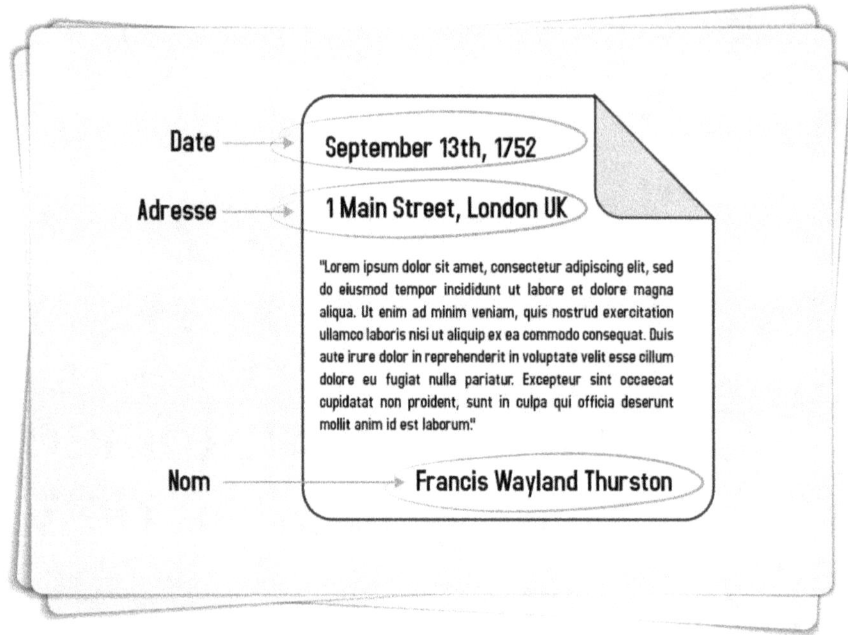

Figure 18-1 – *Le problème Tradeshift : quel bloc de texte correspond à une date, une adresse, etc. ?*

Les données sont classiquement constituées de deux jeux de données :

- `Train` : 1 700 000 lignes, 145 variables et 33 labels à prédire ;
- `Test` : 540 000 lignes.

Le défi consiste à prédire, pour chaque ligne du test, la probabilité qu'elle appartienne à un ou plusieurs labels parmi 33. Pour être tout à fait clair, le fichier de soumission comporte 540 000 * 33 ≈ 17 M de prédictions. La figure 18-2 est un extrait du fichier d'entraînement.

x21	x22	x23	x24	x25	x26	x27	x28	x29	x30	x31	x32	x33	x34
0.82	3306	4676	YES	NO	YES	0	0.405047	0.464610	NO	NO	NO	NO	mimucPmJSF6NI6KM6cPlaaVxWaQylQzSgtwTTb9bKlc=
0.00	0	0	NaN	NaN	NaN	0	0.000000	0.000000	NO	NO	NO	NO	I0G2rvmLGE6mpPtAibFsoW/0SiNnAuyAc4k35TrHvoQ=
0.74	4678	3306	NO	NO	NO	2	0.872353	0.493159	NO	NO	YES	YES	9TRXThP/ifDpJRGFX1LQseibUA1NJ3XM53gy+1eZ46k=
0.96	3306	4678	YES	NO	YES	1	0.168234	0.546582	NO	NO	YES	NO	BfrqME7vdLw3suQp6YAT16W2piNUmpKhMzuDrVrFQ4w=
1.00	1263	892	NO	NO	NO	2	0.560538	0.361045	NO	NO	NO	NO	XEDyQD4da6aJkZiBf+r7LD2VdhLGnCMsSpuRFUyCZgg=
1.00	1261	892	NO	NO	NO	2	0.263453	0.659001	NO	NO	NO	NO	cz26ErvsEb3tZqeallmLlwjn8D7YVXYynSLV1WltcUk=
0.80	3306	4678	NO	NO	NO	3	0.230227	0.347550	NO	NO	NO	NO	WDUtarnEIOA+cWAkQ5WWRQ/N8LulFMjwVJA7T1EbO6k=
0.89	3328	4678	NO	NO	NO	0	0.182557	0.397837	NO	NO	NO	NO	+DmbZpPes1killEhrsEbhzCI6D7BbRkQKVA93qYRvAI=
0.00	0	0	NaN	NaN	NaN	0	0.000000	0.000000	NO	NO	NO	NO	ib4VpsEsqJHzDiyL0dZLQ+xQzDPrkxE+9T3mx5fv2wl=

Figure 18-2 – *Un extrait du fichier d'entraînement*

Comme vous pouvez le constater dans l'extrait ci-dessus, les données sont totalement anonymisées. On sait à peine si les variables sont continues ou catégorielles ! C'est une contrainte clé de cette compétition, car cela exclut toute approche de type traitement automatique du langage naturel, qui pourrait sembler une approche incontournable pour classifier des blocs de textes.

Nous savons donc très peu de choses sur ces données, si ce n'est que $x34$, par exemple, est une zone de texte *hashé* et que les autres variables adjacentes sont descriptives de ce bloc de texte. Peut-être sa position relative ? Le nombre de mots ? La présence de caractères numériques ? Il est très dangereux de se livrer à la conjecture sur ces variables. Mieux vaut se cantonner à identifier les variables continues, booléennes et catégorielles, car chacune d'elles va bénéficier de traitements particuliers.

La métrique d'évaluation est le *log loss* qui, pour rappel, est la fonction de coût de la régression logistique. Elle a pour propriété de fortement pénaliser les faux positifs et les faux négatifs (figure 18-3).

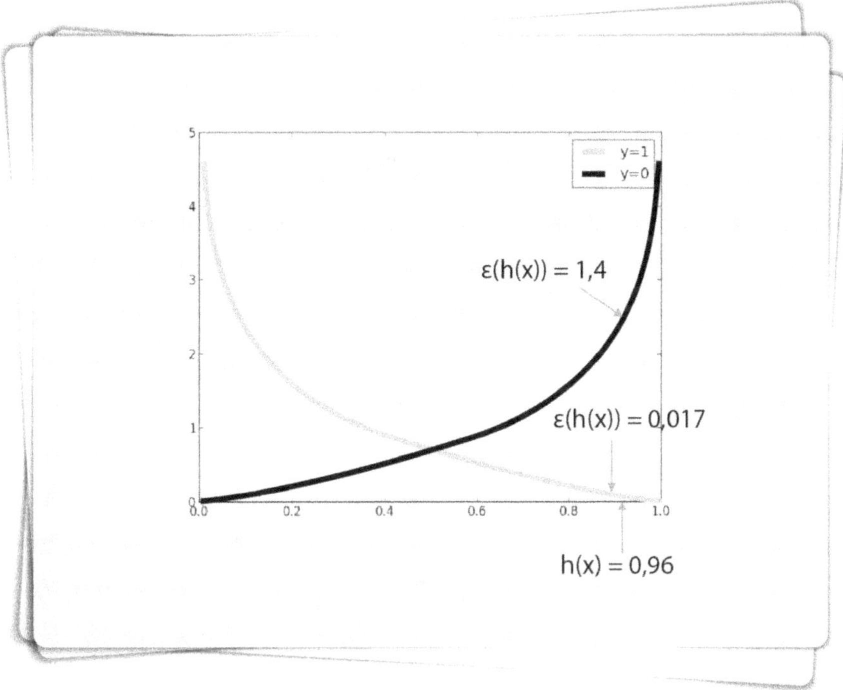

Figure 18-3 – *Métrique d'évaluation : le log loss*

L'évaluation finale est la somme des 17 M de *log loss* (figure 18-4).

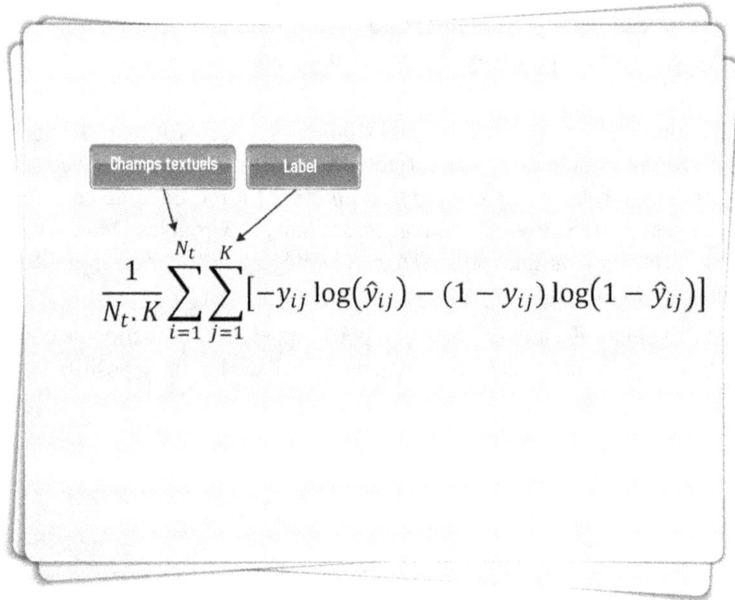

$$\frac{1}{N_t.K} \sum_{i=1}^{N_t} \sum_{j=1}^{K} \left[-y_{ij} \log(\hat{y}_{ij}) - (1 - y_{ij}) \log(1 - \hat{y}_{ij}) \right]$$

Figure 18-4 – *Formule d'évaluation des prédictions*

Pour terminer la description du problème, nous disposions également du benchmark de Tradeshift, qui propose un score à 0,01505 (figure 18-5).

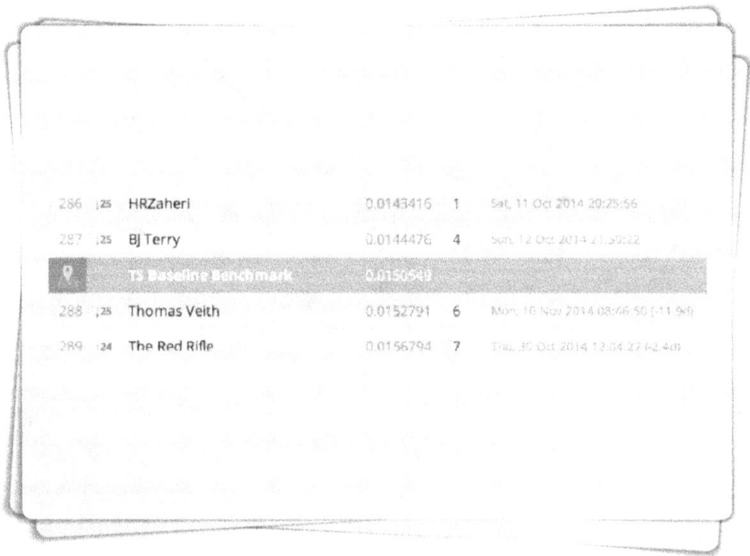

286	|25	HRZaheri	0.0143416	1	Sat, 11 Oct 2014 20:25:56
287	|25	BJ Terry	0.0144476	4	Sun, 12 Oct 2014 21:59:22
		TS Baseline Benchmark	0.0150549		
288	|25	Thomas Veith	0.0152791	6	Mon, 10 Nov 2014 08:46:50 (-11.9#)
289	|24	The Red Rifle	0.0156794	7	Thu, 30 Oct 2014 13:04:27 (-2.4#)

Figure 18-5 – *Benchmark de la compétition*

Les quelques pages qui suivent vont vous expliquer comment ramener ce *log loss* à 0,0042, soit 3,5 fois mieux !

Les modélisations

Pour trouver une solution à ce problème, nous avons utilisé une approche dite de « *blending* », qui consiste à assembler des modèles réalisés avec des méthodes différentes. Deux formes de modélisation basées sur des concepts très différents ont été utilisées, pour réaliser trois types de modèles. D'une part, nous avons utilisé les principes de l'*online learning* pour réaliser deux modèles, l'un avec Python, l'autre avec *Vowpal Wabbit*. D'autre part, un modèle a été réalisé avec une méthode de *stacking* (ou *two-staged learning*). Ces trois modèles sont ensuite *blendés* dans un modèle final. Rassurez-vous, tous ces concepts sont explicités dans les pages qui suivent.

Online learning

Implémentation Python

L'*online learning* est très différent des techniques présentées jusqu'alors. En effet, on peut classer tous les algorithmes vus précédemment dans la catégorie « *batch* », dans le sens où l'apprentissage se fait avec l'intégralité des données d'apprentissage. Cette approche peut évidemment poser quelques problèmes, car son passage à l'échelle peut devenir problématique pour un très grand nombre de lignes d'apprentissage sur une machine donnée. Il y a plusieurs façons de traiter cette limite. La communauté des *data geeks* planche notamment sur deux approches totalement différentes :

- l'apprentissage distribué avec des technologies comme Apache Spark, qui vise à distribuer l'apprentissage sur plusieurs machines ;
- et l'*online learning*, objet de cette section.

L'idée de base de l'*online learning* est très simple : on apprend ligne par ligne. À chaque incrément, l'algorithme va prendre en entrée de nouvelles données d'apprentissage en même temps qu'il va réaliser une prédiction. La comparaison de ces deux valeurs va permettre à l'algorithme de s'autocorriger. Plus clairement, l'*online learning* se déroule en trois étapes distinctes :

1. Acquisition et *parsing* d'une nouvelle observation x_i ;

2. Prédiction d'un label pour cette observation ;

3. Et recalage du modèle en fonction du vrai label de l'observation x_i.

Pour Tradeshift, nous avons utilisé deux implémentations différentes de cette même idée. La première est issue d'un papier de Google Research (McMahan *et al.*, 2013). Le pseudo-code qu'ils proposent est le suivant listé à la figure 18-6.

> **Algorithm 1** Per-Coordinate FTRL-Proximal with L_1 and L_2 Regularization for Logistic Regression
>
> *# With per-coordinate learning rates of Eq. (2).*
> **Input:** parameters α, β, λ_1, λ_2
> ($\forall i \in \{1, \ldots, d\}$), initialize $z_i = 0$ and $n_i = 0$
> **for** $t = 1$ **to** T **do**
>   Receive feature vector $\mathbf{x}_t$ and let $I = \{i \mid x_i \neq 0\}$
>   For $i \in I$ compute
>
> $$w_{t,i} = \begin{cases} 0 & \text{if } |z_i| \leq \lambda_1 \\ -\left(\frac{\beta + \sqrt{n_i}}{\alpha} + \lambda_2\right)^{-1}(z_i - \text{sgn}(z_i)\lambda_1) & \text{otherwise.} \end{cases}$$
>
>   Predict $p_t = \sigma(\mathbf{x}_t \cdot \mathbf{w})$ using the $w_{t,i}$ computed above
>   Observe label $y_t \in \{0, 1\}$
>   **for** all $i \in I$ **do**
> $g_i = (p_t - y_t)x_i$ *# gradient of loss w.r.t. w_i*
> $\sigma_i = \frac{1}{\alpha}\left(\sqrt{n_i + g_i^2} - \sqrt{n_i}\right)$ *# equals $\frac{1}{\eta_{t,i}} - \frac{1}{\eta_{t-1,i}}$*
> $z_i \leftarrow z_i + g_i - \sigma_i w_{t,i}$
> $n_i \leftarrow n_i + g_i^2$
>   **end for**
> **end for**

Figure 18-6 – *Pseudo-code de l'online learning*
(McMahan et al., 2013)

Ce papier a servi de source d'inspiration à quelques *kagglers*, qui en ont réalisé une implémentation très simple en Python dont nous nous sommes inspirés :

- Étape 1 : acquisition d'une nouvelle observation et *parsing* en utilisant le *hashing trick* (nous expliquerons ce terme dans quelques instants).

```python
D = 2**18

def get_x(row):
  x = [0]
  for k, v in row.items():
    index = abs(hash(key+'_'+str(v)))%D
    x.append(index)
  return x
```

- Étape 2 : estimation de la probabilité d'appartenance à un label donné en utilisant le vecteur des poids Θ (w dans le code) actuel.

```
#initialisation du modèle
w = [0.] * D

def predict(x, w):
  wTx = 0.
  for i in x:
    wTx += w[i] * 1.
    #probabilité estimée pour x
    pred = 1. / (1. + exp(-wTx))
    return pred
```

- Étape 3 : mise à jour du modèle (Θ) en fonction de la prédiction *versus* la réalité.

```
w = [0.] * D
n = [0.] * D #somme des précédents gradients
alpha = 0.1 #learning rate

def update(alpha, w, n, x, p, y):
  for i in x:
    n[i] += abs(p - y)
    w[i] -= (p-y)*1.*alpha/sqrt(n[i])
```

À l'étape 1, vous noterez que chaque observation est *hashée* et donc projetée dans un espace de dimension $D = 2^{18}$. Ceci est la conséquence de l'utilisation du *hashing trick*. En quelques mots, c'est une technique qui vise à vectoriser les observations et à les rendre comparables entre elles dans un certain espace. Les poids du modèle construit ne s'appliquent pas sur les valeurs initiales des observations, mais sur l'indice de la table de *hash* dans lequel a été projetée cette observation. Voici un exemple simple pour mieux comprendre.

- Soit x_i l'observation montrée dans le tableau 18-1.

Tableau 18-1. **Le hashing trick : un exemple illustratif**

feature	Âge	Sexe	Ville	Revenu
valeur	36	Masculin	Paris	80000

- Soit φ une fonction de hash donnée et D le nombre de dimensions de notre espace. L'application de φ sur l'observation x_i va la transformer comme suit :
  - $\varphi\left(Age\_36\right) = 4476367548698949997$
  - $\varphi\left(Sexe\_Masculin\right) = 1066733303545823095$
  - $\varphi\left(Ville\_Paris\right) = 8855477709022302991$
  - $\varphi\left(Revenu\_80000\right) = -4703001544 6423846$

- On applique D (par exemple 2^{18}) comme un modulo sur les résultats de la fonction de hash pour donner un encodage de notre observation x_i :

  - $\varphi(x_i) \, \% \, D = \big(96768, \; 98176, \; 226048, \; 59096\big)$

- Au final, les résultats de cette opération donnent les indices d'un vecteur dans le nouvel espace de D dimensions, sur lequel on applique le vecteur Θ (figure 18-7). On dit qu'on a transformé x_i en vecteur « *sparse*[1] ».

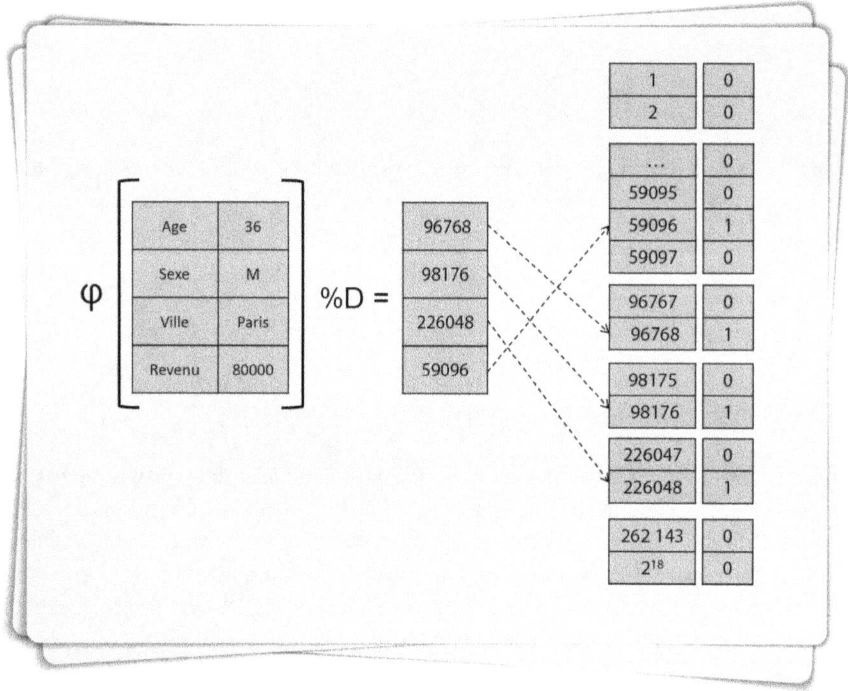

Figure 18-7 – *Transformation de l'observation x_i en vecteur sparse*

Cette technique se retrouve très souvent dans les implémentations d'algorithmes de *machine learning*, tout simplement parce qu'il est impossible de prévoir l'ensemble des modalités d'une variable catégorielle a priori, du fait du traitement au fil de l'eau des observations. Il faut donc fixer un espace de représentation commun à l'ensemble des observations et le *feature hashing* le permet.

---

1. En analyse numérique, une matrice ou un vecteur *sparse* (clairsemé en français) est une matrice ou un vecteur dont la plupart des éléments sont nuls (par opposition à une matrice ou un vecteur dense).

En règle générale, c'est la dimensionnalité initiale du problème et le nombre de modalités des variables qui va influencer la dimension de cet espace. Si l'espace n'est pas assez grand, on risque de générer des collisions, c'est-à-dire que deux modalités différentes dans l'espace initial des variables peuvent se retrouver confondues dans le nouvel espace du fait du modulo. Bien que les temps de calcul en soient augmentés, il vaut mieux utiliser un espace de la plus grande dimension possible. Pour Tradeshift, nous avons choisi de projeter nos données dans un espace à 2^{30} dimensions. Remarquez que le vecteur Θ (notre modèle) est de la même dimension et que chacune de ses composantes est simplement le poids accordé à une observation *hashée* et projetée dans le nouvel espace.

Vous noterez que l'algorithme sous-jacent est une régression logistique, donc un modèle linéaire. Eh oui, voici le point faible de *l'online learning* : il construit des modèles linéaires… Soyons clairs sur ce point : si nous n'utilisons pas *l'online learning*, ce n'est pas parce qu'il réalise de superbes modèles ! Nous l'utilisons parce que nous savons qu'au-delà d'un certain volume de données, nos algorithmes fétiches, bien que très puissants, vont défaillir les uns après les autres faute de place en mémoire.

Introduction de non-linéarité

Heureusement, on peut compter sur la créativité des *data scientists* pour surmonter cette contrainte de linéarité. En effet, une astuce consiste à <u>créer de la non-linéarité AVANT l'utilisation de l'algorithme</u>. Une technique très simple a déjà été introduite lors du cas pratique précédent, où nous avons simplement binarisé la variable continue « âge ». Avec *l'online learning*, cette technique ne peut pas être utilisée de façon efficace, car l'on ne connaît pas à l'avance la distribution des variables et il est donc impossible de savoir comment les découper.

Pour Tradeshift, nous avons utilisé une technique plutôt originale issue de chez Facebook, expliquée dans un papier de 2014 (He *et al*). Les auteurs rapportent une amélioration significative de leur taux de prédiction de clics sur des bannières publicitaires, par l'utilisation d'une approche hybride mêlant arbres de décision et régression logistique. Nous avons utilisé cette technique pour le concours Tradeshift. Elle revient à créer des variables qui sont… les indices de feuilles d'arbres de décisions ! Concrètement, on entraîne une première fois nos données d'entrée avec un algorithme non linéaire qui se base sur des arbres de décision (type *random forest* ou *gradient boosting*). On s'intéresse non pas aux prédictions en tant que telles des algorithmes, mais aux feuilles dans lesquelles tombent les observations : le passage dans l'arbre va créer toutes les non-linéarités dont nous avons besoin !

La méthode `rf.apply()` de *random forest* dans scikit-learn permet de simplement faire cela. Elle renvoie les indices des feuilles pour chacun des arbres. On dispose donc de n nouvelles variables par observation, n étant égal au nombre d'arbres construits.

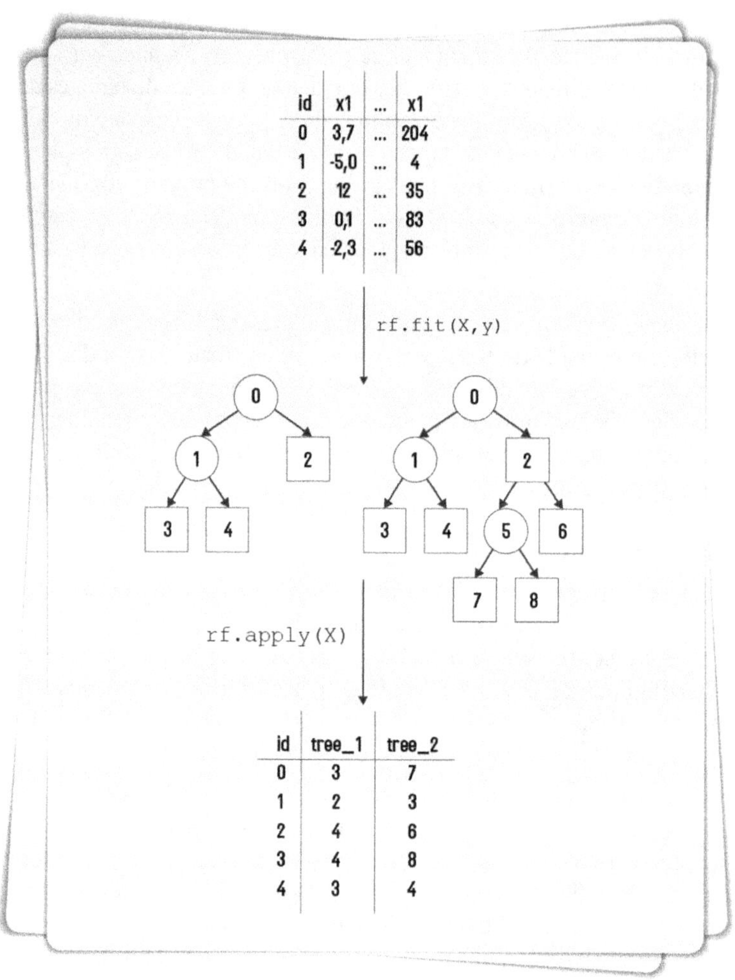

Figure 18-8 – *Utilisation de random forest pour créer de la non-linéarité entre variables*

Cette technique de création de variables améliore significativement notre modèle calculé *online*.

Implémentation Vowpal Wabbit

En parallèle du modèle réalisé sous Python, nous utilisons l'implémentation d'un algorithme d'*online learning* proposé par John Langford, dont le développement a commencé chez Yahoo et s'est prolongé chez Microsoft : *Vowpal Wabbit* (VW pour les intimes). VW est un instrument très puissant : c'est une sorte de version professionnelle de notre petit script décrit plus haut. Il reprend les principales caractéristiques de l'*online learning* : apprentissage ligne à ligne, *feature hashing*, etc. mais il est optimisé pour une utilisation industrielle. Afin de vous mettre l'eau à la bouche, nous vous laissons apprécier l'*abstract* d'un des papiers présentant Vowpal Wabbit (Agarwal *et al.*, 2014) :

« We present a system and a set of techniques for learning linear predictors with convex losses on terascale datasets, with trillions of features, billions of training examples and millions of parameters in an hour using a cluster of 1000 machines. Individually none of the component techniques are new, but the careful synthesis required to obtain an efficient implementation is. The result is, up to our knowledge, the most scalable and efficient linear learning system reported in the literature. We describe and thoroughly evaluate the components of the system, showing the importance of the various design choices. »

Outre le fait d'être écrit en C++ afin de le rendre plus rapide, VW implémente de bons outils que les *data scientists* sauront apprécier. En vrac et sans développer, citons la possibilité de faire de la classification et de la régression, de la factorisation de matrice, du *Latent Dirichlet Allocation* (pour les amateurs du traitement du langage naturel), d'utiliser plusieurs fonctions de *loss* (l_1, l_2, *logistic*, *hinge*, entre autres), de créer des variables quadratiques et cubiques, etc.

L'utilisation de VW nécessite un formatage particulier. Chaque ligne doit en effet respecter ce format :

```
[Label] [Importance [Tag]]|Namespace Features |Namespace Features ... |Namespace Features
```

L'idée de ce formatage est de séparer les variables en *namespace*, afin de pouvoir ensuite créer à la volée des interactions entre *namespaces*. Il est important de bien réfléchir à cette séparation de variables, dont le bon usage pourra significativement améliorer la modélisation. Pour la compétition Tradeshift, nous avons utilisé les *namespaces* suivants : textes *hashés*, variables binaires, variables de position dans la page, autres variables continues, variables indices de feuilles, quantiles 10 % de certaines variables continues. Et allez, comme on est sympa, voici le code Python qui nous a permis de générer le fichier au bon format dans le cadre de Tradeshift :

```python
from csv import DictReader
def to_vw(loc_csv, loc_out, y, y_nr=33, train=True):
  with open(loc_out,"wb") as outfile:
      distribution = 0
      for linenr, row in enumerate(DictReader(open(loc_csv,"rb")) ):
          n_h, n_b, b_p, n_f, n_l, n_c, n_r = "", "", "", "", "", "",""
          for k in row:
              if k is not "id":
                  if k in hash_features:
                      n_h += " %s_%s"%(k,row[k])
                  elif k in yes_no_features:
                      n_b += " %s_%s"%(k,row[k])
                  elif k in pos_features:
                      n_p += " %s_%s"%(k,row[k])
                  elif k in leaf_features:
                      n_l += " %s:%s"%(k,row[k])
                  elif k in cut_features:
                      n_c += " %s:%s"%(k,row[k])
                  elif k in float_features and row[k] is not "":
                      n_f += " %s:%s"%(k,row[k])
                  elif k in float_features and row[k] is "":
                      n_f += " %s_%s"%(k,row[k])
                  else:
```

```
                n_r += " %s_%s"%(k,row[k])
        if train:
            label = y[linenr][y_nr-1]
            if label == 1:
                distribution += 1
            else:
                label = -1
        else:
            label = 1
        id = row["id"]
        outfile.write("%s '%s |h%s |b%s |p%s |l%s |c%s |f%s |r%s\n"%(label,id,n_h,n
_b,n_p,n_l,n_c,n_f,n_r) )
        if linenr % 10000 == 0:
            print("%s\t%s"%(linenr,distribution))
```

Les méta-paramètres sont nombreux sur VW, et même s'il existe un *grid search* permettant de trouver les paramètres optimaux (argument `-hypersearch`), trouver la meilleure combinaison de méta-paramètres n'est pas aisé et vous prendra du temps. Voici en particulier les paramètres essentiels à tester.

- `--loss_function`, la fonction à optimiser.

- `-l`, le learning rate pour la descente de gradient.

- `-q`, pour créer des interactions entre les *namespaces*. Par exemple, si u est le *namespace* pour *User* et m est le *namespace* pour *Movie*, `-q um` va créer des variables quadratiques entre chaque paire $(x, y) \in (u, m)$.

- `--cubic`, pour créer des interactions cubiques entre *namespaces* sur le même principe que `-q`.

- `-b`, le nombre de bits pour l'espace des variables.

- `-c --passes`, le nombre de passes à réaliser sur le jeu de données.

Plus généralement, vous trouverez l'ensemble des méta-paramètres et d'excellents tutoriaux sur le Github de John Langford[2].

Notons qu'il existe comme souvent un certain empirisme quant au choix des interactions. Il existe bien sûr des interactions évidentes, car elles ont un sens métier, par exemple : utilisateur et film, température et pression, etc. Toutefois, quand vous traitez des données anonymisées comme dans le cadre de Tradeshift, il faudra – et croyez bien que cela nous embête de l'écrire – tester, tester et retester différentes interactions, pour finalement conserver celles qui fonctionnent le mieux. La bonne nouvelle, c'est que pour tester si une interaction fonctionne, il suffit de lancer VW dans le terminal et d'observer la baisse de *loss* :

```
vw -d vw/vw_train.vw --loss_function logistic -b 29 -l 0.7 -q hh -q hb -q hp -q hr -c
-k --passes 5 -f vw/my_model.vw
```

Il convient d'observer `average loss`, qui représente le *loss* global, plutôt que `since last`, mesurant le *loss* sur les précédentes lignes.

---

2. https://github.com/JohnLangford/vowpal_wabbit/wiki

average loss	since last	example counter	example weight	current label	current predict	current features
0.693147	0.693147	1	1.0	-1.0000	0.0000	2069
0.576788	0.460430	2	2.0	-1.0000	-0.5366	2057
0.467273	0.357757	4	4.0	-1.0000	-1.1147	2069
0.378549	0.289825	8	8.0	-1.0000	-1.4863	2068
0.307893	0.237238	16	16.0	-1.0000	-1.4366	2060
0.207338	0.106784	32	32.0	-1.0000	-3.6831	2062
0.140805	0.074271	64	64.0	-1.0000	-2.3615	2062
0.088813	0.036822	128	128.0	-1.0000	-5.5138	2062
0.053340	0.017867	256	256.0	-1.0000	-6.4945	2057
0.042231	0.031122	512	512.0	-1.0000	-8.4358	2061
0.050224	0.058217	1024	1024.0	-1.0000	-3.9186	2060
0.037501	0.024778	2048	2048.0	-1.0000	-7.4109	2051
0.029409	0.021317	4096	4096.0	-1.0000	-9.0287	2070
0.022444	0.015479	8192	8192.0	-1.0000	-4.2652	2070
0.017850	0.013255	16384	16384.0	-1.0000	-9.3020	2051
0.012303	0.006756	32768	32768.0	-1.0000	-10.0253	2062
0.009635	0.006968	65536	65536.0	-1.0000	-11.5720	2059
0.007892	0.006148	131072	131072.0	-1.0000	-13.6120	2070
0.005910	0.003929	262144	262144.0	-1.0000	-14.5467	2068

Figure 18-9 – *Quelques informations en temps réel très utiles pour apprécier l'apport de nouvelles interactions*

Une dernière astuce pour clore cette section consacrée à l'*online learning*. Il est pénible de naviguer sans cesse entre Python et le terminal pour réaliser différents modèles VW. Pour simplifier notre travail, nous avons automatisé le processus en appelant VW depuis Python, comme suit :

```
for folder in folder :
  for label in vw_labels :
    print label, Counter(y[:, int(label[1:])-1])
    os.system("vw -d vw/vw_train.vw --loss_function logistic -b 29 -l 0.7 -q hh -q hb
-q hp -q hr -c -k --passes 5 -f vw/%s/model_%s.vw" %(folder, label))
    os.system("vw -d vw/vw_submit.vw -t -i vw/%s/model_%s.vw -p vw/%s/preds_%s.p.txt"
%(folder, label, folder, label))
```

Stacking

Nous voici arrivés à l'autre modélisation que nous avons utilisée et qui est basée sur la méthode du *stacking*. Cette méthode a été popularisée par un célèbre concours de *data science* : *Netflix* (voir par exemple Sill *et al.*, 2009). L'idée est de créer un méta-modèle qui prend en *input* les *outputs* d'autres classifieurs. Autrement dit, les variables de ce méta-modèle sont des prédictions ! On appelle aussi cette méthode *2-stages-learning* car elle comporte pour ainsi dire deux étages : le premier étant classiquement un apprentissage sur les variables d'entrées du modèle, le second prenant en entrée, entre autres variables, les prédictions des modèles du premier étage.

Dans la pratique, on ne l'utilise que lorsque le nombre de lignes est grand car, comme vous allez le voir dans un instant, il est nécessaire de sacrifier une grande partie du jeu de données. Tradeshift se prête bien à l'exercice pour les raisons suivantes :

- nous disposons de 1,7 millions de lignes en apprentissage ;
- et l'*online learning* montre que le gros de la variance du problème est expliqué au bout de quelques centaines de milliers de lignes. En effet, le loss baisse énormément sur les premières centaines de milliers de lignes, et le gain devient plus marginal ensuite. Cela laisse supposer qu'on peut « découper » notre problème.

Il existe plusieurs formes de *stacking*. Illustrons pour commencer la méthode standard. Pour cela, prenons une matrice M de 300 000 lignes et n variables comme présentés dans la figure 18-10.

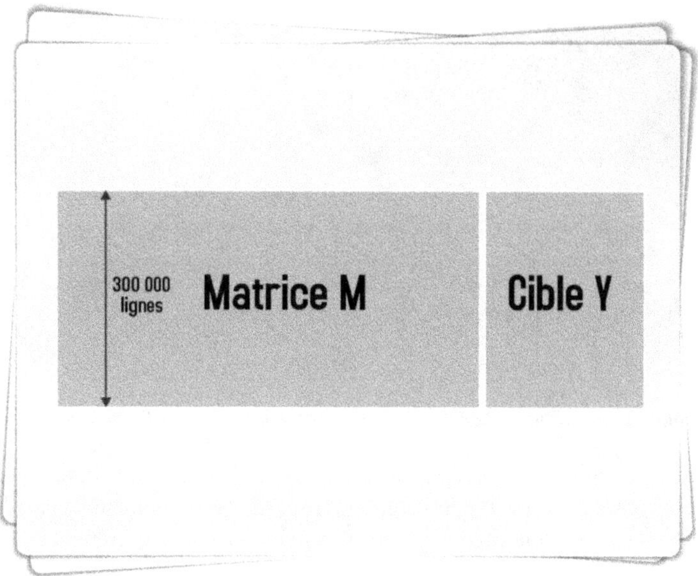

Figure 18-10 – *Illustration du fonctionnement du stacking : présentation du problème*

La première étape du *stacking* consiste à séparer le problème en trois sous-ensembles de données différents, A, B et C. Attention, les trois matrices ainsi créées doivent respecter la même distribution pour les cibles y_A, y_B et y_C (figure 18-11).

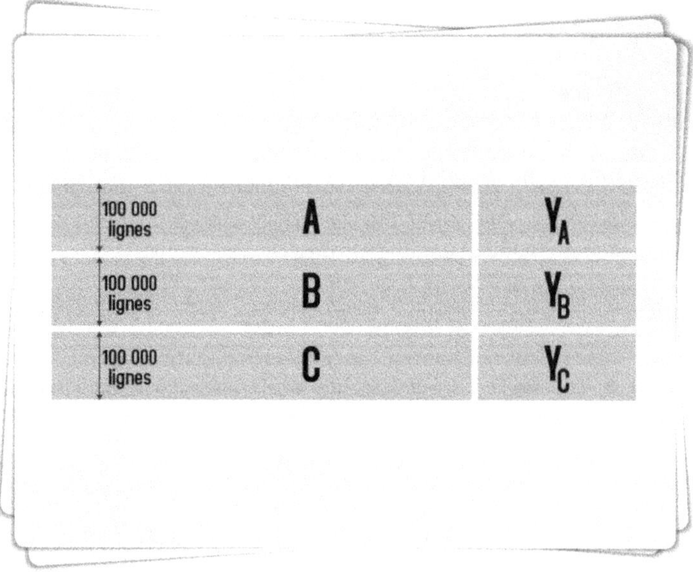

Figure 18-11 – *Première étape du stacking (étage 1) : séparer les données*

La seconde étape consiste à sélectionner p modèles différents. On entend par modèle à la fois des algorithmes et des stratégies de modélisation différents, par exemple – et c'est souhaitable – des types de variables différentes. Mais pour simplifier, on se limitera à considérer des algorithmes différents dans cette illustration, par exemple : SVM, régression logistique, *random forest*, *gradient boosting* et *online learning Vowpal Wabbit*. Chacun des p classifieurs est entraîné sur $\left(A, Y_A \right)$ et prédit à la fois B et C (figure 18-12).

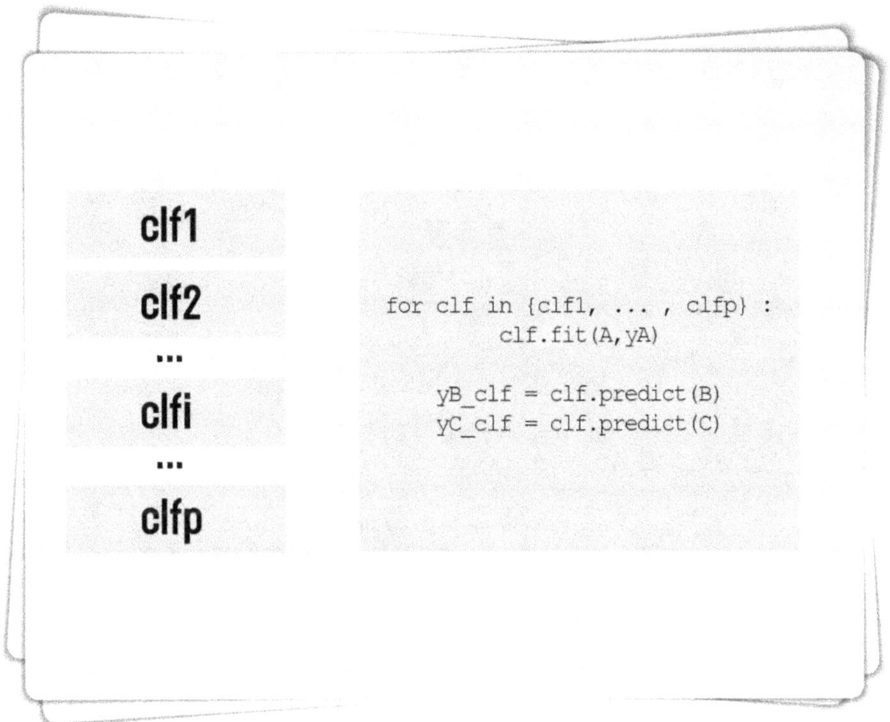

Figure 18-12 – *Seconde étape du stacking (étage 1) :*
entraîner p classifieurs sur A les utiliser pour réaliser p prédictions de B et C

Ensuite, les p prédictions sont assemblées pour former deux nouvelles matrices B' (prédictions de Y_B à partir des données de B selon les p classifieurs) et C' (prédictions de Y_C à partir des données de C selon les p classifieurs), chacune de dimension $\left(100\ 000,\ p \right)$: c'est le deuxième étage de la modélisation (figure 18-13).

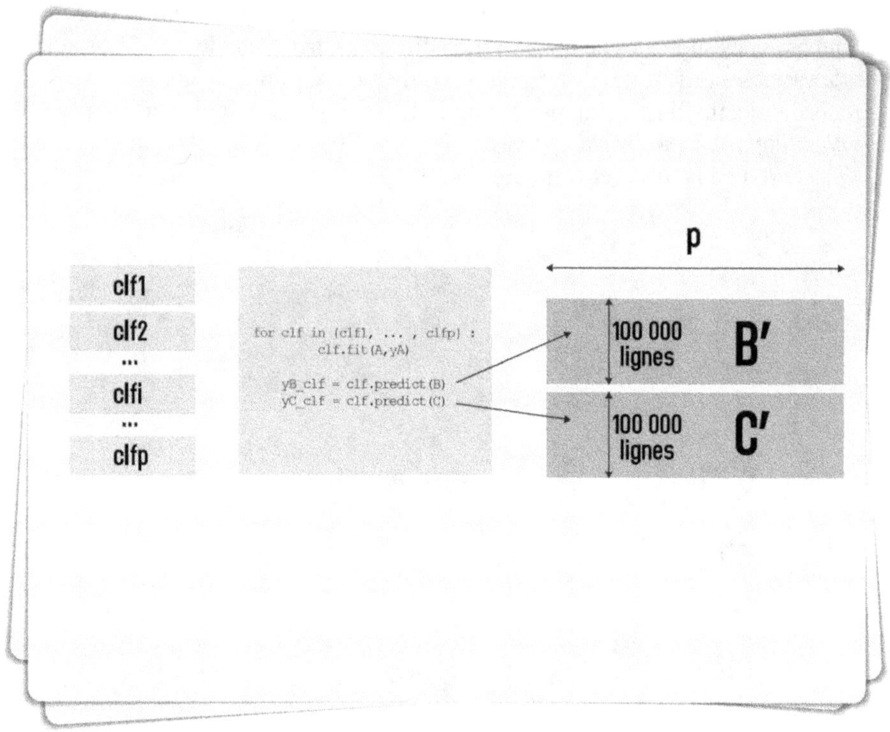

Figure 18-13 – *Troisième étape du stacking (étage 2) :*
les p prédictions pour B et C sont assemblées afin de former deux nouvelles matrices B' et C'

On obtient un problème totalement nouveau constitué de $\left(B', Y_B\right)$ et $\left(C', Y_C\right)$. On va alors entraîner un méta-modèle, souvent linéaire, sur $\left(B', Y_B\right)$, que l'on teste ensuite sur C' (figure 18-14).

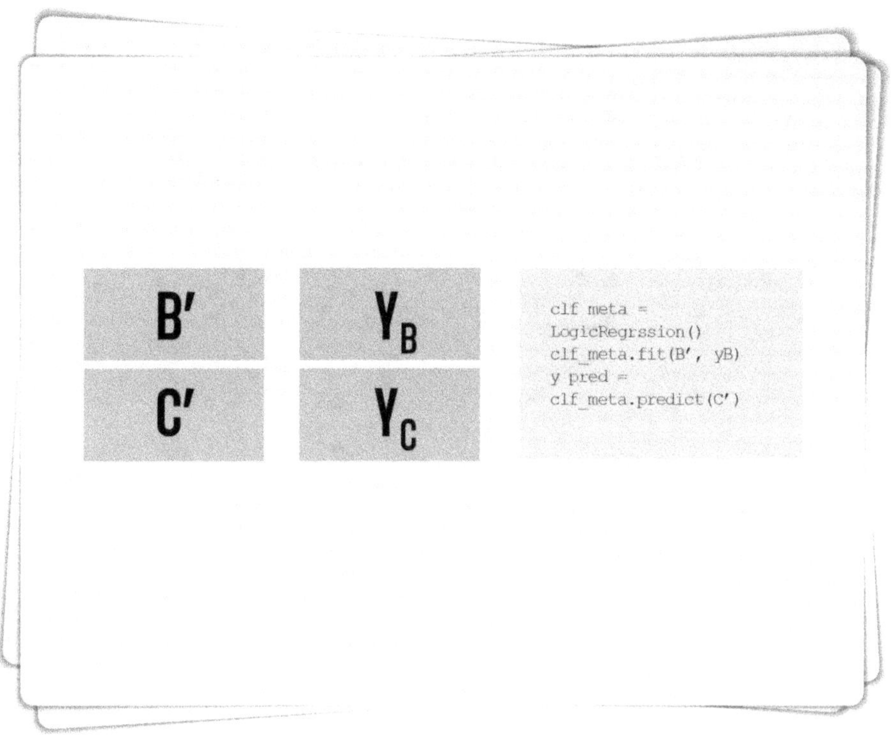

Figure 18-14 – *Quatrième étape du stacking (étage 2) :*
entraînement d'un méta-modèle sur $\left(B', Y_B\right)$ *et test sur C'*

Sachez que dans la pratique, on ne se limite pas qu'à l'utilisation des prédictions de la collection d'algorithmes pour le deuxième étage. Il serait en effet dommage de ne pas réutiliser quelques variables particulièrement parlantes. Il existe là encore différentes façons de les utiliser. On peut les voir simplement comme d'autres variables pour B' et C', ou bien alors les utiliser pour pondérer les prédictions des algorithmes.

Dans ce dernier cas, on réalise alors ce qu'on appelle un *Feature-Weighted Linear Stacking* (FWLS). L'idée du FWLS est d'ajouter de la non-linéarité dans le second étage. Le candidat idéal pour ces meta-variables est par exemple une variable catégorielle pour laquelle un classifieur donné est particulièrement performant pour certaines modalités. On pourra ainsi utiliser cette variable comme une variable interrupteur permettant de débrancher les algorithmes moins bons pour cette modalité.

Les figures 18-15 et 18-16 schématisent la différence entre ces deux approches.

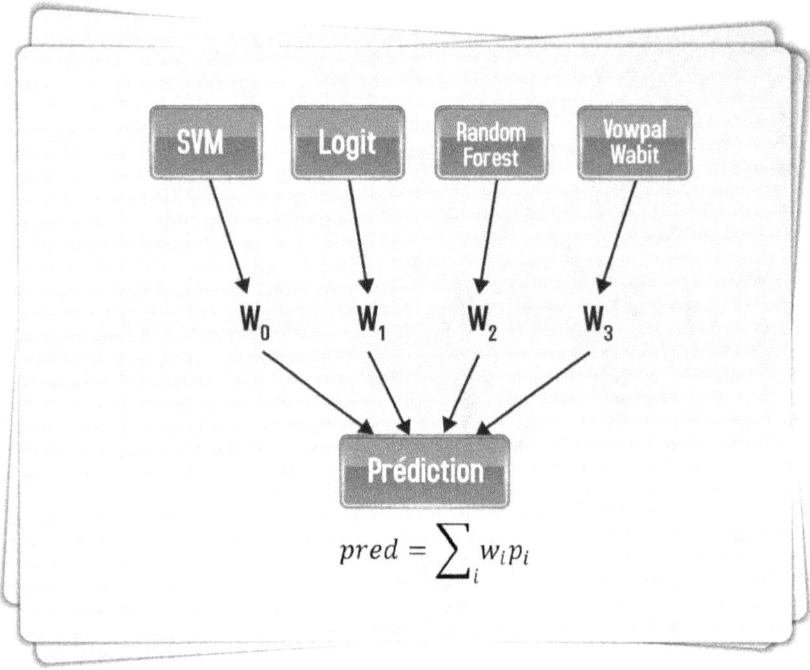

Figure 18-15 – *Standard stacking*

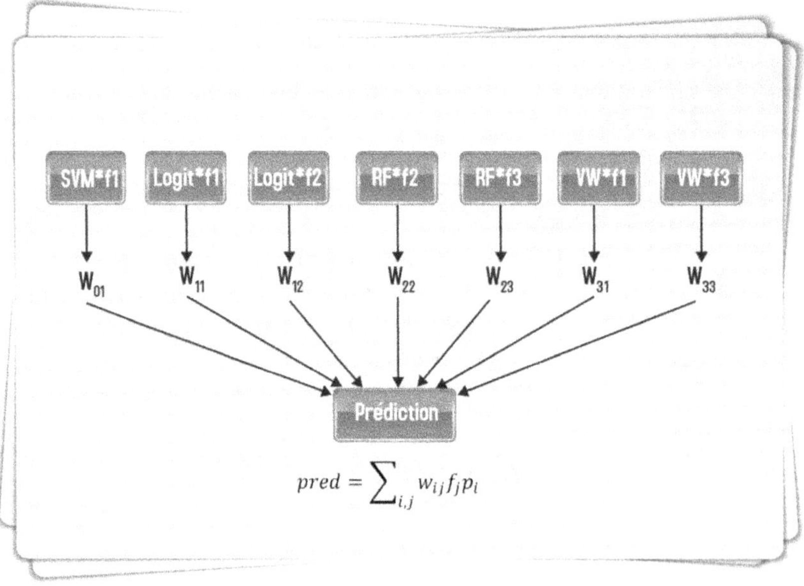

Figure 18-16 – *Feature-Weighted Linear Stacking*

Sur Tradeshift, nous avons naturellement cherché à réaliser des modèles pour le premier étage très différents les uns des autres. L'idée de base a été d'entraîner un *random forest* sur les variables continues et binaires et du *stochastic gradient descent* sur une matrice très éparse constituée des variables catégorielles binarisées (figure 18-17).

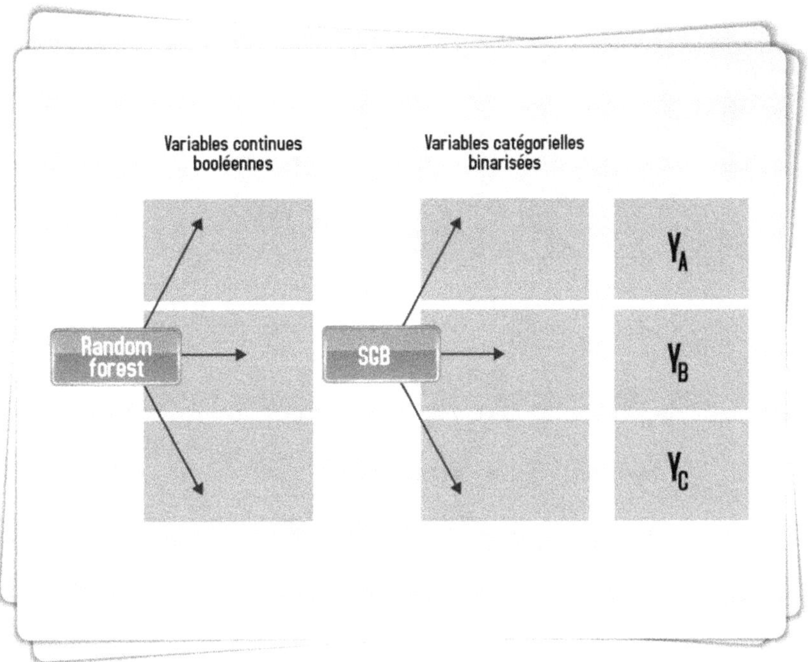

Figure 18-17 – *Des modèles différents pour des prédictions différentes :*
la clé d'un bon stacking

Chacun des modèles prédit les 33 labels du problème. Insistons sur un point : une classification multi-labels est structurellement différente d'une classification multi-*outputs*, où la somme des probabilités pour une observation par *output* est égale à un. Ici, une observation peut appartenir à plusieurs labels et chaque prédiction constitue un problème différent. Nous avons donc 66 prédictions en sortie du premier étage de *stacking* :

- 33 prédictions pour le *random forest* : une prédiction par label en utilisant uniquement les variables continues et booléennes ;

- 33 prédictions pour le SGD : une prédiction par label en utilisant uniquement les variables catégorielles.

Ces 66 prédictions ont ensuite été ajoutées aux variables d'entrée pour réaliser le second étage d'apprentissage et réaliser ainsi des soumissions très différentes de celles issues des méthodes d'*online learning*.

Blend final

Nous voici arrivés à la dernière ligne droite, l'assemblage final de l'ensemble des modèles. Rassurez-vous, c'est moins compliqué que ça en a l'air puisque la solution est une bête combinaison linéaire de la sortie de l'ensemble des modèles (figure 18-18).

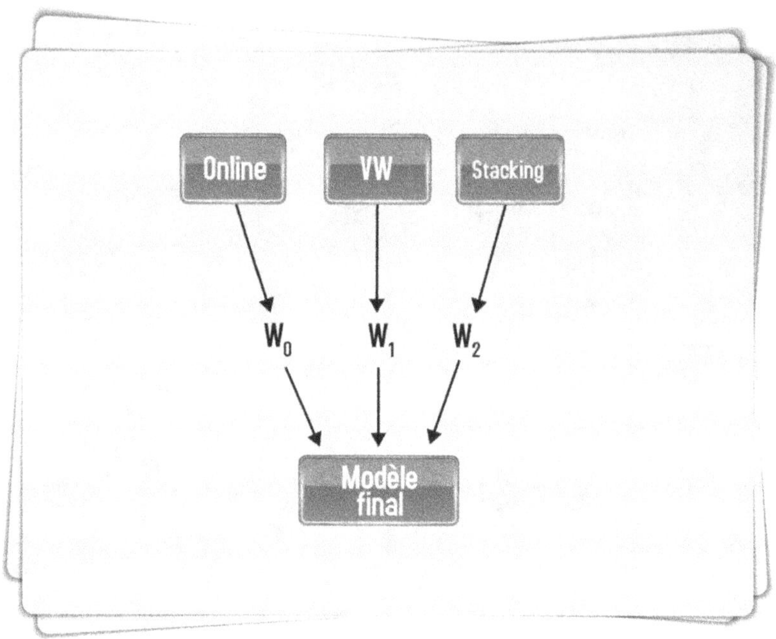

Figure 18-18 – *Modèle final : une simple combinaison linéaire de l'ensemble des modèles*

Les poids w_i ne font pas l'objet à proprement parler d'un apprentissage, ils sont simplement choisis en *cross-validation*.

Pour terminer ce chapitre, la figure 18-19 montre la courbe d'amélioration de notre performance sur l'ensemble de la compétition.

Vous pouvez remarquer tout en haut de ce graphe le *benchmark* de Tradeshift, qui a été battu de façon très significative dès le début de la compétition. Ensuite, millième par millième de *log loss*, la performance s'améliore, puis millionième par millionième. Enfin, les améliorations se chiffrent parfois à 7 chiffres après la virgule comme l'illustre cette première dans l'histoire de Kaggle : deux équipes ex æquo à 10^{-7} près, et ce à quelques heures de la fin (figure 18-20) !

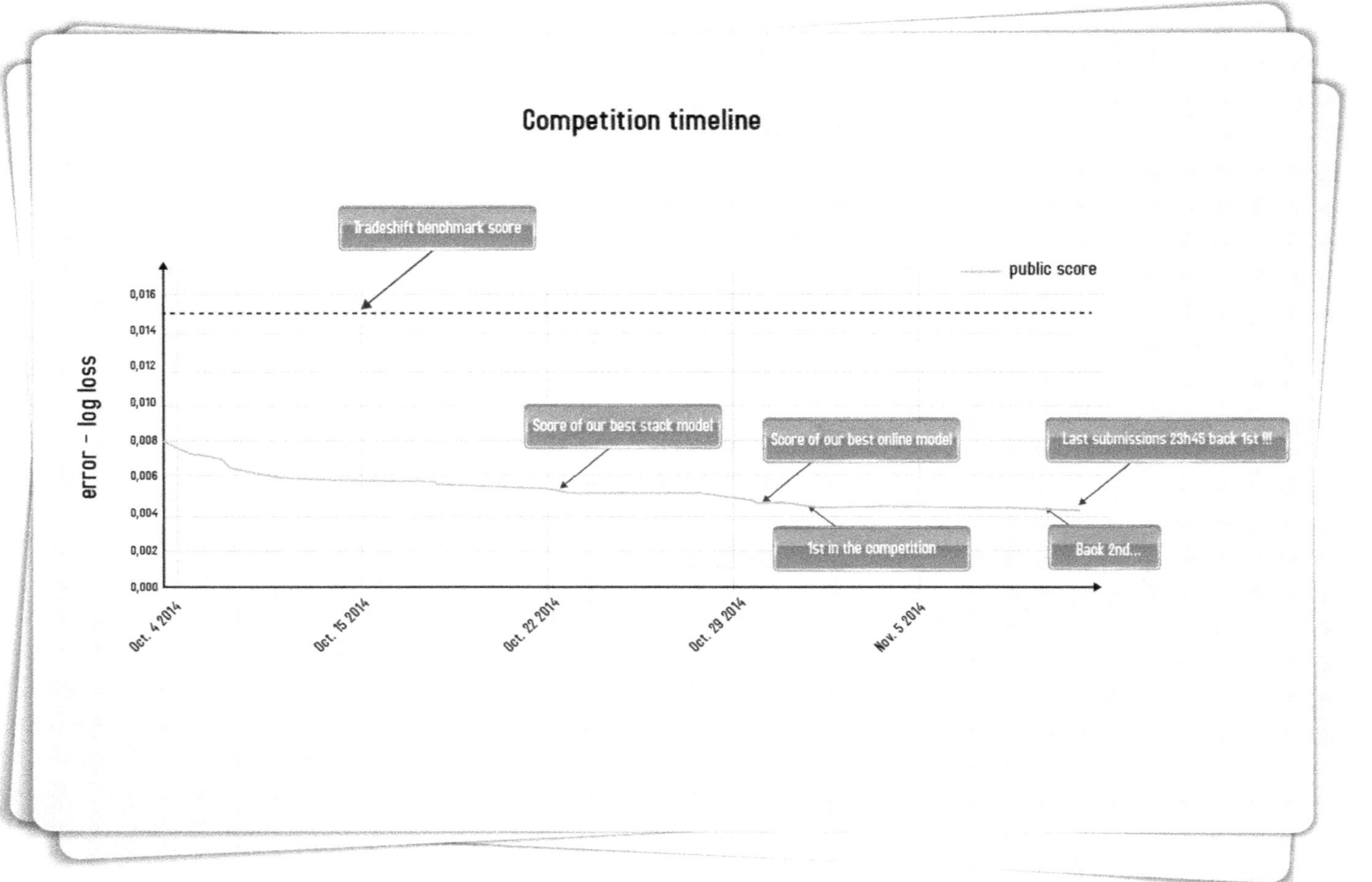

Figure 18-19 – *Amélioration de notre performance sur la compétition Tradeshift (figure de Matthieu Scordia)*

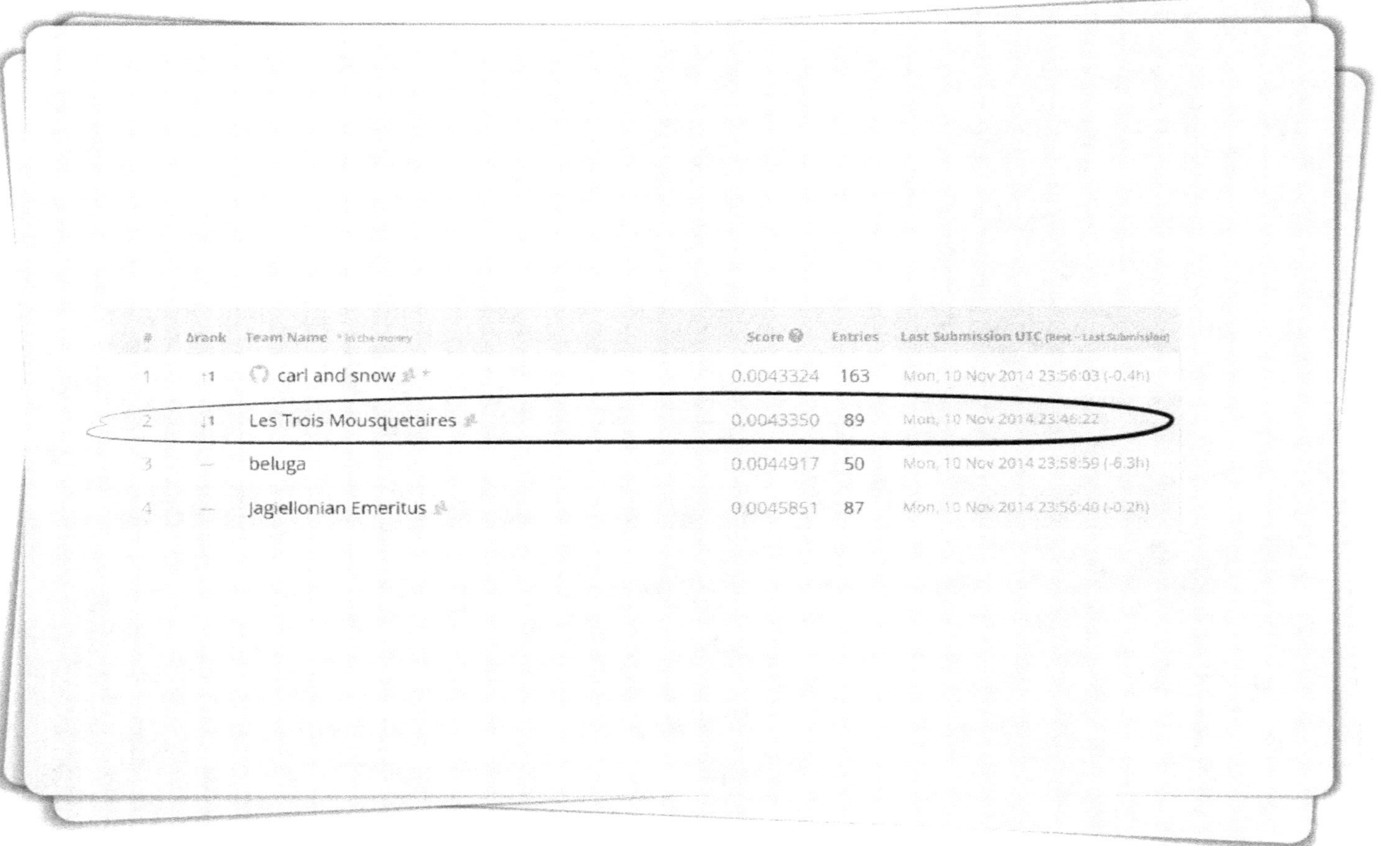

Figure 18-20 – *Ex æquo à 10^{-7} près !*

Pour terminer, revenons sur terre pour préciser que sur Kaggle, les modèles gagnants sont souvent d'une complexité terrifiante, impossible à mettre en production et encore moins à maintenir. Pour information, le modèle qui a remporté le million de dollars de la compétition Netflix n'a jamais été mis en production, précisément parce que le rapport performance/complexité n'était finalement pas si rentable que ça. Les sociétés qui mettent leurs données à disposition sur Kaggle sont donc plutôt à la recherche de nouvelles approches, de nouvelles idées et finalement d'une des meilleures R&D actuelle autour des sujets de *data science*.

Références

Plus d'informations sur Tradeshift et sur le challenge Kaggle :

* https://www.tradeshift.com

* https://www.kaggle.com/c/tradeshift-text-classification

Le papier de Google Research présentant leur technique d'*online learning* pour la prédiction des taux de clic :

* McMahan HB., Holt G., Sculley D., Young M., Ebner D., Grady J., Nie L., Phillips T., Davydov E., Golovin D., Chikkerur S., Liu D., Wattenberg M., Hrafnkelsson AM., Boulos T., Kubica J. 2013. Ad click prediction: a view from the trenches. *Proceedings of the 19th ACM SIGKDD International Conference on Knowledge Discovery and Data Mining*, p. 1222-1230.

Quelques ressources concernant le *hashing trick* et *Vowpal Wabbit* :

* Weinberger K., Dasgupta A., Attenberg J., Langford J., Smola A. 2010. Feature hashing for large scale multitask learning. *Proceedings of the 26th Annual International Conference on Machine Learning*, p. 1113-1120.

* Agarwal A., Chapelle O., Dudik M., Langford J. 2014. Journal of Machine Learning Research.

Le papier de Facebook introduisant l'utilisation d'arbres pour créer de la non-linéarité :

* He X., Pan J., Jin O., Xu T., Liu B., Xu T., Shi Y., Atallah A., Herbrich R., Bowers S., Quiñonero Candela J. 2014. Practical lessons from predicting clicks on ads at Facebook, *Proceedings of the 8th International Workshop on Data Mining for Online Advertising*, p. 1-9.

Et concernant le *stacking* et le challenge Netflix :

* Sill J., Takacs G., Mackey L., Lin D. 2009. Feature-weighted linear stacking.

La temporalité dans les modèles, un cas particulier d'application

19

Qu'est-ce qu'une série temporelle ? L'approche classique

Pourquoi un focus sur les séries temporelles ?

Jusqu'à présent, nous avons traité des matrices de dimensions (m,n), où m représentait des individus ou des objets distincts : l'objet $m = 1$ n'est pas l'objet $m = 2$, etc. Dans le cas de séries temporelles (appelées aussi séries chronologiques ou chroniques), c'est différent. m représente différentes mesures d'une variable pour un même objet, permettant ainsi d'en quantifier l'évolution dans le temps. C'est pourquoi l'on remplace généralement l'indice m par t, car il représente non plus une entité distincte, mais un moment différent. Ce qui est intéressant, c'est que cette succession de mesures pour un même objet permet de décrire sa trajectoire dans le temps et d'en inférer une dynamique, c'est-à-dire de comprendre la liaison entre une observation donnée et son passé. En conséquence, on peut chercher à prédire l'évolution de la variable mesurée uniquement à partir de sa dynamique interne, sans chercher des prédicteurs externes. On peut faire des prévisions uniquement à partir de l'observation d'un vecteur Y tel que $Y = y_1, y_2, ..., y_t$ (t est le nombre d'observations). Comme on s'intéresse au passé pour expliquer la dynamique de la série, on écrit aussi parfois ce vecteur sous cette forme : $Y = y_{t-n}, ..., y_{t-2}, y_{t-1}, y_t$. Dans ce cas t représente le moment de la dernière mesure et n la profondeur d'historique observée. Les prévisions à partir de ce vecteur Y peuvent être notées de diverses manières. Soit h l'horizon de prévision. On notera la prévision y_h ou y_{t+h}, ou encore $y_{t,h}$ (lire : prévision à l'horizon h faite à l'instant t). Choisissez l'écriture qui facilitera la représentation de votre problème et la communication de vos résultats. Bien évidemment, intégrer cette dynamique temporelle n'empêche pas de rechercher des prédicteurs externes.

On peut réaliser des modèles intégrant à la fois l'évolution dans le temps de la variable Y, et la dynamique temporelle de variables externes $X_1, ..., X_n$.

L'étude des séries chronologiques est une branche particulière des statistiques. Ce chapitre a pour objectif de vous en présenter les grands principes de façon sommaire. En effet, nous pensons que cela vous permettra de toucher du doigt les notions de la dynamique d'un processus temporel. Ceci peut être intéressant pour bâtir un modèle à partir de séries temporelles, même dans une optique plus boîte noire typée *machine learning*. Les séries chronologiques sont très fréquentes en analyse des données : mesures de températures, PIB d'un pays, consommation électrique, etc. sont typiquement des données pour lesquelles on mesure l'évolution dans le temps, et pour lesquelles on cherche à faire des prévisions. Ces données particulières sont aussi très présentes dans l'industrie. Cette dernière récolte beaucoup de séries chronologiques issues des capteurs présents dans les divers constituants d'un processus de production (pression, température, rendement, côtes des pièces produites, etc.) ou dans l'informatique, où l'on mesure assez systématiquement l'état des composants d'un système (CPU consommé, mémoire utilisée, taille des bases de données, etc.). Plus proche de nous, ces séries temporelles sont massivement produites par les objets connectés, de plus en plus nombreux dans notre quotidien. On citera par exemple les données CAN d'une automobile (*Control Area Network*, moyen de communication pour systèmes embarqués temps réel, présent notamment dans les voitures pour remonter des informations telles que la vitesse instantanée, l'appui sur l'accélérateur, la rotation du volant, etc.) et des montres connectées.

Notez que tous les pas de temps sont envisageables : minutes, heures, jours, mois, années, etc. Ils peuvent être à intervalles réguliers ou non. S'ils ne le sont pas, le traitement des données est un peu plus compliqué et nécessite des opérations dites d'interpolation, que nous ne développerons pas dans ce livre. Notez aussi que cela implique de concevoir le temps comme un phénomène discret, c'est-à-dire une succession de mesures, donc en ensemble dénombrable de points. Il existe également des méthodes considérant l'évolution des mesures comme une fonction continue du temps, autrement dit une infinité de points, mais cela dépasse le cadre de cet ouvrage.

Les *data scientists* regardent parfois les séries temporelles comme des objets statistiques curieux, auxquels ils essayent de ne pas trop se frotter. Et en effet, elles peuvent être délicates à manipuler et risquent d'engendrer des modèles trompeurs. La lecture de l'article de 1974 de Granger et Newbold, qui définit le concept de régression fallacieuse, a brisé les illusions de plus d'un apprenti analyste de données. Selon les auteurs, les séries temporelles peuvent parfois être modélisées avec de très bons coefficients de détermination, alors qu'elles sont en fait indépendantes les unes des autres ! Ceci est dû à un ensemble de caractéristiques propres aux séries temporelles que nous n'aurons pas le temps de développer dans ce livre. Pour plus de détails, nous recommandons au lecteur de se tourner vers un bon livre d'économétrie[1] (voir la bibliographie du chapitre). En ce qui nous concerne, dans ce chapitre, nous nous contenterons de rappeler quelques grands principes de modélisation des séries temporelles selon les méthodes statistiques « classiques ». Celles-ci se basent sur deux grandes familles de méthodes : les méthodes exponentielles et les méthodes probabilistes.

---

1. Mélange de mathématique, de statistique et d'économie, cette discipline a pour objet de modéliser les mécanismes économiques. Elle a été à l'origine de nombreuses avancées de l'analyse des séries temporelles (voir Meuriot, 2012, pour un aperçu historique).

Les méthodes exponentielles

Les méthodes exponentielles sont assez simples et empiriques. Elles étaient longtemps assez mal considérées par les théoriciens des statistiques (un « *bon bricolage d'ingénieur* », disait l'un de nos professeurs), mais tendent à gagner en crédit, notamment grâce aux travaux d'Hyndman.

L'idée de base est facile à comprendre : la prévision à l'horizon 1 ($\widehat{y_{t,1}}$) va se faire en fonction des valeurs précédentes, par moyenne pondérée diminuant avec le temps selon un paramètre α :

$$\widehat{y_{t,1}} = \frac{y_t + (1-\alpha)y_{t-1} + (1-\alpha)^2 y_{t-2} + \ldots}{1 + (1-\alpha) + (1-\alpha)^2 + \ldots}$$

Quelques transformations algébriques qui ne seront pas explicitées ici permettent de réécrire cette formule sous une forme récursive :

$$\widehat{y_{t,1}} = \alpha y_t + (1-\alpha)\widehat{y_{t-1,1}}$$

Autrement dit, la prévision à l'horizon 1 est un arbitrage entre l'observation à un instant t et la prévision faite en t-1 (qui elle-même dépend des prévisions qui la précédent). Pour prédire l'avenir, on accorde donc plus ou moins d'importance au passé selon la valeur de α (plus α est grand, plus on donne de poids au présent). La valeur de α est souvent choisie de façon à minimiser le carré des erreurs de prédiction. Généralement, on complète le modèle en estimant, sur le même principe, une tendance (on parle de modèle de Holt) et une saisonnalité (on parle de modèle de Holt-Winters[2]). La prévision peut alors être réalisée à un horizon h, grâce à une décomposition de la série temporelle selon trois paramètres α, β et γ, donnée par le modèle suivant :

$$\widehat{y_{t,h}} = L_t + hb_t + S_{t-S+h}$$

(la version additive, sans variation dans la saisonnalité)

Ou :

$$\widehat{y_{t,h}} = L_t + hb_t . S_{t-S+h}$$

(la version multiplicative, avec une saisonnalité variant exponentiellement)

L_t est l'estimation récursive présentée précédemment, dont tendance et saisonnalité ont été retirées, tels que :

$$L_t = \alpha y_t (y_t - S_{t-S}) + (1-\alpha)(L_{t-1} + b_{t-1})$$

---

2. Fonction `HoltWinters` dans R. Voir aussi la libraire `forecast`, qui implémente de nombreuses formes plus évoluées de lissage exponentiel.

b_t est l'estimation de la tendance :

$$b_t = \beta\left(L_t - L_{t-1}\right) + \left(1 - \beta\right)b_{t-1}$$

et S_t est l'estimation de la saisonnalité :

$$S_t = \gamma\left(y_t - L_t\right) + \left(1 - \gamma\right) S_{t-S+h}$$

S est la périodicité naturelle de la série temporelle (par exemple 12 si l'on observe des données mensuelles).

D'autres méthodes exponentielles plus sophistiquées existent, mais celle-ci est sans doute l'une des plus populaires. Elle est intéressante car elle permet de bien montrer les principaux phénomènes que l'on cherche à modéliser lorsque l'on étudie une série temporelle : la tendance (c'est-à-dire une hausse ou une baisse régulière), la saisonnalité (un mouvement cyclique), et tout ce qui n'est expliqué ni par la tendance, ni par la saisonnalité. Cette décomposition est illustrée par la figure 19-1.

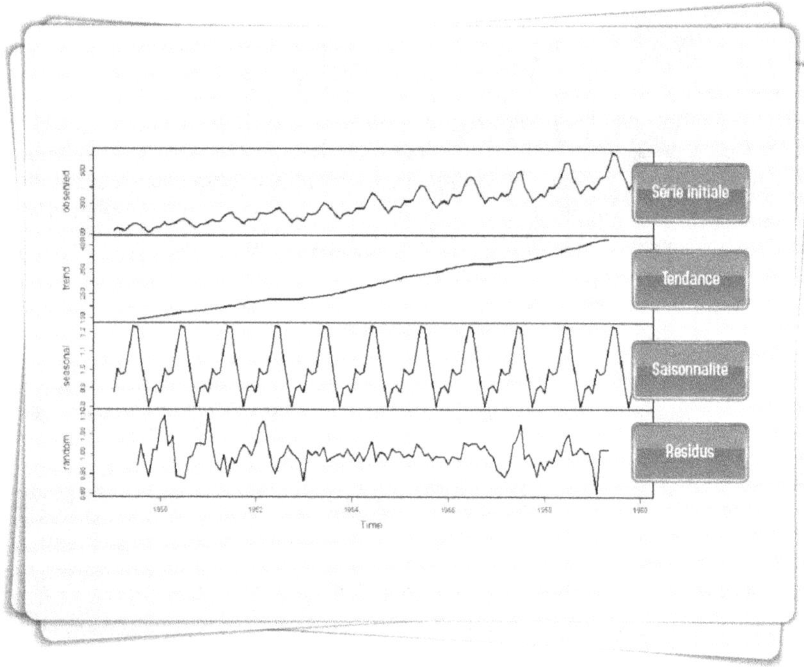

Figure 19-1 – *Décomposition d'une série temporelle : le trafic aérien international par année de 1949 à 1960*[3]

Ces phénomènes vont également entrer en jeu quand on aura affaire à la famille des méthodes probabilistes.

---

3. Données disponibles à cette adresse : http://www.stat.ncsu.edu/research/sas/sicl/data/airline.dat, décomposition réalisée avec la fonction R decompose.

Les méthodes probabilistes

On entre ici dans le domaine favori des statisticiens qui étudient les séries temporelles. Ces méthodes permettent de décomposer les processus stochastiques générant les données, offrent une modélisation souvent plus optimale que les méthodes exponentielles[4] et rendent possible le calcul d'intervalles de prévision (prise en compte de l'incertitude). Ces méthodes pouvant vite devenir complexes, nous nous limiterons ici à une introduction à la méthode la plus connue en la matière, à savoir Box et Jenkins. Le lecteur saura s'il a besoin d'aller plus loin dans l'étude de ces approches grâce à la bibliographie fournie. La méthode Box et Jenkins[5] consiste en trois grandes étapes.

Tout d'abord, les données doivent être préparées. La série doit être ramenée à une série stationnaire, de moyenne et de variance constantes dans le temps. Pour cela, on peut être amené à :

- stabiliser la variance : pour cela, différentes transformations, dites de Box-Cox[6], peuvent être appliquées (par exemple, la transformation logarithmique) ;

- supprimer la tendance : on en distingue deux types :
  - la tendance déterministe (si elle est entièrement déterministe), qui sera filtrée en régressant la série sur le temps : pour une série Y_t, on va calculer le modèle $Y_t = \alpha_0 + \alpha_1 t + \mu_t$, dont les résidus μ_t seront stationnaires.
  - la tendance stochastique (si elle est imprévisible), qui sera filtrée par différenciation (c'est-à-dire par dérivation, ou autrement dit par différences adjacentes) : plutôt qu'à la valeur y_t, on va s'intéresser à $y_t - y_{t-1}$ (pour une différenciation d'ordre 1 ; en pratique, plusieurs degrés de différenciation sont possibles, autant que nécessaires, pour rendre la série stationnaire).

- supprimer de la saisonnalité : on procède également par différenciation, cette fois-ci non plus par différences adjacentes, mais en différenciant les variations d'une période à l'autre ($y_t - y_S$, S étant la périodicité naturelle de la série).

On peut ensuite appliquer un modèle probabiliste à la série ainsi transformée. Le modèle le plus connu est ARMA. Ce modèle se construit en observant les autocorrélations empiriques totales et partielles de la série :

- l'autocorrélation totale d'ordre k correspond au coefficient de corrélation de Pearson calculé entre une série et elle-même, décalée de k crans ;

- l'autocorrélation partielle est calculée sur le même principe que l'autocorrélation totale mais en retirant la corrélation totale.

Concrètement, l'autocorrélation permet d'appréhender la propagation d'effets, centrale dans la théorie probabiliste des séries temporelles : l'autocorrélation d'ordre 1 est la corrélation entre y_t et y_{t-1}. On suppose que c'est également la corrélation entre y_{t-1} et y_{t-2}. Si y_t et y_{t-1} sont corrélés, et que y_{t-1} et y_{t-2} le sont également, on peut supposer qu'une corrélation sera présente entre y_t et y_{t-2}. C'est-à-dire que la corrélation de décalage 1 se propage au décalage 2 et sans doute aux

---

4. Même si certaines formes de modèles exponentiels correspondent directement à des modèles probabilistes.

5. Du nom des statisticiens qui ont proposé la méthode.

6. Toujours du nom des statisticiens qui ont proposé la méthode… Box est encore dans le coup !

décalages d'ordre supérieur. Plus précisément, la corrélation attendue au décalage 2 est le carré de la corrélation observée au décalage 1. L'autocorrélation partielle de décalage 2 est alors la différence entre l'autocorrélation de décalage 2 et la corrélation attendue due à la propagation de la corrélation de décalage 1.

Un corrélogramme est un diagramme qui indique les autocorrélations totales et partielles pour différents décalages. Son observation est la méthode la plus répandue pour déterminer les paramètres ARMA d'un processus temporel, décomposé selon deux composantes[7] :

- la composante AR (Auto-Régression) : à un instant t, la série chronologique est définie par une fonction linéaire des valeurs précédentes, modélisée par régression linéaire. Dans le corrélogramme, un processus AR s'observe comme des propagations successives d'autocorrélations et, au niveau des autocorrélations partielles, l'ordre du terme AR est égal à la dernière autocorrélation partielle significative ;

- la composante MA (*Moving Average*, moyenne mobile) : à un instant t, la variable est définie par des fluctuations autour d'une valeur moyenne, modélisées par moyenne mobile. Dans le corrélogramme, l'ordre d'un processus MA est égal à la dernière autocorrélation significative.

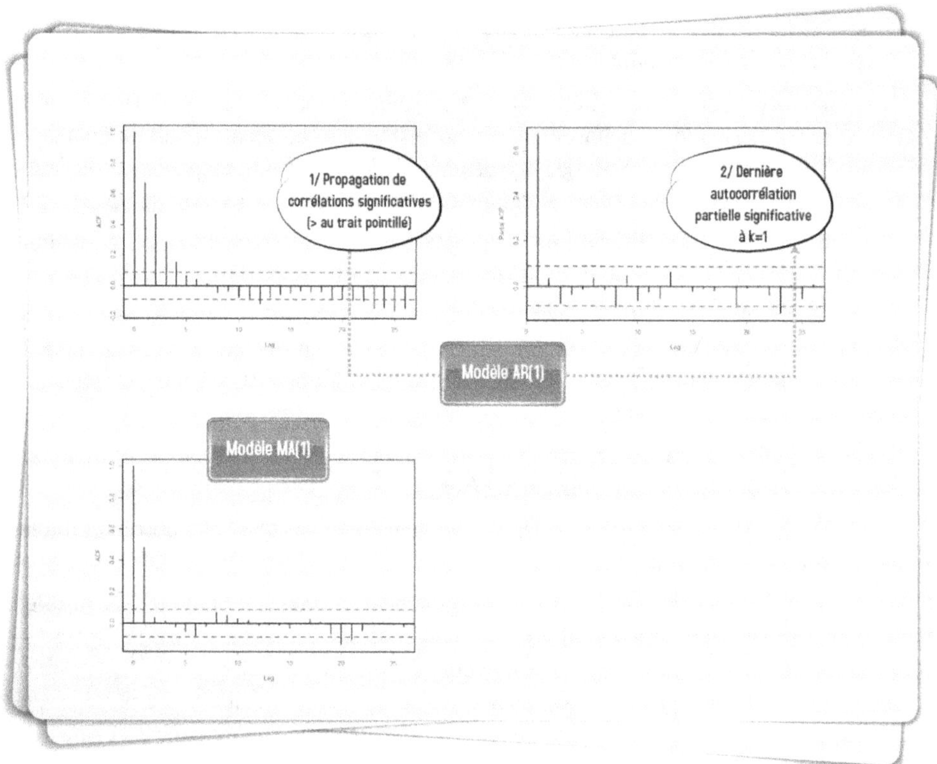

Figure 19-2 – *Indentification des processus AR(1) et MA(1)*

Un modèle ARMA(p,q) représente donc un processus temporel généré par la combinaison de processus AR d'ordre p et MA d'ordre q. Il est la base pour construire des modèles plus complexes :

- ARIMA, où I est le nombre de différenciations nécessaires pour stationnariser la série ;

- SARIMA, qui inclut également les différenciations saisonnières ;

- ARIMAX, qui intègre des variables explicatives externes. C'est donc une solution à la régression fallacieuse, qui provient de l'application de méthodes de régression à des données temporelles, sans tenir compte de leur spécificité[8].

Eh bien voilà ! Une fois la forme du processus temporel identifiée, le plus dur est fait[9]. Il ne reste ensuite plus qu'à estimer le modèle ! Pour cela, diverses méthodes statistiques usuelles peuvent être utilisées (les moindres carrés généralisés ou le maximum de vraisemblance, par exemple). Après l'estimation, vous n'aurez plus qu'à vérifier que le modèle est correct, c'est-à-dire que ses résidus sont indépendants et identiquement distribués selon une loi normale (vérification graphique ou tests statistiques). Le cas échéant, il est prêt à être employé pour une prévision.

Vous trouvez la méthode Box et Jenkins compliquée ? C'est dommage, car ce n'est qu'une mise en bouche avant de passer à des modèles plus complexes, éventuellement non linéaires : ARCH pour prendre en compte la volatilité des séries, VAR pour capter les interdépendances entre plusieurs séries temporelles, etc. sans compter d'autres approches non paramétriques issues d'autres champs académiques : filtres de Kalmann, ondelettes, et j'en passe. Mais ne fuyez pas ! Si vous vous retrouvez ponctuellement nez à nez avec des séries temporelles, une approche *machine learning* classique peut vous éviter des heures d'étude (même si nous ne saurions que trop vous recommander ce travail de recherche, car la théorie des séries temporelles est vraiment passionnante !). Ce sera l'objet du chapitre suivant.

À RETENIR La temporalité dans les modèles

Les séries temporelles sont des données ordonnées dans le temps. En statistique, des méthodes de modélisation spécifiques existent pour les traiter :

- les méthodes expotentielles de type Holt-Winters ;
- les méthodes probabilistes de type ARIMA.

Elles visent à intégrer des phénomènes propres à la temporalité : saisonnalités, tendances...

---

8. Précisément, une régression fallacieuse est générée par l'utilisation de séries temporelles intégrées non différenciées dans un modèle de régression linéaire. Ceci n'est pas vrai si elles sont cointégrées, c'est-à-dire si leur combinaison linéaire annule leurs tendances stochastiques. Dans ce cas, on considère qu'elles entretiennent une relation de long terme (on parle d'équilibre en économie), ce qui n'est pas le cas dans le cadre d'une régression fallacieuse.

9. Néanmoins, certains outils logiciels peuvent vous aider en trouvant à votre place la meilleure forme de modèle. Explorez par exemple la fonction `auto.arima` de la librairie R `forecast`.

Références

Nous avons cité dans l'introduction le terrible article sur les régressions fallacieuses de Granger et Newbold, en voici les références :

- Granger CWJ. et Newbold P. 1974. Spurious regressions in econometrics. *Journal of econometrics*, 2, p. 111-120.

Concernant les approches classiques en matière de séries temporelles, nous ne pouvons que recommander l'excellent ouvrage de Hyndman et Athanasopoulos.

- Hyndman RJ., Athanasopoulos G. 2013. *Forecasting: principles and practices*. OTexts.

La version en ligne : https://www.otexts.org/fpp

Par ailleurs, nombreuses sont les références traitant d'économétrie et de modélisation des séries temporelles. Elles peuvent parfois être assez difficiles d'accès, c'est pourquoi nous vous recommandons d'aborder le sujet à partir des références suivantes, très pédagogiques et donnant des formulations littéraires des différents concepts :

- César E. et Richard B. *Les séries temporelles*. Cours en ligne. http://georges.gardarin.free.fr/Surveys_DM/Survey_Time_Series.pdf

- Gujarati DN. 2004. *Économétrie*. De Boeck.

L'aperçu historique de Meuriot est lui aussi passionnant :

- Meuriot V. 2012. *Une histoire des concepts des séries temporelles*. L'Harmattan.

  Lisez-le, car en comprenant les motivations des grands théoriciens de l'économétrie et les problèmes qu'ils ont cherché à résoudre au fil du temps, on comprend beaucoup mieux l'état de l'art de la théorie des séries temporelles.

20

Machine learning et modélisation des séries temporelles

Principes

Pour rédiger ce chapitre, nous nous sommes inspirés d'articles tels que ceux de Busseti *et al.* (2012) ou Ahmed *et al.* (2010), qui ont une approche assez décomplexée et pragmatique de la modélisation des séries temporelles, mais aussi de nos succès personnels auprès de nos clients ou de concours de *data science*. Le principe est d'utiliser directement les algorithmes de *machine learning* présentés dans cet ouvrage.

La particularité vient dans la phase de préparation des données, qui consiste à transformer et à créer des variables nouvelles propres aux données temporelles (on retrouve des liens indirects avec certains phénomènes décrits précédemment). En termes de transformations, on peut retrouver celle de Box-Cox, le retrait de la tendance et des saisonnalités, de même que la différenciation des données.

Mais le vrai challenge d'une telle modélisation est de réaliser un travail de *feature engineering* propre aux séries temporelles. Tout d'abord, on peut évidemment utiliser les valeurs antérieures y_t, y_{t-1}, …, y_{t-n}, qui peuvent devenir des prédicteurs pour une valeur à prédire y_{t+h}. Mais un ensemble d'autres astuces peuvent être utilisées pour enrichir l'espace des prédicteurs.

En effet, comme nous l'avons montré dans le chapitre 19, les séries temporelles peuvent contenir un certain nombre de régularités : tendances, saisonnalités, etc. Cette dynamique permet d'anticiper l'évolution de telles séries de données. Néanmoins, les approches statistiques utilisées classiquement ne sont pas toujours faciles à utiliser lorsque l'on n'a pas le temps de se pencher en détail sur la théorie des séries temporelles. Nous proposons ici quelques méthodes qui permettent d'extraire facilement des régularités dans les données, sans imposer d'hypothèses statistiques rigides. Pour cela, l'objectif est d'extraire des *features* à partir d'une série temporelle, pour alimenter ensuite un algorithme classique de *machine learning*. On peut alors s'affranchir de la théorie des séries temporelles (ARIMA et autres) et se rapporter à une approche très classique de modélisation.

Nous proposerons également une approche originale qui permet d'insérer le concept de temps dans des données comportementales (navigation sur site web, par exemple) et qui est basée sur des algorithmes dits de *sequence mining*. On sort ici de l'approche usuelle des séries temporelles, car les valeurs mesurées ne sont plus des données continues, mais des indices comportementaux (tels que les pages visitées, les clics, etc.). Toutefois, cette approche trouve sa place ici car elle permet de constituer des variables composées de sous-séquences comportementales ordonnées.

Sachez qu'on ne se rattache pas ici à un corpus théorique formel, mais plus à des bonnes pratiques empiriques. Il n'y a pas de recommandations systématiques sur les transformations et les créations de variables à appliquer. C'est à vous de tester différentes configurations, afin de voir laquelle donnera le meilleur modèle. L'idée à retenir de ce chapitre est la suivante : n'ayez pas plus peur des séries temporelles que d'autres types de données. Amusez-vous avec, soyez créatifs, et nous sommes sûrs que vous ferez de beaux modèles !

Enfin, nous conclurons ce chapitre par deux petites sections, dédiées aux valeurs manquantes et à la validation croisée des modèles de séries temporelles. En effet, les méthodes présentées pour le cas général doivent être légèrement adaptées pour tenir compte de l'ordre des données.

Création de variables propres aux données ordonnées

Séries temporelles classiques

Le temps comme prédicteur

Cette méthode est très simple alors nous ne nous étendrons pas sur le sujet. Elle est directement issue des approches classiques de la modélisation des séries temporelles, lorsque l'on observe une série stationnaire en tendance (on dit aussi qu'elle suit un *trend* déterministe, que l'on distingue d'un *trend* stochastique). Dans ce cas, le temps devient lui-même une *feature* explicative de la tendance. Simulons un *trend* déterministe dans R :

```
time <- 1:100
x <- arima.sim(list(ar=0.3), 100) + time
```

x est donc une série stationnaire en tendance définie par un *trend* et un processus autorégressif AR(1). On modélise cette série en intégrant le vecteur time comme prédicteur :

```
model <- arima(x, c(1, 0, 0), xreg = time)
```

c(1, 0, 0) définit le processus ARIMA et xreg permet d'intégrer des variables explicatives. Nécessairement, on obtient un très bon modèle (figure 20-1).

Dans la pratique, si vous travaillez sur une série avec une tendance forte, n'hésitez donc pas à intégrer le temps comme variable explicative. Dans la base d'apprentissage, il correspond simplement à un vecteur allant de 1 à t pour une série $Y = y_1, y_2, ..., y_t$. Pour la prédiction, ce sera un vecteur allant de $t+1$ à $t+h$, h étant l'horizon de prévision.

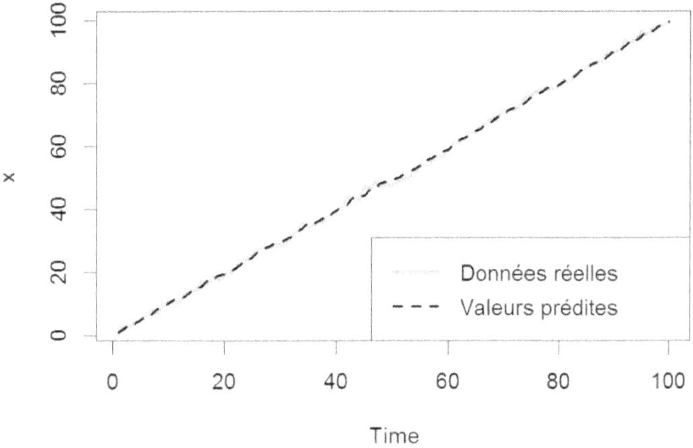

Figure 20-1 – *Modélisation d'un trend déterministe*

Création de variables catégorielles à partir de la date

Une astuce qui donne souvent de bons résultats consiste à créer des variables qualitatives à partir des informations contenues dans la date (évidemment, il faut disposer d'une date associée à chaque point de mesure). En effet, de la date brute peuvent être extraits de nombreux renseignements : l'heure de la journée ou des moments particuliers (matin, après-midi), le jour, le mois, le trimestre, entre autres. Toutes ces variables supplémentaires peuvent avoir un impact significatif sur la variable à prédire et il peut être avantageux d'intégrer ces informations au modèle prédictif.

En voici l'exemple à partir d'une série temporelle issue d'un concours datascience.net : le challenge Ecometering. Les données à modéliser sont des courbes de charge de consommations électriques issues de divers secteurs d'activités. Certaines d'entre elles présentent de fortes saisonnalités, qui se prêtent bien à l'utilisation de variables explicatives catégorielles basées sur la date. La figure 20-2 est un extrait de l'une de ces séries.

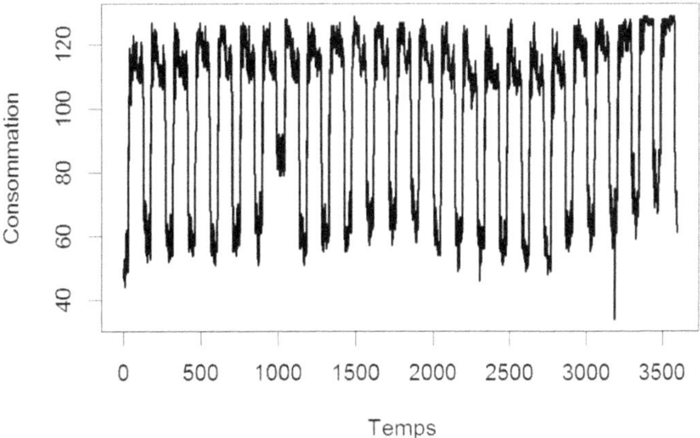

Figure 20-2 – *Une série de courbe de charge à modéliser*

La série temporelle correspond à un relevé de consommation effectué toutes les 10 minutes. Ainsi, à chaque valeur, est associée une date au format `JJ/MM/AAAA hh:mm` ; par exemple : `12/10/2013 17:10`. On a donc une matrice à deux dimensions : `DATE`, qui représente la date et `SERIE`, qui représente les valeurs enregistrées. Enrichissons cette matrice en extrayant des informations de la donnée `DATE`, grâce au logiciel R. En effet, nous pouvons penser que le jour de la semaine, l'heure, etc. peuvent avoir un impact sur la consommation énergétique. Tout d'abord, la série doit être déclarée au format date :

```
serie$DATE <- strptime(serie$DATE, "%d/%m/%Y %H:%M")
```

Sur cette base, R dispose d'un ensemble de fonctions qui permettent d'extraire le jour, le mois, etc. à partir d'une date :

```
serie$WEEKDAYS <- weekdays(serie$DATE)
serie$MONTHS <-  months(serie$DATE)
serie$QUARTERS <- quarters(serie$DATE)
```

La matrice s'enrichit ainsi de variables catégorielles (tableau 20-1).

Tableau 20-1. **La matrice enrichie de données catégorielles extraites de la date**

DATE	SÉRIE	WEEKDAYS	MONTHS	QUARTERS
2012-01-01 00:00:00	46	dimanche	janvier	Q1
2012-01-01 00:10:00	46	dimanche	janvier	Q1
2012-01-01 00:20:00	49	dimanche	janvier	Q1
2012-01-01 00:30:00	46	dimanche	janvier	Q1
2012-01-01 00:40:00	45	dimanche	janvier	Q1
2012-01-01 00:50:00	51	dimanche	janvier	Q1

On peut également souhaiter utiliser les heures comme variables catégorielles. Pour cela, nous allons décomposer la colonne `DATE`. On isole d'abord les informations horaires des informations relatives au jour en splittant le contenu de la colonne au niveau du caractère espace :

```
serie <- within(serie,
            DATE <- data.frame(do.call('rbind',
            strsplit(as.character(DATE), ' ', fixed = TRUE))))
```

Ce petit morceau de code va avoir pour effet de séparer en deux la colonne. `DATE` : `DATE$X1` contient les caractères à gauche de l'espace (les jours) et `DATE$X2` contient les caractères à droit de l'espace (les heures). On décompose ensuite de la même manière les différentes informations horaires (`DATE$X2`) séparées par le caractère ':', pour isoler les heures, les minutes et les secondes :

```
serie <- within(serie, DATE$X2 <- data.frame(do.call('rbind',
            strsplit(as.character(DATE$X2), ':', fixed = TRUE))))
```

On obtiendra donc `DATE$X2$X1` qui correspond aux heures, `DATE$X2$X2` qui correspond aux minutes et `DATE$X2$X3` qui correspond aux secondes (tableau 20-2).

Tableau 20-2. Décomposition du champ DATE

DATE.X1	DATE.X2.X1	DATE.X2.X2	DATE.X2.X3	SERIE	WEEKDAYS	MONTHS	QUARTERS
2012-01-01	00	00	00	46	dimanche	janvier	Q1
2012-01-01	00	10	00	46	dimanche	janvier	Q1
2012-01-01	00	20	00	49	dimanche	janvier	Q1
2012-01-01	00	30	00	46	dimanche	janvier	Q1
2012-01-01	00	50	00	45	dimanche	janvier	Q1
2012-01-01	00	40	00	51	dimanche	janvier	Q1

Et voilà ! Nous avons toutes les *features* nécessaires pour créer un modèle expliquant les fluctuations de la courbe de charge. Libre à vous d'utiliser l'algorithme d'apprentissage qui vous inspire le plus à partir de ces variables catégorielles nouvellement créées. Pour vous montrer leur valeur, utilisons-les dans le cadre d'un simple modèle linéaire qui modélise la courbe de charge en fonction des valeurs WEEKDAYS, MONTHS et DATE$X2$X1 :

```
model <- lm(SERIE ~ WEEKDAYS + MONTHS + DATE$X2$X1, data = serie)
```

R va automatiquement créer les niveaux WEEKDAYSlundi, WEEKDAYSmardi, etc. HOUR01, HOUR02, etc. pour chacune des variables. Il va ensuite calculer un modèle associant un coefficient à chacun de ces niveaux qui permettra de quantifier leur influence sur la consommation énergétique considérée, comme le montre la figure 20-3.

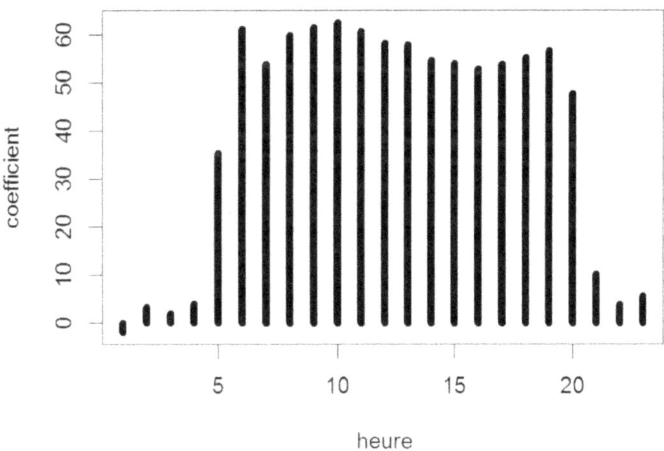

Figure 20-3 – *Les paramètres des niveaux de la variable « heure », calculés par régression linéaire*

On constate que les heures qui pèsent le plus sur la consommation sont comprises entre 5 h et 20 h, ce qui semble assez naturel.

Par ailleurs, ce modèle est bien explicatif puisqu'il exprime plus de 90 % de la variabilité de la série observée (attention, ces résultats sont à confirmer en validation croisée), comme le montre la figure 20-4.

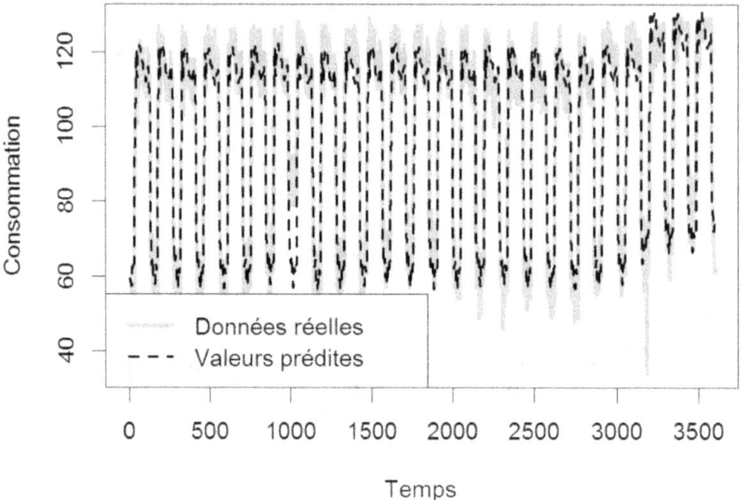

Figure 20-4 – *Le modèle : données observées et valeurs prédites*

Et voilà, nous avons réalisé un modèle de série chronologique simplement en créant des variables additionnelles et en utilisant un algorithme on ne peut plus classique, sans recours aux concepts propres à la théorie des séries temporelles. Les valeurs à venir des variables de type date, heure, etc. nous suffiront ensuite à produire des prévisions pour cette série.

Nous vous proposons une dernière petite astuce qui permet d'adapter les modélisations à certains moments particuliers, pour les cas où l'on observe des comportements différents selon les périodes. Par exemple, un système modélisé peut se comporter différemment selon qu'on soit un jour du week-end ou un jour de la semaine. Dans ce cas, on peut s'inspirer des méthodes statistiques de régression par morceaux (telles que *piecewise* ou *segmented regression*). L'idée est très simple : on calcule différents modèles en fonction des valeurs de l'une des variables prédictives. Par exemple, imaginons un simple modèle linéaire caricatural, tenant simplement compte d'une différence de comportement entre semaine et week-end. Le modèle sera :

$$\begin{cases} Y_t = \alpha_0 + \alpha_1 x_1 \ \ pour \ \ x_1 = \{lundi, \ mardi, \ mercredi, \ jeudi, \ vendredi\} \\ Y_t = \alpha_0' + \alpha_1' x_1 \ \ pour \ \ x_1 = \{samedi, \ dimanche\} \end{cases}$$

Extraction de signaux invariants

L'objectif de la méthode évoquée ici est de définir un espace le petit plus possible qui permette de construire une représentation simplifiée d'une série temporelle, grâce à quelques dimensions représentant des caractéristiques marquantes de la série considérée. Ces dimensions peuvent être employées comme des *features* qui peuvent être ensuite injectées dans un algorithme de modélisation quelconque. L'approche la plus connue dans ce domaine est familière aux lecteurs issus de prépas scientifiques : c'est la transformée de Fourier discrète, qui permet de décomposer les saisonnalités d'un signal par des sommes de fonctions trigonométriques. Mais il existe aussi beaucoup d'autres méthodes, dont chacune apporte une perspective différente de la décomposition d'une série chronologique (voir par exemple Ding *et al.*, 2008, pour un aperçu).

Dans le cadre de cet ouvrage, nous présenterons une méthode originale et assez peu connue : la *singular spectrum analysis* (SSA). Elle se base sur un algorithme typique de la *data science*, l'analyse en composantes principales, et c'est pourquoi nous avons choisi de parler de cette approche plutôt que d'une autre. Présenter la SSA en détail prendrait beaucoup de pages. Nous nous contenterons donc ici d'en exposer les grandes lignes, en laissant le lecteur intéressé se tourner vers l'un des ouvrages de référence en la matière : Golyandina *et al.* (2001).

La SSA permet d'extraire des caractéristiques potentiellement complexes d'une série chronologique (des saisonnalités multiples, par exemple), avec un seul algorithme simple. Pour cela, la série temporelle univariée $Y = y_1, y_2, ..., y_t$ est transformée en une matrice multivariée X appelée matrice de trajectoire, telle que :

$$X = \begin{bmatrix} y_1 & y_2 & \cdots & y_i \\ y_2 & y_3 & \cdots & y_{i+1} \\ \vdots & \vdots & \ddots & \vdots \\ y_L & y_{L+1} & \cdots & y_t \end{bmatrix}$$

où L est une fenêtre d'analyse fixée par l'analyste. On peut jouer sur ce paramètre pour affiner l'analyse. Dans le doute, choisir d'abord la valeur $t/2$, souvent prise par défaut, ou bien un multiple de la périodicité naturelle de la série si vous la connaissez, puis testez d'autres valeurs pour voir si elles améliorent les résultats. On peut aussi procéder en réalisant plusieurs analyses avec différentes valeurs de L. L'astuce consiste ensuite à appliquer à X un algorithme du type analyse en composantes principales. Les principes de cet algorithme sont présentés au chapitre 15 de ce livre, nous ne les détaillerons donc pas ici. Retenez simplement que cette analyse va nous permettre d'extraire des axes de direction qui expriment au mieux la variabilité de la matrice de trajectoire. On regroupe ensuite les axes de direction qui portent des informations similaires (par exemple, des signaux similaires, mais déphasés). Ensuite, on retient un certain nombre de ces groupes d'axes pour reconstruire la série.

Ainsi, cette reconstruction est une sorte de représentation « débruitée » de la série d'origine, constituée uniquement des principales sources de variation exprimées dans la matrice de trajectoire. Généralement, ces variations principales seront des tendances, des saisonnalités, etc. Dans le cadre d'un usage *machine learning*, nous proposons d'utiliser ces grandes sources de variation comme des *features* additionnelles visant à enrichir le modèle.

Voyons comment cette approche peut être mise en œuvre dans R, grâce à la librairie `Rssa`. Notons que nous ne ferons pas une analyse approfondie ici. Une étude SSA complète est bien plus détaillée ; référez-vous aux références fournies pour plus de détails. Nous montrerons simplement comment on peut utiliser cette méthode pour rapidement extraire des prédicteurs utilisables dans le cadre d'un modèle de *machine learning*.

Réexaminons la série Ecometering présentée plus haut. Tout d'abord, décomposons la série avec la méthode SSA (nous ne spécifions pas le paramètre L, c'est donc la valeur par défaut qui sera prise en compte) :

```
require(Rssa)

serieSSA <- ssa(serie$SERIE)
```

Rssa fournit un ensemble de fonctions de visualisation très intéressantes pour analyser et affiner la décomposition du signal que nous ne détaillerons pas ici. Pour rassembler les signaux décomposés similaires, nous utilisons une fonction de *clustering* utilisant la matrice de corrélation des composantes principales comme mesure de dissimilarité (voir le chapitre sur le *clustering* pour plus de détails sur cette notion). Regroupons les cinq premières composantes en trois groupes :

```
serieCluster <- clusterify(serieSSA, group = 1:5, nclust=3)
```

À partir des résultats de cette étape, on peut définir le signal par regroupement des composantes appartenant aux mêmes *clusters*. La composante 1 correspond à une tendance, les composantes 2 et 3 à un premier signal saisonnier et les composantes 4 et 5 à un deuxième signal saisonnier :

```
serieReconstruite <- reconstruct(serieSSA,
                groups = list(TREND = 1, S1 = c(2,3), S2 = c(4:5)))
```

On peut ainsi proposer une reconstruction de la série, en additionnant les groupes TREND, S1 et S2 définis, comme le montre la figure 20-5.

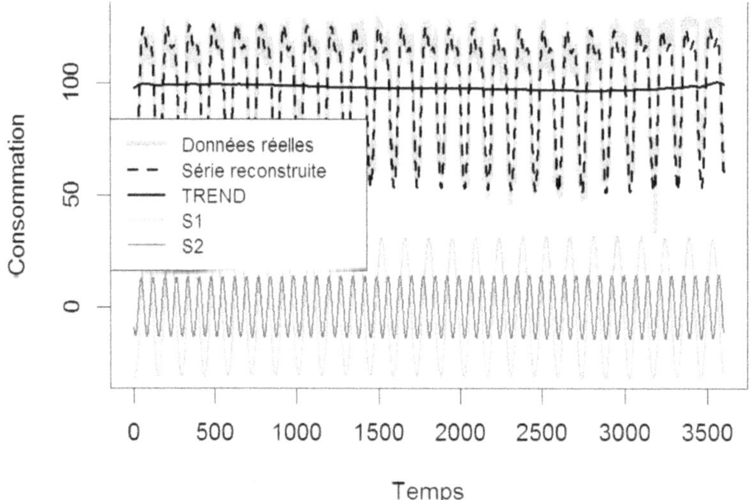

Figure 20-5 – *Reconstruction de la série chronologique à l'aide de l'algorithme SSA*

Si on utilisait ces variables reconstruites, TREND, S1 et S2, pour modéliser la série chronologique avec une simple régression linéaire par exemple, plus de 86 % de la variance serait expliquée.

Dans le cadre d'un usage prédictif, on pourrait prédire les valeurs à venir des variables TREND, S1et S2 (fonctions bforecast et vforecast de la librairie Rssa) et utiliser ces prédictions pour enrichir l'espace des prédicteurs de la série.

Calcul de moyennes mobiles

Une dernière astuce consiste à définir des variables destinées à capter des effets retardés à court terme ou à long terme dans la série, en calculant des moyennes mobiles pour différentes tailles J_i de fenêtres d'agrégations :

$$y\_MA_{i,t} = \frac{1}{J_i} \sum_{j=t-J_i+1}^{t} y_j$$

pour différentes valeurs de i.

On peut utiliser la librairie TTR dans R, qui permet de calculer diverses variétés de moyennes mobiles. Pour une série x, on va ainsi calculer plusieurs moyennes mobiles de fenêtre n. On crée pour cela un vecteur de fenêtres de moyennes mobiles, que l'on nomme FENETRE et qui comprend par exemple les valeurs 2, 3, 5, 8, 13, 21, 34, 55, 89. Grâce à ce vecteur, on calcule les nouvelles séries de moyennes mobiles :

```
require(TTR)

for (i in FENETRE) {
  print(paste("calcul moyenne mobile", i))
  assign(paste("MA", i, sep=""),
         SMA(serie, i))
}
```

On va intégrer ces résultats dans une matrice globale, pour analyse. Pour cela, on crée une matrice contenant toutes les séries de moyennes mobiles, puis on joint cette nouvelle matrice à la matrice weekdat, dans un index commun que l'on aura préalablement créé :

```
## INDEX
serie$INDEX <- 1:nrow(serie)

## Matrice d'écart aux moyennes mobiles
matrice0 <- paste("cbind(INDEX = serie$INDEX,",
                  paste(paste("MA", FENETRE, "=MA", SEQ, sep =""),
                  collapse = ", "), ")", sep = "")

matrice <- as.data.frame(eval(parse(text = matrice0)))

## On joint les deux matrices
require(plyr)

serieFinale <- join(serie, matrice, by = "INDEX",
                    type = "left", match = "first")
```

Ces nouvelles *features* peuvent ensuite être utilisées dans un modèle prédictif. Si on les utilise à nouveau sur nos données dans le cadre d'un modèle de régression linéaire, on constate que ce sont plutôt les fenêtres d'effets à long terme qui sont significatives. En retirant les fenêtres 2, 3 et 5 du modèle, on arrive à expliquer près de 90 % de la variabilité de la courbe de consommation. Notez que, dans le cadre d'un usage en prédiction, on reste limité par la taille de la fenêtre temporelle (un historique de données récent est nécessaire pour réaliser la prévision). Pour cette raison, cette approche n'a que peu d'intérêt dans une forme de modélisation univariée, telle que présentée ici.

Elle prend toutefois tout son intérêt dans un cadre multivarié, où le calcul systématique des <u>écarts</u> aux moyennes mobiles des variables explicatives permet de donner une information importante concernant la dynamique du système, afin de modéliser l'état d'une variable de sortie. Pour cela, on calcule donc l'écart de la valeur de y_t avec la moyenne mobile $y\_MA_{i,t}$, par exemple avec la simple fonction suivante :

```
require(TTR)

ecartMoyenneMobile <- function(yt, i) {
    yt - SMA(yt, n = i)
}
```

Ainsi, pour différentes profondeurs d'historique, on va avoir une information sur l'état des séries observées par rapport à leurs états moyens lors des J_i observations précédentes. Cette approche permet d'extraire empiriquement des propriétés globales du système à modéliser, en captant ce que l'on pourrait qualifier d'« effets mémoire », à plus ou moins long terme. Utiliser plusieurs valeurs de J_i permet de capter plusieurs niveaux de ces effets globaux sur une variable à expliquer. Nous parlerons du mode d'utilisation des moyennes mobiles plus concrètement dans le chapitre 21.

Données comportementales : création de features par extraction de motifs séquentiels

Problème

Comme indiqué au début de ce chapitre, nous sommes ici dans un cas très particulier de temporalité, qui se modélise complètement différemment des autres séries temporelles. Cette approche de création de *features* est recommandée lorsque l'on cherche à analyser des « comportements ». En effet, de nombreux problèmes de *data science* reviennent à considérer des sources de données traçant diverses actions humaines qui laissent une empreinte numérique (navigation web, utilisation de téléphones mobiles, etc.). Sous leur forme brute, ces données sont difficiles à appréhender. Pourtant, il est légitime de penser qu'elles sont une source d'information importante pour comprendre les comportements des personnes les générant. Imaginez le parcours web d'un client d'un site marchand en ligne. Pris dans sa globalité, il va très certainement contenir de nombreux clics et des visites de pages erratiques, sans réel intérêt pour comprendre les intentions du client. Mais on peut aussi penser que certains enchaînements d'actions assez précis peuvent être révélateurs d'un comportement d'intérêt. Par exemple, l'on pourrait constater que tous les consommateurs qui ont acheté un article donné ont successivement consulté telle page et telle autre page, puis cliqué sur tel bouton. Les méthodes d'analyse de motifs séquentiels (*sequence mining*, en anglais) permettent d'identifier ces séquences comportementales, particulièrement intéressantes de par leur propension à anticiper un événement cible. Le tableau 20-3 résume quelques exemples de cas d'application où nous avons pu expérimenter ce type d'approche lors de nos missions chez OCTO (on considère plutôt des valeurs à prédire binaires, mais rien n'empêcherait d'autres cas de figure).

Tableau 20-3. Des exemples de cas d'application de la création de features par analyse de motifs séquentiels

Source de données	Information contenue	Événement cible à prévoir
Logs web	Parcours d'internautes sur un site web	Achat en ligne d'un produit
Base de tickets de caisse d'un magasin	Comportements d'achat des clients	Influence d'une campagne commerciale
Données bus CAN[1] d'une automobile	Comportement du conducteur et du véhicule	Distraction du conducteur

En pratique, la question qui se pose est la suivante : parmi toutes les actions enregistrées dans les sources de données, comment repérer uniquement des enchaînements courts de séquences qui sont précurseurs de l'événement à prévoir ? Pour cela, on utilise les algorithmes d'analyse de motifs séquentiels.

L'analyse des motifs séquentiels

Ces algorithmes sont un prolongement des algorithmes de règles d'association issus du monde du marketing. Leur champ d'application initial est l'analyse du panier d'achats, pour identifier des règles du type « SI achat de pain et de vin ALORS achat de Boursin ». L'analyse des motifs séquentiels va un peu plus loin en introduisant la notion de temps, d'ordre, en prenant donc en compte la chronologie des événements. Dans ce cas, on cherche à répondre à une question du type : « mes clients achètent-ils du Boursin après avoir acheté du pain et du vin ? ». Si oui, la séquence pourrait être représentée ainsi : `<(pain,vin) (Boursin)>` si le client a simultanément acheté du pain et du vin, puis du Boursin, ou `<(pain) (vin) (Boursin)>` si le client a acheté du pain, puis du vin, puis enfin du Boursin.

Il existe de nombreux algorithmes pour réaliser ce type de fouille de données : SPADE (*Sequential pattern discovery using equivalence classes*), PrefixSpan (*Prefix-projected sequential pattern mining*), GSP (*Generalized Sequential Pattern*). Pour une présentation très intéressante et accessible des principaux algorithmes, le lecteur pourra consulter Masseglia *et al.* (2004). Concrètement, ces algorithmes vont dépouiller de façon systématique des données comportementales représentées sous la forme de longues séquences d'actions. Cette fouille systématique va permettre d'identifier les sous-séquences les plus fréquentes, appelées *k*-séquences en fonction du nombre *k* d'événements qu'elles contiennent, comme l'illustre la figure 20-6.

---

1. Le bus de terrain CAN (*Controller Area Network*) est un standard technique adopté notamment par le secteur de l'automobile pour gérer l'ensemble des données produites par l'électronique embarquée des véhicules modernes (le freinage, l'ABS, les airbags, etc.).

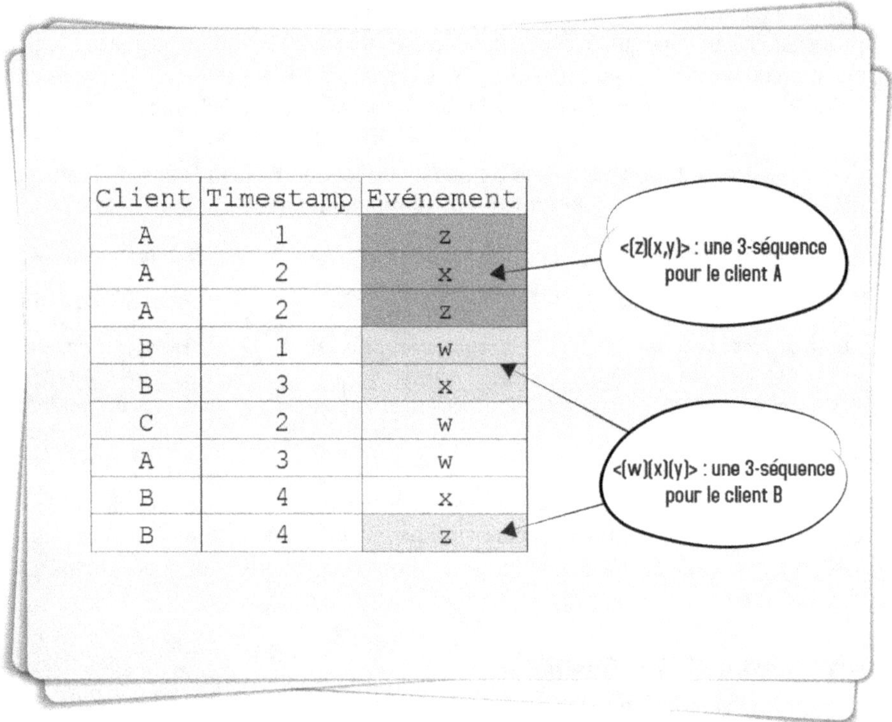

Figure 20-6 – *Recherche de k-séquences*

Pour qu'une *k*-séquence soit étiquetée comme fréquente, donc retenue dans les résultats de l'analyse, il faut qu'elle apparaisse un nombre significatif de fois chez l'ensemble des individus de la base. Autrement dit, il faut que sa fréquence d'occurrence soit supérieure à un certain seuil, appelé support, qui est fixé par l'analyste. Selon l'algorithme utilisé, ces analyses peuvent être enrichies par l'ajout de contraintes conditionnant la fouille des événements : fenêtres temporelles, intervalle de temps minimum entre événements, séquences non contigües, etc.

Analyse discriminante et feature engineering

Dans le cadre du *feature engineering*, ces algorithmes prennent tout leur intérêt lorsqu'on les complète par une analyse discriminante (voir Studer *et al.*, 2010). Ce type d'analyse va permettre de trouver les *k*-séquences qui différencient le mieux différentes populations cibles. Par exemple, on retrouve telles *k*-séquences avec un support élevé chez tous les acheteurs de ce produit, alors que chez ceux qui ne l'achètent pas, on retrouve des *k*-séquences à support élevé très différentes. Ce type d'analyse est résumé ci-après.

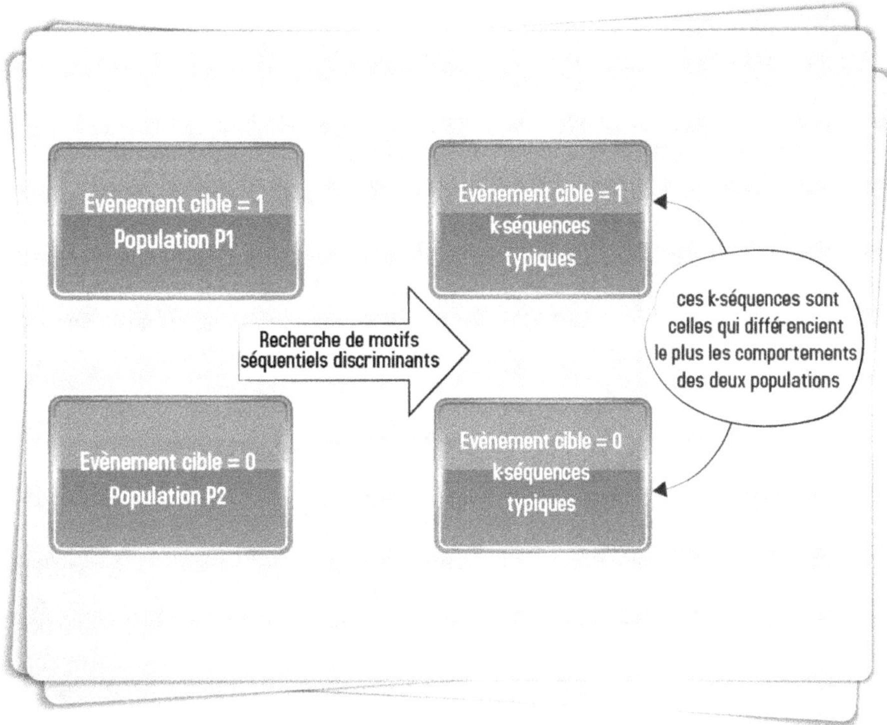

Figure 20-7 – *Le principe de l'extraction de motifs séquentiels discriminants pour un événement cible donné*

Vous comprenez sans doute désormais pourquoi l'extraction de motifs séquentiels est un outil de choix pour faire du *feature engineering*. Les k-séquences les plus discriminantes par rapport à un événement cible à prédire (achat/non achat, par exemple) vont devenir les *features* d'un modèle, sous la forme de variables binaires (observation/non observation de la k-séquence). On obtient alors des bases d'apprentissage semblables au tableau 20-4.

Tableau 20-4. **La base d'apprentissage constituée à partir de k-séquences discriminantes**

Individu	*k*-séquence 1	*k*-séquence 2	...	Événement cible à prédire
A	1	0	...	0
B	1	1	...	1
...	...	...	...	

On peut alors appliquer les algorithmes de *machine learning* que nous connaissons bien à ce type de base. Ainsi, un événement cible pourra être prédit à l'aide d'un modèle prédictif en fonction de l'occurrence de certains motifs séquentiels préalablement identifiés grâce à l'analyse discriminante. Bien évidemment, rien n'empêche d'enrichir cet espace des *features* par d'autres variables pouvant apporter de l'information au sujet des individus de la base (des données marketing, par exemple).

Définition des séquences : exemple avec R

Cet exemple est issu d'une mission chez l'un de nos clients du secteur bancaire. L'application présentée est réalisée avec l'excellente librairie R `TraMineR`[2]. En pratique, elle est un peu lente pour la fouille de très gros volumes de données. Pour des usages en production, nous utilisons une application spécifique développée en C#. Néanmoins, `TraMineR` donne d'excellents résultats pour des pré-études, notamment grâce à de bons outils de visualisations.

Dans le cadre de cette étude, nous disposons d'une large base comportementale contenant l'ensemble des parcours clients sur une période donnée. Ces parcours contiennent les événements bancaires significatifs (ouverture/fermeture de compte, souscription crédit, etc.) et les différents contacts avec la banque via différents médiums (web, contacts à l'agence, appels téléphoniques VoIP, campagnes publicitaires, etc.). Le tableau 20-5 fournit un exemple de cette base comportementale.

Tableau 20-5. Un extrait de la base comportementale

codecli	date	typ	event
A	2013-09-17	OUVERTURES	LIVRET ÉPARGNE POPULAIRE
B	2013-08-23	CONTACT	MAILING
C	2013-09-18	VOIPin	call
D	2013-09-01	CONTACT	RELEVÉ DE CPTE
E	2013-08-23	CONTACT	À L'AGENCE
F	2013-08-23	CONTACT	MAILING

`codecli` contient le code client, `date` et `typ` sont respectivement la date et le type de l'événement, et `event` ajoute des détails concernant ce dernier. Par exemple, on voit que le 23/08, le client B a eu un contact de type mailing avec sa banque. Ce même jour, le client E a aussi eu ce contact mailing, mais il a en plus eu un contact en agence avec sa banque.

À partir de cette base, on souhaite extraire des séquences comportementales typiques précurseurs d'un événement cible. Par exemple, que se passe-t-il avant l'ouverture d'un plan d'épargne logement. Et surtout, sommes-nous capables d'identifier des séquences comportementales spécifiques à ceux qui vont ouvrir un PEL ? Ainsi, on pourrait bâtir un modèle prédictif qui, en fonction du comportement du consommateur, va pouvoir anticiper la volonté d'ouvrir un PEL et la banque pourra sur cette base définir des actions commerciales appropriées.

Pour cela, nous modifions quelque peu la base en ajoutant un tag `CIBLE/NON CIBLE`, pour identifier respectivement les populations ayant ouvert un PEL de celles n'en ayant pas ouvert. On va alors créer deux objets R qui vont être analysés avec `TraMineR` :

* `comportementCible` : un *data frame* qui contient toutes les séquences comportementales avant ouverture d'un PEL pour la population cible

---

2. http://mephisto.unige.ch/traminer/

- `comportenementNonCible` : un autre data frame qui contient toutes les séquences comportementales de la population non cible.

Transformons alors ces *data frames* au format requis par `TraMineR` pour définir les séquences comportementales :

```
require(TraMineR)

sequenceCible <- seqecreate(id = as.factor(comportementCible$codecli),
                       Timestamp = as.factor(comportementCible$date),
                       Event = as.factor(comportementCible$event))

sequenceNonCible <- seqecreate(id =
                          as.factor(comportementNonCible$codecli),
                             timestamp =
                          as.factor(comportementNonCible $date),
                                event =
                           as.factor(comportementNonCible$event))
```

On peut alors rechercher les séquences les plus fréquentes pour l'une des populations (la population cible ici) avec la commande suivante :

```
seqFrequenteCible <- seqefsub(sequenceCible, minSupport = 200, maxK = 3)
```

`minSupport` est le support minimum pour qu'une *k*-séquence soit considérée comme fréquente, `maxK` est la taille maximale de la séquence (ici, des 3-séquences). On peut ajouter des contraintes de recherche supplémentaires avec l'argument `constraint` : référez-vous à la documentation de la librairie pour plus de détails.

Mais le plus intéressant est bien sûr l'analyse discriminante qui nous permet d'identifier les séquences qui discriminent le mieux les deux sous-populations. Pour cela, nous créons un *data frame* global à analyser :

```
dfGlobal <- rbind(comportementCible, comportementNonCible)
```

Nous construisons aussi un vecteur qui permettra d'associer le tag `CIBLE/NON CIBLE` aux deux sous-populations :

```
tag <- c(rep("CIBLE", length(sequenceCible)),
         rep("NON CIBLE", length(sequenceNonCible)))
```

Comme précédemment, on crée les séquences et on recherche les *k*-séquences fréquentes :

```
sequenceGlobale <- seqecreate(id = as.factor(dfGlobal$codecli),
                         timestamp = as.factor(dfGlobal$date),
                         event = as.factor(dfGlobal$event))

seqFrequenteGlobale <- seqefsub(sequenceGlobale, minSupport=200,
                         maxK = 3)
```

Nous sommes désormais prêts à réaliser l'analyse discriminante, qui va mettre en exergue les sous-séquences les plus distinctives des deux groupes marqués `CIBLE`/`NON CIBLE`. TraMineR se base pour cela sur la statistique du khi-deux d'écart à l'indépendance (voir la documentation de la librairie pour plus de détails) :

```
AnalyseDiscriminante <- seqecmpgroup(subseq = seqFrequenteGlobale,
                                     group = tag)
```

On peut à présent visualiser les résultats, par exemple les dix fréquences les plus discriminantes :

```
plot(AnalyseDiscriminante[1:10])
```

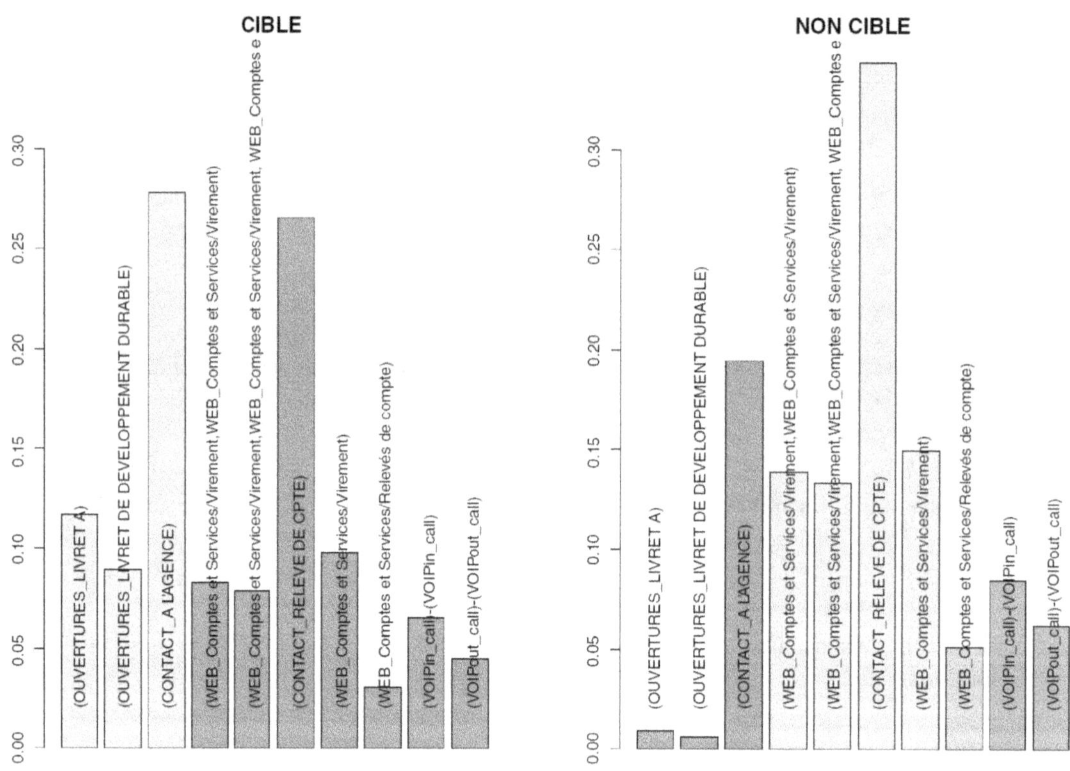

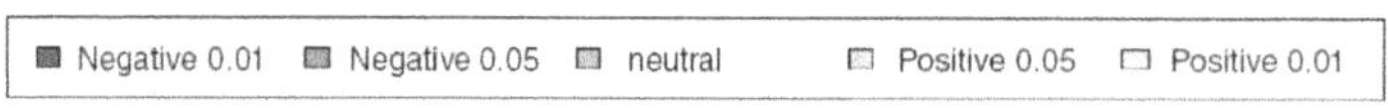

Figure 20-8 – L'analyse discriminante avec TraMineR

Le graphique 20-8 s'interprète comme suit : on constate que pour la population cible, on a observé des 1-séquences `<(Ouverture Livret A)>`, `<(Ouverture LDD)>` et `<(Contact à l'agence)>` avant la souscription d'un PEL beaucoup plus fréquemment que chez la population non cible. À l'inverse, on voit par exemple qu'il ressort beaucoup plus de 2-séquences et 3-séquences composées de parcours web chez la population non cible que chez la population cible.

Ainsi, ces séquences nous permettront de construire un modèle prédictif qui anticipera l'ouverture d'un PEL, par exemple en fonction de l'ouverture d'un livret A ou d'un LDD. On va pour cela créer une base d'apprentissage, dont la 1-séquence `<(Ouverture Livret A)>` sera par exemple une variable explicative binaire (tableau 20-6).

Tableau 20-6. Un exemple de base d'apprentissage constituée à partir de *k*-séquences discriminantes

Client	<(Ouverture Livret A)>	<(Ouverture LDD)>	<(Contact à l'agence)>	<(web,web)>	...	Ouverture PEL (événément à prédire)
X	1	1	1	0	...	1
Y	0	0	0	1	...	0
...	...	...	...	...	...	...

Cette base permettra d'entraîner un modèle prédictif de l'ouverture d'un PEL. Le modèle pourra ensuite être utilisé pour anticiper en temps réel le comportement à venir du client. Il permettra ainsi à la banque d'être proactive dans la gestion de la relation commerciale de la population cible, et ce en lui proposant automatiquement, via le média le plus approprié, d'ouvrir un PEL lorsque le modèle aura prédit une telle ouverture. Bien sûr, dans la réalité, le modèle est plus complexe : il comprend beaucoup plus de *k*-séquences et intègre des données externes, issues notamment de la segmentation marketing et des caractéristiques socio-démographiques des clients.

Traitement des valeurs manquantes

Dans le cas des séries temporelles, on évitera au maximum de supprimer les observations comprenant des valeurs manquantes (analyse de données complètes). En effet, on risque de « casser » la dynamique temporelle observable dans les données. On va donc privilégier les méthodes d'imputation. En plus des méthodes déjà présentées dans le chapitre consacré aux méthodes « classiques », certaines autres méthodes peuvent être utilisées pour des enregistrements répétés.

- Imputation de la dernière observation ou de l'observation suivante : on fait l'hypothèse que la vraie valeur reste inchangée depuis la dernière mesure, ou est la même que la prochaine.

- Méthodes d'interpolation linéaire, polynomiale, ou autre, qui permettent de « reconstruire » la série temporelle à partir d'un nombre fini de points d'observations.

Validation croisée pour les séries temporelles

Les séries temporelles sont des observations ordonnées chronologiquement. Ainsi, contrairement aux données non temporelles, leur ordre a une importance dont il faut tenir compte lors de la validation croisée. Pour cela, deux approches sont possibles (Hyndman et George Athanasopoulos, *Forecasting: principles and practice*, 2013) :

- estimation du modèle sur un sous-échantillon dont la taille augmente de façon incrémentale, en tenant compte de l'ordre temporel des données, la prévision étant faite sur les valeurs postérieures à cet échantillon, pour un horizon de prévision donné ;

- estimation du modèle sur un groupe défini par une fenêtre glissante de taille fixe, la prévision étant réalisée sur les valeurs postérieures à cet échantillon, pour un horizon de prévision donné.

L'augmentation de la taille du sous-échantillon de modélisation (cas 1) ou le glissement de la fenêtre de modélisation (cas 2) peuvent se faire observation par observation pour les petits jeux de données. Pour les jeux de données plus conséquents, on utilisera plutôt des incréments de plusieurs observations, afin de réduire le nombre de calculs à réaliser. Nous reparlerons de cette forme spécifique de validation croisée dans l'étude de cas qui va suivre.

> **À RETENIR *Machine learning* et modélisation des séries temporelles**
>
> Les algorithmes usuels de *machine learning* peuvent être utilisés pour la modélisation des séries temporelles.
>
> Pour cela, une attention particulière devra être apportée lors de la phase de création de variables, de façon à pouvoir capter des spécificités liées à l'organisation dans le temps des données.
>
> Par ailleurs, la gestion des valeurs manquantes et la validation croisée doivent aussi tenir compte de l'ordre des données.

Références

Les articles cités au sujet de l'approche *machine learning* sont les suivants :

- Busseti E., Osband I., Wong S. 2012. Deep learning for time series modeling. *CS 229 final project report*.

- Ahmed NK., Atiya AF., El Gayar N., El-Shishiny H. 2010, An empirical comparison of machine learning models for time series forecasting. *Econometric Reviews*, 29:5, p. 594-621.

L'article ci-dessous dresse un panorama des méthodes de création d'espaces d'observation des séries temporelles (SSA et autres) :

- Ding H., Trajcevski G., Scheuermann P., Wang X., Keogh E. 2008. Querying and mining of time series data: experimental comparison of representations and distance measures. *Proceedings of VLDB Endowment*, 1:2, p. 542-1552.

Pour les personnes qui souhaiteraient creuser plus loin la théorie de l'approche SSA, nous recommandons le livre très complet suivant :

- Golyandina N., Nekrutkin V., Zhigljavsky A. 2001. *Analysis of time series structure – SSA and related techniques*. Chapman & Hall.

Et pour un aperçu plus rapide, l'article suivant présente très bien les grandes lignes de la théorie, ainsi que son application dans R :

- Golyandina N., Korobeynikov A. 2013. Basic singular spectrum analysis and forecasting with R. *Computational Statistics and Data Analysis*, 71, p. 934-954.

Concernant les méthodes d'analyse des motifs séquentiels, voici l'excellent article de Masseglia *et al.* (2004) qui a été cité :

- Masseglia F., Teisseire M., Poncelet P. 2004. Extraction de motifs séquentiels. In *Motifs et méthodes, Ingénierie des Systèmes d'Information*, 9:3-4, p. 83-210.

Pour des détails pratiques concernant l'implémentation d'un algorithme d'extraction de motifs séquentiels dans R, incluant notamment une fonctionnalité d'analyse discriminante, voir :

- Studer M., Müller NS., Ritschard G., Gabadinho A. 2010. Classer, discriminer et visualiser des séquences d'événéments. Dans les *Actes de la conférence Extraction et Gestion des Connaissances*, p. 37-48.

Enfin, au sujet de la validation croisée des séries temporelles, Hyndman et Athanasopoulosy consacrent un bref, mais clair paragraphe dans leur excellent livre :

- Hyndman RJ., Athanasopoulos G. 2013. *Forecasting: principles and practices*. OTexts.

  La version en ligne : https://www.otexts.org/fpp.

21

Un cas pratique de modélisation : rendement d'une colonne de distillation

Présentation du cas

Ce cas est tiré de l'une de nos missions de conseil auprès d'un leader mondial de l'industrie chimique. L'objectif est de prédire le rendement (en pourcentage) d'un dispositif de distillation. Cette étape d'un processus de production industrielle complexe a pour objectif de séparer de l'air en plusieurs gaz. Pour un gaz g donné, ce rendement R est donné par la relation suivante :

$$R_g = \frac{Q_g}{Q_{air}}$$

où Q_g représente la quantité de gaz sortant du dispositif de distillation et Q_{air} la quantité de gaz entrante (en nombre de molécules). Certains gaz impliquent des dispositifs de distillation complexes, requérant plusieurs composants chimiques qui réagissent au travers de boucles de rétroaction. Ces réactions sont parfois difficiles à anticiper industriellement. En effet, les modèles théoriques sont bien connus, mais dans le cadre d'une production industrielle, de nombreux facteurs non modélisés théoriquement peuvent les perturber. En conséquence, le rendement n'est pas toujours facile à anticiper. Pour cette raison, notre objectif est de réaliser un modèle qui ne serait pas basé sur une modélisation théorique chimique ou thermodynamique connue, mais uniquement sur l'analyse des données observées. Ce modèle doit être capable de prédire le rendement en gaz d'un dispositif de distillation 20 minutes en avance.

Pour cela, nous avons à notre disposition l'ensemble des données récoltées par les capteurs d'une usine de production (températures, pressions, concentrations chimiques, etc. à toutes les étapes du flux de traitement). Nous utilisons environ une année de données enregistrées toutes les cinq minutes. Cela représente un tableau d'analyse de plus de 100 000 lignes. Notre modèle consiste donc à calculer R_g en fonction de toutes les variables d'entrée de la colonne de distillation, soit 15 points de mesure. Ce travail de modélisation permet de mettre en évidence plusieurs spécificités propres à la modélisation des séries temporelles évoquées dans le chapitre précédent :

- la création de variables ;

- et la validation croisée.

De plus, cette étude va permettre de mettre en évidence une caractéristique inhérente à pratiquement tout travail sur les séries temporelles : l'instabilité structurelle, qu'il convient de prendre en compte lorsque l'on travaille sur des données réelles.

Définition du modèle

Nous sommes en présence d'un problème supervisé de régression, de forme générale :

$$R_{g\ t+4} = f\left(x_{tj}\right)$$

R_{gt+4} est la prévision de rendement à l'horizon 20 minutes (4*5 minutes) faite à l'instant t et x_{tj} la valeur de la variable d'entrée j à l'instant t. La valeur à prédire sera donc une fonction de l'ensemble des 15 mesures entrantes du dispositif de distillation (soit $j = 15$).

Pour ne pas baser notre modèle uniquement sur les X_j, nous enrichissons l'espace des variables d'entrée par la méthode des écarts aux moyennes mobiles, présentée dans le chapitre précédent. Ceci revient à calculer un ensemble de variables $x_{eMA_{tj}}^{J_f}$ pour différentes valeurs de J_f. On quantifie ainsi l'état de chaque observation x_{tj} par rapport à son état moyen lors des J_f dernières observations. Cela revient à quantifier empiriquement si la variable est peu ou beaucoup éloignée de cet état moyen (ou ces états moyens : un par J_f, pour être précis). Ces variations plus ou moins fortes peuvent avoir un impact sur la variable à expliquer. Les petites valeurs de J_f vont ainsi modéliser un « effet mémoire » de court terme, tandis que les grandes valeurs vont modéliser un effet de long terme. La forme générale du modèle devient donc :

$$R_{g\ t+4} = f\left(x_{tj}, x_{eMA_{tj}}^{J_f}\right)$$

On passe ainsi à un modèle de 105 *features* au lieu de 15 !

Nous en resterons là pour le travail de création de variables. En effet, R_{gt} n'est soumis à aucune influence ou périodicité qui ne serait pas dépendante des valeurs connues de x_{tj}. En conséquence, il est inutile d'extraire des informations particulières directement à partir du signal R_{gt} ou des valeurs des pas de temps qui lui sont associées.

Par ailleurs, précisons une contrainte imposée par notre client : l'utilisation d'un modèle simple. À ce stade de sa réflexion, son objectif principal est de pouvoir analyser les coefficients du modèle, avant de maximiser la performance de prévision.

Validation croisée et instabilité structurelle

En guise de pré-étude et afin de comprendre une difficulté posée par ce problème de modélisation, réalisons un premier modèle linéaire très simple, tel que :

$$R_{g\ t+4} = \sum_{j=1}^{n} \Theta_j x_{tj} + \Theta_j^{J_f} x_{eMA_{tj}}^{J_f}$$

Θ_j représente les poids associés aux variables explicatives directement issues des capteurs, $\Theta_j^{J_f}$ les poids associés aux 90 écarts aux moyennes mobiles calculés.

Pour évaluer ce modèle, nous mettons en place une validation croisée adaptée à l'étude des séries temporelles, qui tient compte de l'ordre des lignes du tableau analysé. Nous nous appuyons pour cela sur une librairie R bien pratique : `caret`[1]. Elle permet de réaliser la validation croisée très facilement. On contrôle la validation en créant un objet `trainControl`, dans lequel on indique la taille de la fenêtre de modélisation et de l'horizon de prévision (le type de validation croisée – temporelle ici – est précisé par l'argument `method`[2]), ainsi que l'usage d'une fenêtre fixe ou incrémentale (`fixedWindow`). On peut alors produire un objet `train` qui va calculer tous les modèles de la validation croisée à partir de ses caractéristiques définies par `trainControl` (le lien est fait avec le paramètre `trControl`). On peut ensuite évaluer la qualité du modèle : par défaut, les indicateurs R^2 et RMSE sont indiqués (nous avons parlé de ces indicateurs au chapitre 14). On voit qu'au plan global, la régression est moyenne avec un R^2 de validation croisée égal à 0,58.

```
> modellm
Linear Regression

94699 samples
  121 predictors

Pre-processing: centered, scaled
Resampling: Rolling Forecasting Origin Resampling (2016 held-out with a fixed window)

Summary of sample sizes: 69120, 69120, 69120, 69120, 69120, 69120, ...

Resampling results

  RMSE  Rsquared  RMSE SD  Rsquared SD
  11    0.582     3.68     0.145
```

Figure 21-1 – *Résultats de la validation croisée pour la modélisation de séries temporelles (libraire* `caret`*)*

---

1. http://topepo.github.io/caret/index.html

2. Bien entendu, cette librairie permet également de mettre en œuvre des validations croisées pour les données qui ne sont pas des séries temporelles.

Voici le code utilisé pour obtenir ces résultats :

```r
require(devtools)
install_github("ANONYMOUS/caret")
# Remarque : code caret légèrement
# modifié pour implémenter des incréments
# de plusieurs observations

require(caret)

## Validation croisée
# Paramètres
fenetreModel <- 69120 # Fenêtre de taille fixe de modélisation
horizon <- 2016 # Horizon de prévision

# Contrôle de la validation croisée
# (timeslice pour séries temporelles)
TimeControl <- trainControl(method = "timeslice",
                            initialWindow = fenetreModel,
                            horizon = horizon,
                            fixedWindow = TRUE,
                            verboseIter = TRUE,
                            allowParallel = FALSE,
                            returnResamp = "all",
                            savePredictions = TRUE)

## Calcul du modèle par régression linéaire
## '~.' signifie  Y = f(toutes les autres variables
## du data frame)
model <- RENDEMENT ~ .

modellm <- train(model, data = dat,
                 method = "lm",
                 preProc = c("center", "scale"), # Centrage/réduction des
                                                 # données
                 trControl = TimeControl)
```

Cela revient à calculer un premier modèle utilisant les observations 1 à 69 120 (huit mois) et à faire une prévision pour les 2016 prochains points (une semaine) ; puis à calculer un second modèle utilisant les données (2016 + 1) à (2016 + 1 + 69 120) et à faire une prévision pour 2016 observations suivantes ; et ainsi de suite. Ce principe est schématisé par la figure 21-2, avec des données factices.

Remarque : nous utilisons ici une régression linéaire (`method = "lm"`), mais bien évidemment, `caret` propose un large éventail d'autres méthodes de modélisation disponibles.

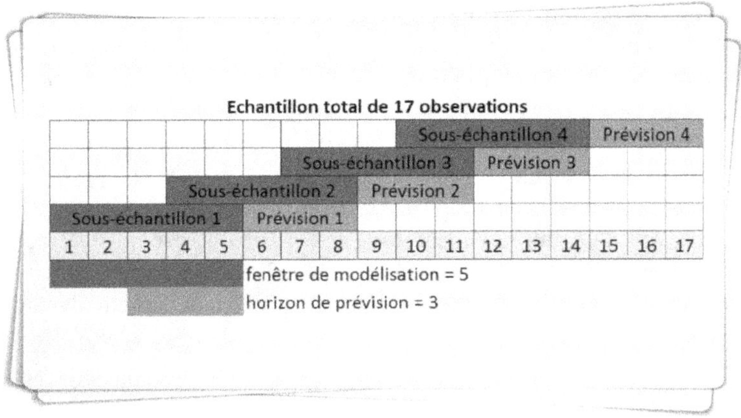

Figure 21-2 – *Schématisation de la validation croisée appliquée*

On peut compléter l'information de score global de la validation croisée par une information peut-être encore plus intéressante dans le cas de séries temporelles : l'évolution de la performance du modèle au fil du temps. Cela permet en effet de qualifier la stabilité ou l'instabilité du modèle. Pour cela, on peut par exemple visualiser l'évolution du R^2 de prévision dans le temps, avec le code qui suit :

```
plot(modellm$resample$Rsquared, type ='l', lwd = 2,
    main = "R² (predict)",
    xlab = "training #", ylab = "R²")
```

afin d'obtenir la figure 21-3.

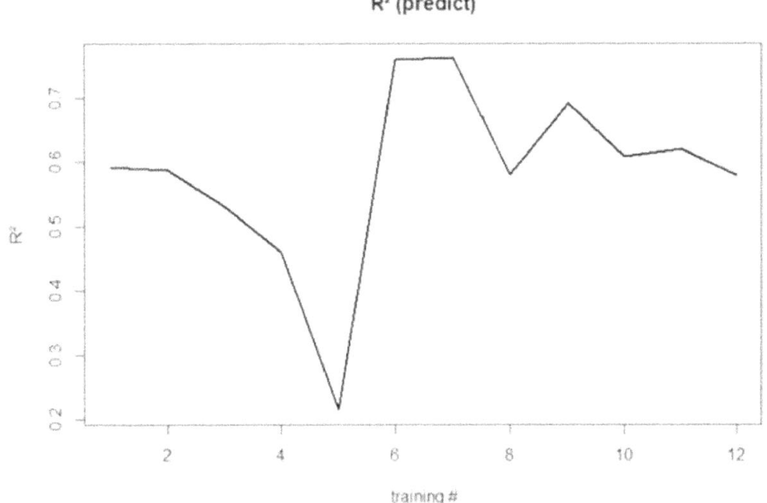

Figure 21-3 – *Tracé des résultats de la validation croisée (prévision)*

On constate que les qualités des prévisions successives sont très inégales. Les cinq premiers modèles sont moyens, voire très mauvais ($R^2 = 0,2$ pour la prévision numéro 5), les prévisions 6 et 7 sont assez bonnes, et les prévisions suivantes sont moyennes (le score global de 0,58 est une moyenne de l'ensemble de ces résultats). Ces résultats instables et parfois mauvais s'expliquent facilement : chaque période de prévision utilise un modèle calculé sur une période précédente. Or si l'état du système a changé entre les deux périodes, il est normal que la prévision soit décevante. Ceci est typique de l'étude des phénomènes temporels : un modèle bon à un instant donné pourra être mauvais à un autre moment. En effet, si l'on observe un système dans le temps, il risque d'évoluer ou de changer. En conséquence, ce même système peut être défini par plusieurs modèles différents consécutifs : il est important de tenir compte de cette dynamique lorsque l'on s'intéresse à des séries temporelles.

Pour étoffer cet argument, terminons par un dernier petit morceau de code qui va calculer cette fois-ci tous les R^2 des ajustements de tous les modèles de la validation (nous rajoutons ici des intervalles de confiance au R^2, grâce à la librairie `psychometric`) :

```r
require(psychometric)

## Data frame pour récupérer R²
RsquaredDf <- data.frame(R2 = NA, R2UP = NA, R2LOW = NA)

## Calcul des R² en récupérant les index de modellm
for (i in 1:length(modellm$control$index)) {

cat("computing R² for training", i, "on", nexp, "\n")

## Modèle pour les données du groupe i de modellm
model_i <- lm(model, data = dat, subset = modellm$control$index[[i]])

## Cacul du R² avec intervalles de confiance
R2ci <- CI.Rsqlm(model_i, level = 0.95)

## Valeurs de Rsquared.matrix pour le groupe i
RsquaredDf[i,] <- cbind(R2ci[1], R2ci[4], R2ci[3])
}

## Tracé des résultats
plot(RsquaredDf$R2, type = 'l', lwd = 2,
    ylim = c(min(RsquaredDf$R2LOW), max(RsquaredDf$R2UP)),
    main = "R² (fit)",
    xlab = "training #", ylab = "R²")

lines(RsquaredDf$R2LOW)
lines(RsquaredDf$R2UP)
```

Nous obtenons la figure 21-4.

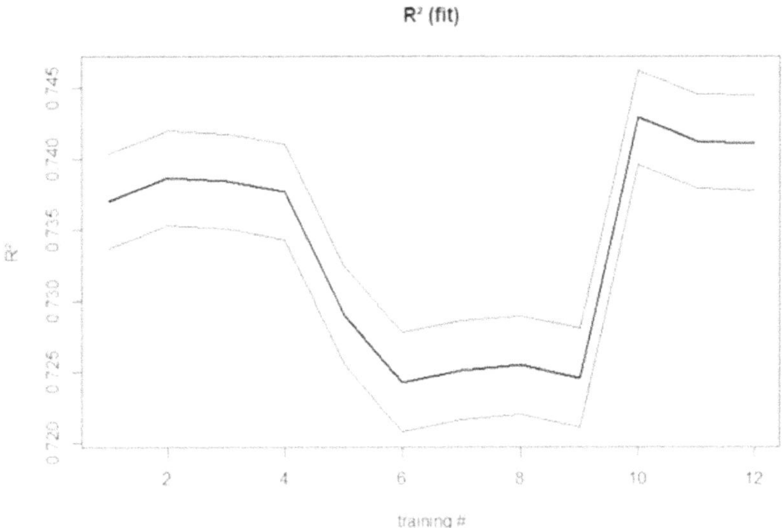

Figure 21-4 – *Tracé des résultats de la validation croisée (ajustement)*

Cette fois-ci, les résultats de l'ajustement oscillent entre 0,72 et 0,74, ce qui est bien meilleur que les résultats en prévision[3]. Les mauvaises prévisions ont été réalisées avec des modèles pourtant bien ajustés ! Finalement, ceci est plutôt positif : sur chacune des périodes, on est capable de calculer un bon modèle… simplement, il ne se généralise pas forcément bien à la période qui suit. Il nous suffirait donc de nous assurer que le modèle évolue bien avec le système qu'il est censé représenter, et le tour sera joué !

Modélisation dynamique

Pour adapter le modèle aux changements structurels du système considéré, une première approche pourrait être de contrôler dynamiquement sa stabilité structurelle. Une approche statistique classique consiste à tester en ligne (c'est-à-dire pour toute nouvelle observation ou groupe d'observations) une hypothèse nulle de stabilité structurelle versus une hypothèse alternative d'instabilité des coefficients d'un modèle. Pour les modèles linéaires, de nombreuses formes de tests peuvent être utilisées (tests d'égalité de paramètres, tests fondés sur le maximum de vraisemblance, tests de fluctuation). En cas de rejet de l'hypothèse, on sait que le modèle risque de n'être plus valide et qu'il faut le réestimer : sur ce sujet, voir l'excellent travail de synthèse réalisé par Zeileis *et al.* (2010).

Encore mieux : on pourrait faire en sorte que le modèle évolue au fil du temps. Dans ce cas, les paramètres du modèle eux-mêmes deviennent dynamiques, fonction du temps. Les statistiques classiques proposent des approches pour réaliser ceci. Mais à l'heure où nous écrivons ces lignes,

---

3. Au passage, cela confirme ce que nous indiquions dans le chapitre dédié à la validation croisée : on obtient toujours de meilleurs résultats en entraînement qu'en test.

nous avons tendance à penser que l'approche la plus pertinente vient du monde du *machine learning*, grâce au concept d'*online learning* (déjà présenté au chapitre 18), de par sa facilité de mise en œuvre. Le principe de l'*online learning* peut être résumé par la figure 21-5.

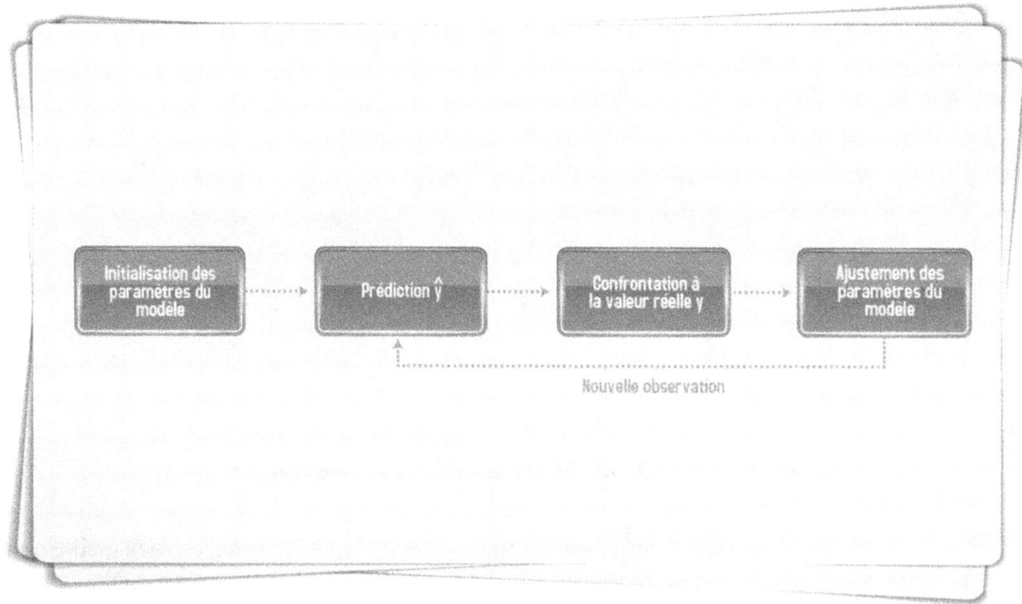

Figure 21-5 – *Le principe de l'online learning*

Le modèle est initialisé en t_1 (généralement, on attribue une valeur nulle aux coefficients du modèle), puis une première prévision est faite. Arrive ensuite une nouvelle observation en t_2, qui est confrontée à la prévision faite en t_1. Le modèle est corrigé sur la base de cette différence entre prévision et valeur observée. Ensuite, une seconde prévision est faite qui sera elle aussi confrontée à une troisième observation en t_3, et ainsi de suite. Le modèle évolue ainsi à chaque nouvelle observation, par une sorte de boucle de rétroaction. On est ainsi sûrs qu'il colle au mieux au dernier état du système.

C'est cette approche qui a été retenue chez notre client. Nous avons utilisé un modèle à peine plus compliqué que la régression linéaire : un perceptron. C'est une forme basique de réseau de neurone artificiel, correspondant à un modèle linéaire auquel on assigne une fonction d'activation *tanh*, qui permet en quelque sorte de modéliser un effet de seuil général. Le modèle devient donc :

$$R_{g\ t+4} = tanh\left(\sum_{j=1}^{n} \Theta_j x_{tj} + \Theta_j^{J_f} x_{eMA_{tj}}^{J_f} \right)$$

Il est estimé par descente de gradient stochastique (c'est la version *online* de la descente de gradient que vous connaissez bien) grâce à l'implémentation *Vowpal Wabbit* (chapitre 18). La commande suivante est utilisée pour cela[4] :

```
vw --loss_function squared -b 28 -1 2 -B 10 --nn 1 -P 1 ~/train.vw -p ~/pred.out
```

- `--loss_function squared` correspond à la fonction de coût utilisée ;

- `-b 28` est un paramètre d'encodage ;

- `-1 2` est le *learning rate* ;

- `-B 10` permet de calculer des intervalles de confiance par *bootstrap* réalisé avec 10 rééchantillonnages ;

- `--nn 1` définit le nombre de neurones du modèle (ici 1 : le perceptron) ;

- `-P 1` est un paramètre d'affichage (ici, il affiche toutes les 1 itérations) ;

- `-p ~/pred.out` spécifie le fichier des prédictions obtenues.

Ce mode de calcul itératif offre d'excellentes performances : le modèle est calculé en moins de 15 secondes. La figure 21-6 suivante donne les premières valeurs observées (t_1 à t_{1000}), ainsi que les prédictions et les intervalles de confiance associés.

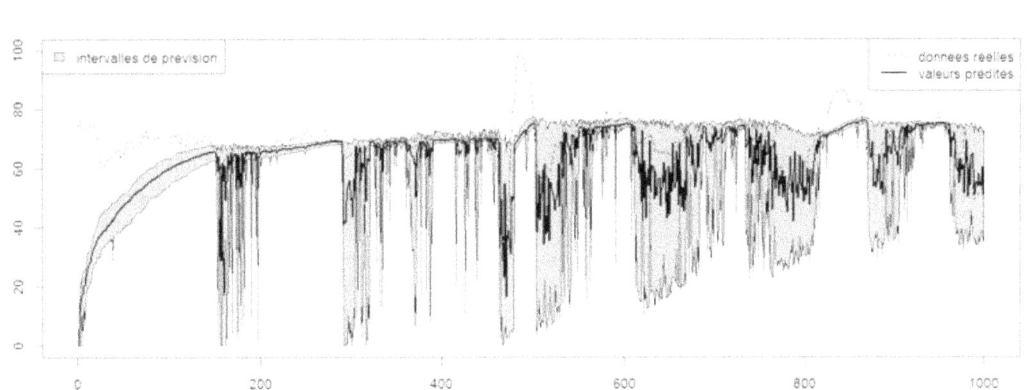

Figure 21-6 – *Un modèle réel d'online learning : premières prédictions*

---

4. Pour faire le parallèle avec le cas Tradeshift présenté plus haut, voici comment VW a été appelé directement depuis R, dans un environnement Windows, donc en passant par l'émulateur de terminal Cygwin :

```
setwd('c:/cygwin64/bin/')

system('./bash -c "/home/vowpal_wabbit/vowpalwabbit/vw --loss_function squared -b 28 -1 2 -B 10 --nn 1
-P 1 /cygdrive/c/Users/data/train.vw -p / c/Users/data/pred.out"')
```

On voit que le modèle est mauvais au départ : il rate complètement les premières observations (on constate notamment l'initialisation des paramètres à 0 pour $t = 1$). Au fil du temps, il colle de plus en plus aux données, avec tout de même une certaine instabilité. Puis à partir d'un certain temps d'apprentissage, il devient très bon (figure 21-7) : il a « vu » suffisamment de données pour faire un bon modèle, qui se réajuste à chaque nouveau pas de temps.

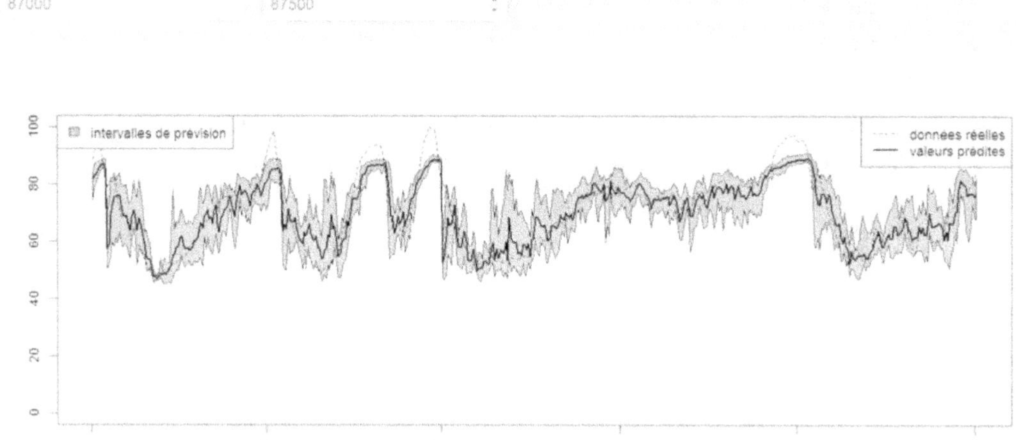

Figure 21-7 – *Un modèle réel d'online learning : dernières prédictions*

Une fois stabilisé, le modèle devient très bon, avec une erreur de prévision moyenne de 5 %. Voici pourquoi nous pensons que l'apprentissage *online* offre de très belles perspectives concernant la modélisation des séries temporelles. En outre, et comme nous l'avait demandé notre client, ce type de modélisation permet d'éclairer l'analyse et la compréhension du système modélisé.

Interprétation du modèle

Tout d'abord, le modèle utilisé étant simple, il est aisé d'en extraire les paramètres et de les analyser. On peut ainsi comprendre quelles sont les variables qui influencent le plus la variable à prédire (les variables à forts coefficients).

Plus intéressant encore : la modélisation itérative de l'apprentissage en ligne permet de récupérer les valeurs de l'ensemble des paramètres du modèle, pour chaque pas de temps. Les graphiques de l'évolution de ces paramètres dans le temps sont des indicateurs métier très intéressants. Ils permettent de comprendre comment l'influence de certaines variables explicatives peut se modifier au fil du temps et de mettre en évidence d'éventuels changements structurels. La figure 21-8, par exemple, montre comment un changement structurel ponctuel a pu être inféré grâce à l'observation de l'évolution des poids du modèle : on constate par exemple une période où deux des coefficients changent significativement de valeurs.

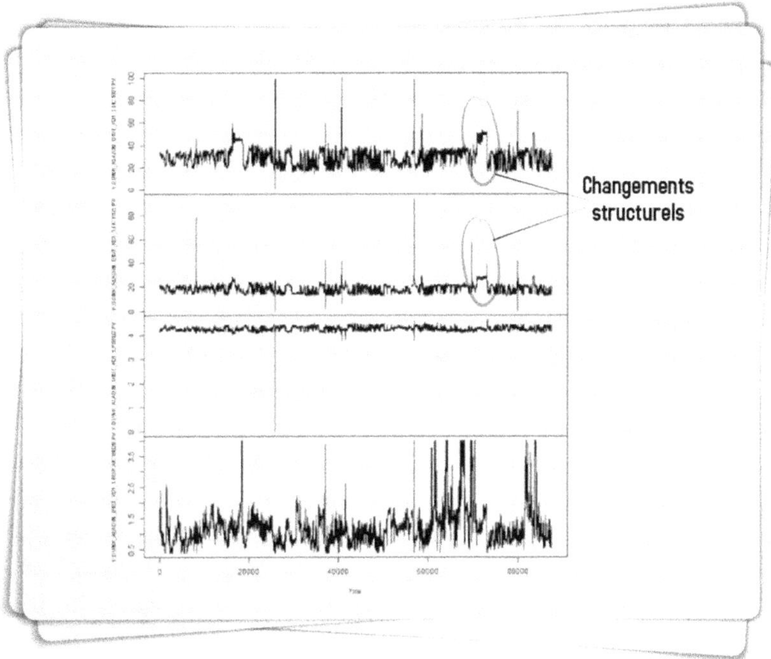

Figure 21-8 – *Exemple de graphiques de l'évolution des paramètres dans le temps*

Ce changement correspond à une période de temps pendant laquelle le système modélisé se trouve dans un état physico-chimique bien spécifique, qui nécessite un modèle particulier. Pour récupérer l'évolution des poids dans le temps, il suffit de rajouter l'argument -a (mode audit) lors de l'appel de VW, en spécifiant un fichier de sortie.

Grâce à cela, on arrive à une vision dynamique du système modélisé et de la façon dont il évolue au fil du temps.

À RETENIR Cas pratique de modélisation du rendement d'une colonne de distillation

Lorsque l'on modélise des séries temporelles, on peut rencontrer des phénomènes d'instabilité structurelle. Pour disposer toujours d'un modèle à jour, on peut :

- soit réestimer le modèle aussi souvent que nécessaire ;
- soit utiliser des méthodes de modélisation itérative, telles que l'*online learning*.

Références

Toutes les références utiles ont été proposées dans les chapitres précédents, à l'exception de la référence aux travaux de Zeileis *et al.* :

- Zeileis A., Shah A., Patnaik I. 2010. Testing, monitoring and dating structural changes in exchange rate regimes. *Computational Statistics and Data Analysis*, 54:6, p. 1696-1706.

22

Clustering de séries temporelles

Principes

Pour regrouper des séries temporelles similaires, on peut employer les méthodes usuelles de *clustering* hiérarchique et non hiérarchique déjà présentées. Néanmoins, elles posent des problèmes particuliers : différences d'échelles, bruit, décalage temporels, etc. Pour certains de ces problèmes, un simple prétraitement des données est suffisant, par exemple en effectuant un centrage-réduction des séries pour pallier le problème des différences d'échelles. Mais d'autres cas de figure vont nécessiter d'adapter la manière dont les méthodes usuelles sont employées. C'est pourquoi il nous a semblé utile d'inclure ce chapitre dans cette section dédiée aux séries temporelles.

L'article de Rani *et al.* (2012) donne une bonne vue d'ensemble des adaptations possibles, qu'ils ordonnent selon trois catégories. Nous les présentons ci-dessous, en ajoutant une quatrième catégorie proposée par Wang *et al.* (2006), qui nous semble également très pertinente.

- *Clustering* à partir des séries brutes (*temporal-proximity based clustering*) : on applique directement les méthodes présentées pour les séries non temporelles. Mais attention, dans ce cas, le choix de la mesure de distance/de similarité doit faire l'objet d'une attention toute particulière. En effet, des signaux très similaires peuvent par exemple être décalés dans le temps et, dans ce cas, pourraient ne pas être vus comme proches selon la distance euclidienne standard. Pour résoudre ce type de problème, il existe des métriques adaptées telles que la distance DTW (*Dynamic Time Warping*). Cette distance considère un temps élastique et non linéaire et explique en conséquence les variations de la série en déformant l'axe du temps. Intuitivement, cela revient à dire que cette distance ne prend pas en compte que des points alignés, comme l'illustre la figure 22-1.

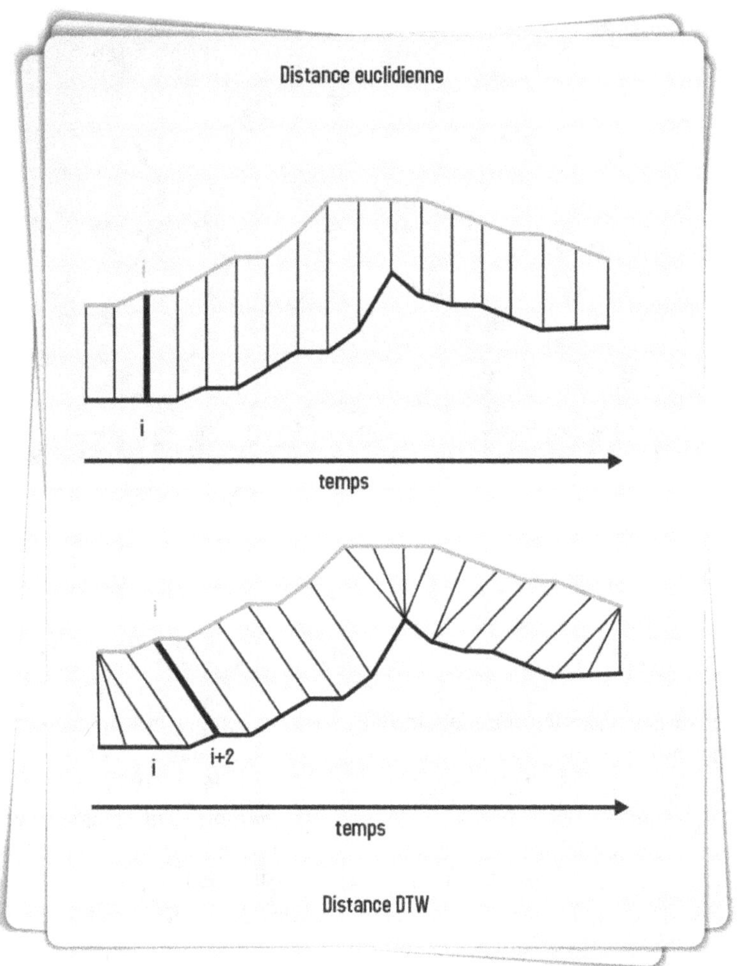

Figure 22-1 – *Distance euclidienne et distance DTW*

Ainsi, la distance euclidienne ne tient compte que d'« événements » simultanés, alors que la distance DTW tient compte d'événements déphasés. Bien sûr, cette mesure n'est pas la panacée et peu introduire d'autres problèmes. Il existe beaucoup d'autres métriques, et il peut aussi arriver que la distance euclidienne reste un bon choix. Malheureusement, il n'y a pas une métrique dont on peut dire qu'elle surpasse toutes les autres. Tout dépend du contexte d'application, à vous donc d'expérimenter différentes alternatives et de choisir la meilleure. Pour vous faire un avis sur la question des distances, consultez les articles suivants : Ding *et al.* (2008), Najmeddine *et al.* (2012), Ratanamahatana *et al.* (2005).

- *Clustering* à partir d'une représentation simplifiée des séries (*representation-based clustering*) : on réalise un traitement préliminaire des séries. Pour cela, on recherche un espace de dimension réduite qui permet d'extraire les principales caractéristiques des séries. On peut alors produire des séries « débruitées », uniquement à partir de ces caractéristiques, et c'est sur ces séries qu'on applique la classification. Concernant ce traitement, de nombreuses méthodes existent (les ondelettes, la transformation de Fourier discrète, etc.). L'une d'entre elles (SSA) est décrite dans le chapitre 20 de ce livre, et Ding *et al.* (2008) vous fournira un tour d'horizon de ce qui peut être envisagé. Au sujet de la classification à proprement parler, rappelons que toute combinaison mesure de distance/algorithme est envisageable, en fonction des contraintes d'implémentation.

- *Clustering* à partir de la modélisation des séries (*model-based clustering*) : on applique un modèle aux séries (ARMA par exemple) et on considère que des séries sont similaires quand leurs modèles sont similaires, ou quand les résidus de l'application d'un modèle à plusieurs séries le sont. On peut à nouveau utiliser divers choix de mesure de distance/algorithme pour classifier les résidus.

- *Clustering* à partir de métriques d'évaluation des séries (*characteristic-based clustering*), qui pousse plus loin la logique du *model-based clustering* : on utilise plusieurs mesures qui permettent de qualifier les séries temporelles (la tendance, la saisonnalité, l'autocorrélation, la non-linéarité, etc. ; au final, ceci revient à créer des *features* permettant de décrire chacune des séries) et on regroupe les séries en fonction de ces mesures, afin de regrouper celles qui sont proches selon ces indicateurs de caractéristiques intrinsèques. Le code R permettant de calculer les indicateurs proposés par Wang *et al.* (2006) est disponible sur Internet[1].

Un exemple d'application

Classification à partir de séries brutes

Ce petit exemple provient d'un travail réalisé par OCTO. L'objectif est de connaître le vocabulaire utilisé par les clients d'une entreprise sur les moteurs de recherche, afin d'améliorer sa stratégie de référencement. À titre illustratif, cet exemple s'intéressera au secteur de la santé. Par exemple, si le prix du clic pour la recherche « dentiste » est élevé, il est intéressant de connaître les recherches proches, comme « mal aux dents » ou « gencive saigne ».

Pour répondre à cette problématique, l'idée est alors de récupérer des séries temporelles avec la même base temporelle (la même fréquence et la même durée). Un premier dictionnaire de 300 mots-clefs liés au domaine médical est établi par intuition, puis chacun de ces mots-clefs est recherché dans *Google Trends*[2], afin d'obtenir les « recherches liées ». L'ensemble des mots-clefs s'élève alors à 13 000.

Au final, ces données sont stockées dans une matrice contenant pour chaque mot-clef la série temporelle associée. Les séries sont normalisées par le volume global de requêtes sur Google et sont réduites sur une échelle de 0 à 100, la valeur 100 correspondant au maximum atteint par la série sur la période de temps considérée.

---

1. http://robjhyndman.com/hyndsight/tscharacteristics/

2. http://www.google.com/trends/

On peut désormais calculer une matrice de distance entre les différentes séries. La distance euclidienne standard donnant de piètres résultats, nous utilisons la distance DTW, qui tient compte de similarités dans les séries même pour des points déphasés (figure précédente).

Cette matrice permet alors de créer un dendrogramme par *complete linkage*. Pour améliorer la lisibilité de l'arbre, certains nœuds sont ramenés au niveau de leurs grands-parents si la distance entre leur parent et leurs grands-parents est inférieure à un certain seuil (un pourcentage de la distance maximale).

Au final, la recherche du mot « dentiste » donnera par exemple l'arbre de la figure 22-2 (nous l'avons ici représenté de façon circulaire avec son nœud au centre, pour améliorer la lisibilité). Plus un nœud est gros, plus il est proche de la cible.

Figure 22-2 – *Le dendrogramme des séries les plus proches du mot « dentiste », selon la distance DTW*

On constate un grand *cluster* lié à la médecine dans la partie droite, et un cluster plus diversifié dans la partie gauche. Notez qu'on observe des recherches proches parfois fantaisistes, d'où l'importance de l'interprétation lors de tout travail d'analyse de données !

Pour la construction de cet arbre (version non circulaire), le code Python ci-après a été utilisé :

```python
import itertools
import pandas as pd
import numpy as np
import pylab
from scipy.cluster.hierarchy import linkage, dendrogram
import _ucrdtw

# Calcul des distances DTW
def DTW_series(predictor_series, target_series):
    dtw = _ucrdtw.ucrdtw(predictor_series.values, target_series.values,
    0.05)[1]
    return dtw

# Index pour itérer sur la partie triangulaire
# haute de la matrice
def make_linkage_index(S):
    tasks = []
    for i in range(0,S-1):
        for j in range(i+1,S):
            tasks.append((i,j))
            return tasks

## Noms des colonnes du data frame de données (data)
names = data.columns

# Matrice des distances
distances = [DTW_series(df.iloc[:,i1], df.iloc[:,i2]) for i1,i2 in
make_linkage_index(len(names))]

df = df.iloc[-104:,:]

# Aggrégation par lien moyen
liens = linkage(distances, method = 'average')

# Tracé des résultats
pylab.figure(figsize=(12,16))

ax = pylab.subplot(111)

d = dendrogram(liens,
leaf_label_func=lambda x: ""+names[x].decode("utf-8"),
leaf_font_size=10,
orientation="left",
ax = ax)

# Redimensionnement pour que les labels soient visibles
box = ax.get_position()

ax.set_position([box.x0+box.width*0.2, box.y0, box.width*0.8, box.height])
```

Classification à partir de métriques d'évaluation des séries

Cet exemple reprend les données industrielles déjà étudiées dans le chapitre consacré à l'ACP (nous travaillons cette fois-ci sur un nombre plus important de séries temporelles, 445 au total). Nous montrons comment elles peuvent être classifiées sur la base de la création d'indicateurs permettant de décrire les séries temporelles. On utilise pour cela les indicateurs de Wang *et al.* (2006) et le code R disponible sur Internet à cet effet (voir plus haut). Grâce à ce code, on définit une fonction `measure` qui calcule l'ensemble des métriques de caractérisation des séries temporelles, telles que : tendance, autocorrélation, non-linéarité, etc. Appliquons cette fonction à l'ensemble des séries temporelles stockées dans la matrice `df` :

```r
MesureSeries <- data.frame(do.call(cbind, lapply(df, measures)))
```

On obtient une nouvelle matrice, dont chaque ligne-individu est le nom d'une série temporelle et chaque colonne représente une *feature* descriptive de la série. Ci-dessous, la figure 22-3 montre la caractérisation obtenue pour les six premières séries.

	frequency	trend	seasonal	autocorrelation	non-linear	skewness	kurtosis
ADDCOMMENTRULE	0.00000000	0.07805601	0.000000000	0.06219317	0.030900247	0.10497210	0.04247612
ADDHOLDCOMRULE	0.05992810	0.32614490	0.463575318	0.25521241	0.041300712	0.08322534	0.12808220
ADDWORKORDERCOMMENTRULE	0.05992810	0.31204947	0.691591411	0.35881930	0.048329261	0.02307749	0.01030055
ADDWORKREQUESTCOMMENTRULE	0.05992810	0.25377101	0.324560459	0.17853337	0.008826602	0.32893985	0.18975518
ASSIGNCARRIERRULE	0.04995837	0.17550434	0.002973013	0.09251474	0.063328034	0.83994119	0.99999934
BACKUPLOTRULE	0.05992810	0.37807981	0.755375265	0.36570801	0.003248419	0.08603979	0.01756465

	Hurst	Lyapunov	dc autocorrelation	dc non-linear	dc skewness	dc kurtosis
ADDCOMMENTRULE	0.6218564	0.8982192	0.05538839	0.023679557	0.1544084	0.07785439
ADDHOLDCOMRULE	0.7052357	0.5673421	0.10599664	0.019107081	0.3702477	0.97138144
ADDWORKORDERCOMMENTRULE	0.6081078	0.5426742	0.13098579	0.037545747	0.5693867	0.99958112
ADDWORKREQUESTCOMMENTRULE	0.5928934	NaN	0.11850265	0.082171462	0.8348798	1.00000000
ASSIGNCARRIERRULE	0.6009154	0.5206915	0.48210474	0.127784046	0.7139406	0.99966351
BACKUPLOTRULE	0.6578218	0.5452764	0.11019972	0.009866196	0.4457083	0.99993702

Figure 22-3 – *Caractérisation des séries temporelles à l'aide d'un ensemble de features*

À partir de cette matrice, on peut réaliser un *clustering* hiérarchique très classique utilisant par exemple la distance euclidienne et le critère d'agrégation de Ward :

```r
# Calcul de la matrice des distances
distance <- dist(MesureSeries, method = "euclidean")

# Clustering
clusterSeries <- hclust(distance, method="ward")
```

On peut ensuite séparer les séries selon dix *clusters* et visualiser le dendrogramme ainsi obtenu (le nom des séries est difficile à lire, car leur nombre est important).

```r
# Définition de k = 10 clusters à partir de l'arbre
groupes <- cutree(clusterSeries, k = 10)

# Visualisation de l'arbre et des 10 clusters
plot(clusterSeries, cex = 0.5)
rect.hclust(clusterSeries, k = 10, border = 1)
```

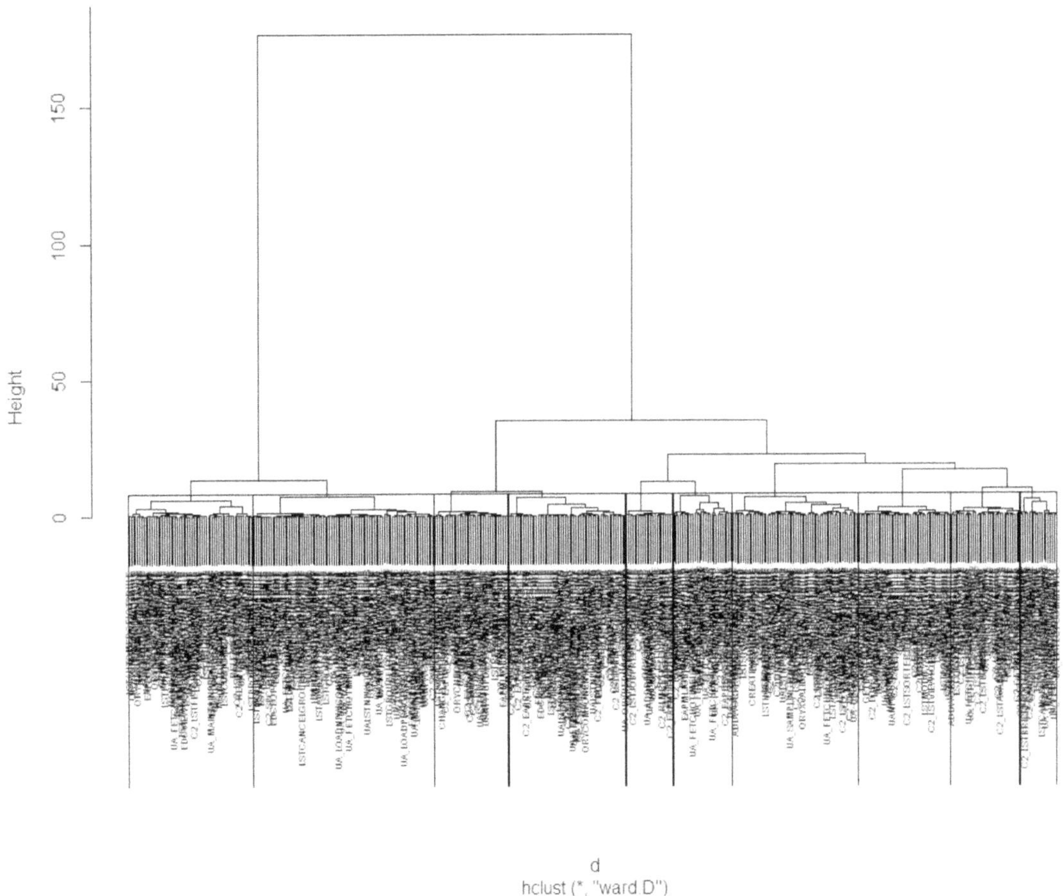

Figure 22-4 – *Classification des séries en dix clusters*

Grâce à l'objet `groups`, on sait à quel *cluster* est assignée chaque série. On peut donc extraire de `df` les séries appartenant à un groupe donné et vérifier si ces séries peuvent effectivement être considérées comme similaires. Pour faciliter cette comparaison, on effectue un centrage-réduction des données, ce qui permet de les tracer sur un même graphique.

```r
# Séries du groupe 3
serieGroupes <- groupes == 3

# Données du groupe
dataGroupe <- df[ , serieGroupes]

# Visualisation

# (définition de la zone graphique)
xrange <- 1 : nrow(dataGroupe)
yrange <- scale(dataGroupe [ , 1])

plot(xrange, yrange, type = "n", xlab= "Temps",
     ylab = "Valeurs centrées réduites", main =  paste("Nombre de séries dans le
groupe :", ncol(dataGroupe)))

colors <- gray.colors(length(dataGroupe))

# Tracé des i series du groupe
for (i in 1:length(dataGroupe)) {
    lines(scale(dataGroupe [ , i]), col = colors[i], lwd = 2)
}
```

Ce qui donne, pour le groupe 3 :

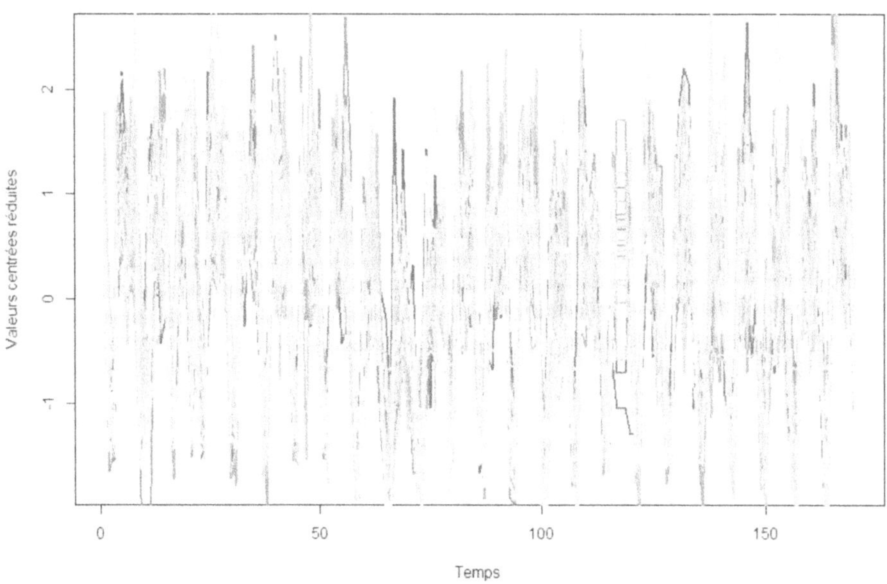

Figure 22-5 – *Séries temporelles du cluster 3*

On observe que les 34 séries du groupe 3 ont des formes similaires, caractérisées notamment par une forte saisonnalité. À titre de comparaison, la figure 22-6 montre ce que l'on obtient pour le groupe 7 :

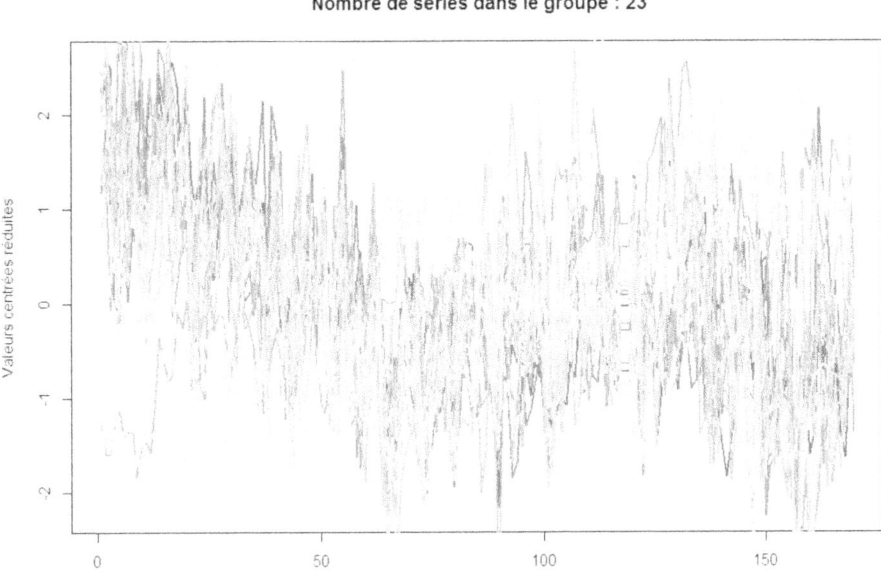

Figure 22-6 – *Séries temporelles du cluster 7*

On constate une assez bonne homogénéité entre les 23 séries du groupe. De plus, elles sont bien différentes du *cluster* 7, avec des saisonnalités moins marquées, mais des *trends* beaucoup plus prononcés. On arrive à des conclusions similaires si l'on analyse d'autres groupes.

En conclusion, on peut dire que la classification sur la base de métriques d'évaluation a été plutôt efficace. Elle a permis de réaliser un *clustering* offrant une forte homogénéité intra-groupe des dynamiques temporelles des séries, ainsi qu'une forte hétérogénéité inter-groupes.

À retenir *Clustering* de séries temporelles

Le *clustering* des séries temporelles peut se réaliser :

- à partir des séries brutes ;
- à partir de représentations simplifiées des séries ;
- ou à partir d'une extraction de *features* caractérisant les séries.

Les méthodes de *clustering* usuelles peuvent être appliquées à ces différents cas de figure, à condition de choisir une mesure de similarité pertinente.

Références

La catégorisation des usages des méthodes de classification provient de l'article de Rani *et al.* Pour chacune des méthodes, l'article met en évidence la variété des combinaisons représentations simplifiées/modélisations et mesures de distance/algorithmes possibles et indique des pointeurs vers des exemples d'application :

- Rani S., Sikka G. 2012. Recent techniques of clustering of time series data: a survey. *International Journal of Computer Applications*, 52:15, p. 1-9.

Pour le lecteur soucieux de choisir une bonne métrique de distance :

- Ding H., Trajcevski G., Scheuermann P., Wang X., Keogh E. 2008. Querying and mining of time series data: experimental comparison of representations and distance measures. *Proceedings of the VLDB Endowment*, 1:2, p. 542-1552.

Un panorama des mesures de distance applicables aux séries temporelles.

- Najmeddine H., Suard F., Jay A., Marechal P., Marié S. 2012. Mesures de similarité pour l'aide à l'analyse des données énergétiques des bâtiments. In *Reconnaissance des Formes et Intelligence Artificielle*.

Une présentation – en français – d'extensions de la mesure DTW (DDTW, AFBDTW).

- Ratanamahatana CA., Keogh E. 2005. Three myths about dynamic time warping. *Proceedings of SIAM 5th International Conference on Data Mining*.
- Une discussion « polémique » concernant la distance DTW.

Et au sujet de l'approche « *characteristic-based* », voici l'article évoqué :

- Wang X., Smith K., Hyndman R. 2006. Characteristic-based clustering for time series data. *Data Mining and Knowledge Discovery*, 13:3, p. 335-364.

Conclusion générale

Nous voilà déjà arrivés au terme de cet ouvrage. Nous espérons que vous aurez eu plaisir à le lire et qu'il aura permis de vous donner une vue générale des méthodes et des applications de la *data science* et du *machine learning*.

Au fil de sa lecture, vous aurez compris que la *data science*, si elle se nourrit des dernières avancées scientifiques, est accessible à toute personne disposant d'un minimum de bagage mathématique et de quelques clés de compréhension. Nous espérons donc que ce livre aura contribué à vous ouvrir de nouveaux horizons, en vous présentant des approches que vous ne connaissiez peut-être pas. Nous espérons surtout qu'il aura contribué à aiguiser votre curiosité et à stimuler votre envie d'en savoir plus et de continuer à apprendre.

Nous vivons actuellement une époque formidable, qui permet une diffusion rapide et accessible au plus grand nombre d'une grande quantité d'outils technologiques et mathématiques extrêmement puissants. La *data science* se fait l'écho des récentes avancées dans ces domaines, contribuant à leur diffusion dans les sphères socio-économiques et participant à l'amélioration des processus de prise de décision, en les rationalisant sur la base d'éléments quantitatifs.

La facilité d'accès à ces moyens de modélisation invite par ailleurs à la prudence : toute analyse de données est un parti-pris, une prise de position sur la contingence, qui est conditionnée par nos moyens de mesure et d'analyse. C'est donc aussi à nous, *data scientists*, de constamment développer notre sens critique et notre capacité à analyser les modèles mathématiques et à mettre en avant leurs limites, afin d'utiliser avec sagesse et raison les formidables outils de modélisation à notre disposition. Nous espérons que ce livre vous aura également permis d'en prendre conscience.

Index

Imprimé en Allemagne par BoD
Dépôt légal : Janvier 2022